“十四五”职业教育国家规划教材

微课版

“十三五”职业教育国家规划教材
“十二五”职业教育国家规划教材
经全国职业教育教材审定委员会审定

旅游美学

（第三版）

主　编◎张　骏　卢凤萍
副主编◎濮德锁　冯霞敏　王　冰　高志勤
主　审◎操　阳

LÜYOU MEIXUE

中国人民大学出版社
·北京·

图书在版编目（CIP）数据

旅游美学/张骏，卢凤萍主编．-- 3 版．-- 北京：
中国人民大学出版社，2024.8
ISBN 978-7-300-31858-5

Ⅰ.①旅… Ⅱ.①张… ②卢… Ⅲ.①旅游-美学-
职业教育-教材 Ⅳ.①F590

中国国家版本馆 CIP 数据核字（2023）第 123409 号

"十四五"职业教育国家规划教材
"十三五"职业教育国家规划教材
"十二五"职业教育国家规划教材
经全国职业教育教材审定委员会审定

旅游美学（第三版）

主　编　张　骏　卢凤萍
副主编　濮德锁　冯霞敏　王　冰　高志勤
主　审　操　阳

Lüyou Meixue

出版发行	中国人民大学出版社		
社　　址	北京中关村大街 31 号	**邮政编码**	100080
电　　话	010－62511242（总编室）		010－62511770（质管部）
	010－82501766（邮购部）		010－62514148（门市部）
	010－62515195（发行公司）		010－62515275（盗版举报）
网　　址	http://www.crup.com.cn		
经　　销	新华书店		
印　　刷	北京瑞禾彩色印刷有限公司	**版　　次**	2017 年 3 月第 1 版
开　　本	787 mm×1092 mm　1/16		2024 年 8 月第 3 版
印　　张	15.5	**印　　次**	2024 年 8 月第 1 次印刷
字　　数	368 000	**定　　价**	59.00 元

前言

Preface

旅游的过程本质上是审美体验的过程，是探访美丽中国的过程，是寻找美、发现美、欣赏美、沉醉于美的过程，是一次寻求人与自然、人与社会、人与自我和谐相处的经历，而这种和谐的美所带来的愉悦正是旅游体验的最高境界。

旅游美学以旅游审美活动为主要研究对象，在旅游业转型发展的今天，具有重要意义。旅游美学既属于应用美学的范畴，又与旅游行业密切结合，它以探讨旅游者、旅游资源、旅游行业及旅游服务者之间的审美关系，分析旅游活动过程中的审美规律为主要内容，具有很强的实用性和针对性。

本书编者既具有美学功底，又具有旅游专业背景，教学经验丰富，同时文旅企业负责人全程参与编写，并共同开展配套微课等信息化资源建设等，实现校企合作，产教融合。

具体而言，本书主要具有以下鲜明特点：

第一，课程思政，立德树人。在编写、修订过程中，贯彻落实党的二十大精神，通过中国特色旅游美学话语体系的介绍，扎根中国大地，坚守中华文化立场，弘扬中华美育精神，讲好中国故事，展现可信、可爱、可敬的中国形象；通过自然、人文、社会等多种旅游资源的美学解读，传播社会主义先进文化、革命文化、中华优秀传统文化，并展示当代中国建设成就；通过旅游企业、旅游服务人员对美的创造的分析，树立劳动光荣、技能宝贵的信念，弘扬精益求精的工匠精神和职业道德。全书遵循旅游行业逻辑和美育浸润逻辑，以双重逻辑架构课程内容体系，推进习近平新时代中国特色社会主义思想的学习，将学生的情感、态度、价值观塑造与课程内容有机融合，创设“德育美育一体化发展”课程思政体系，实现以美塑德，促进立德树人。

第二，结构新颖，层次清晰。本书建构了项目、任务、知识探究、资料链接、案例分析、拓展练习等层层相扣的新体例。“项目”和“任务”是学习的具体领域与维度；“知识探究”是主要学习内容；“资料链接”是知识点的必要补充；“案例分析”“拓展练习”有利于促进理论与实践的结合。在每个项目之后，还设置了“课程思政重点”“答疑解惑”“项目小结”“头脑风暴”“实践运用”等栏目，从不同维度加强课程思政教育，拓展学习者的知识面，提供给学习者检测反馈、不断提升的抓手。

第三，内容丰富，脉络分明。本书从旅游实践的角度出发，结合美学原理，将旅游美学的相关问题划分为三大维度加以阐述。维度一：项目一“认识旅游美学”、项目二“认识旅游审美主体”，从旅游者的角度切入，探讨旅游美学的基础性问题和旅游主体审美心理、审美活动的相关内容，同时也为后续项目的学习奠定基础；维度二：项目三“开展自然风光旅游资源审美”、项目四“开展历史文化旅游资源审美”、项目五“开展艺术作品旅游资源审美”、项目六“开展社会生活旅游资源审美”，从旅游资源的角度切入，对各类旅游资源的美学价值和审美方法及典型审美对象进行了全方位的梳理与介绍；维度三：项目七“塑造旅游行业形象美”、项目八“塑造旅游行业服务美”，从旅游行业及旅游服务人员的角度切入，对旅游目的地、旅游企业的形象美以及旅游服务人员的形象美和服务美展开探讨，以适应旅游行业的现实发展需求。

第四，聚焦行业，注重实践。以旅游行业实践为出发点和落脚点，注重美学与旅游行业直观性的联系，强调美学与社会生活的结合，将美育与技能教育结合，产教融合，推动知行合一。在诠释旅游美学基本知识的基础上，特别注重从旅游管理和服务角度对旅游活动的审美关系和审美过程加以介绍，以满足旅游行业发展的实际需要，引领学习者将美学知识运用于现实的旅游工作，从而充分发挥旅游美学的实践指导价值，提升学习者的旅游审美能力和旅游服务美的创造能力。此外，根据旅游行业的发展，重点阐述了“生态文明美”等旅游美学新知识，分析“旅游演艺”等文旅新产品的美学特质，介绍“康养旅游”“红色旅游”“乡村旅游”等旅游新业态，体现“以人民为中心”服务美创造新规范等。每个项目后的“双语园地”资源供学习者选用，旨在培养国际传播能力，从而更好地“讲好中国故事、传播好中国声音”。

第五，资源多元，功能多样。本书充分使用信息技术，建设新形态立体化教材。通过教师讲授、行业访谈、现场拍摄、案例讲解等多种方式，精心制作了大量微课，以二维码的形式附在相关内容旁，可供学习者扫码学习。每个项目后的“在线资源”栏目，还使用视频、动画、文档、音频、在线答题等方式构建了“课程动画”“拓展学习”“双语园地”“关键词点击”“互动练习”等信息化资源板块，以生动有趣的方式实现教材可读、可视、可听、可练的多功能使用。此外，教材还配备了课程标准、教学课件、习题库等其他信息化资源，以促进教学和学习的高效开展。本教材的配套在线课程为江苏省精品在线课程，结构完整、资源丰富，学习者可登录“智慧职教”网站，在“MOOC 学院”中搜索“旅游美学”（南京旅游职业学院）即可加入同步学习。

“立德树人，以美育人”是我们不懈的追求。旅游美学博大精深，相关内容丰富多彩，书中难免有疏漏和不足之处，恳请读者提出宝贵意见。

编者

2024 年 3 月

信息化资源

项目	信息化资源	页码
项目一 认识旅游美学	**微课教学：** **旅游美学课堂** 美与美感 旅游审美的特征与本质 **旅游审美实践** 底蕴深厚——文化景区审美 水韵悠悠——江南古镇审美	 2 14 10 23
	课程动画： 认识旅游美学	29
	拓展学习： 生活美学视角下的旅游审美	
	双语园地： 坚定文化自信，展现美丽中国	
	关键词点击： 旅游审美 审美感知	
	互动练习： 选择题 判断题	
项目二 认识旅游审美主体	**微课教学：** **旅游美学课堂** 旅游审美心理与审美活动 以崇德尚美促进德技并修 **旅游审美实践** 收纳山水——古典园林审美 诗意乡村——旅游资源审美	 37 43 33 50

续表

项目	信息化资源	页码
项目二 认识旅游审美主体	**课程动画：** 认识旅游审美主体	53
	拓展学习： 审美心理学基础内容探析	
	双语园地： 中国石文化之美	
	关键词点击： 审美想象 审美情感 审美理解	
	互动练习： 选择题 判断题	
项目三 开展自然风光 旅游资源审美	**微课教学：** **旅游美学课堂** 自然风光旅游资源审美要素与特征 自然风光旅游资源审美方法与体验 **旅游审美实践** 仁者乐山——中国名山审美 智者乐水——中国水域审美 万物有情——动物植物审美	 55 63 69 73 78
	课程动画： 自然风光旅游资源审美	87
	拓展学习： 江南山水旅游审美特征	
	双语园地： 中国花卉之美	
	关键词点击： 象征美 野趣 动态审美观赏	
	互动练习： 选择题 判断题	
项目四 开展历史文化 旅游资源审美	**微课教学：** **旅游美学课堂** 历史文化旅游资源审美要素与特征 历史文化旅游资源审美方法与体验 **旅游审美实践** 皇家威仪——宫殿坛庙审美 视死如生——古代陵寝审美 独具匠心——中国古建审美 千姿百态——民俗景观审美	 89 91 97 100 105 109

续表

项目	信息化资源	页码
项目四 开展历史文化 旅游资源审美	**课程动画：** 历史文化旅游资源审美	118
	拓展学习： 革命文化：中华民族最为独特的精神标识	
	双语园地： 中国宫殿之美	
	关键词点击： 审美意境 抑景 借景 民俗	
	互动练习： 选择题 判断题	
项目五 开展艺术作品 旅游资源审美	**微课教学：** **旅游美学课堂** 艺术作品旅游资源审美要素与特征 艺术作品旅游资源审美方法与体验 **旅游审美实践** 人文昌瑞——文学作品审美 翰逸神飞——书法艺术审美 穷工极态——器物作品审美 精美绝伦——织造工艺审美	 120 122 125 127 131 136
	课程动画： 艺术作品旅游资源审美	146
	拓展学习： 当代旅游工艺品审美	
	双语园地： 中国绘画之美	
	关键词点击： 造型艺术 形式美 以形写神	
	互动练习： 选择题 判断题	

续表

项目	信息化资源	页码
项目六 开展社会生活 旅游资源审美	**微课教学：** **旅游美学课堂** 社会生活旅游资源审美要素与特征 社会生活旅游资源审美方法与体验 **旅游审美实践** 精彩纷呈——城市旅游审美 田园游憩——乡村旅游审美 修身养性——康体旅游审美 诠释信仰——红色讲解服务	 148 150 154 158 166 170
	课程动画： 社会生活旅游资源审美	175
	拓展学习： 乡村振兴与乡村旅游发展	
	双语园地： 中国节气之美	
	关键词点击： 旅游审美参与 城市文化景观	
	互动练习： 选择题 判断题	
项目七 塑造旅游行业形象美	**微课教学：** **旅游美学课堂** 塑造旅游目的地形象美 塑造旅游企业形象美 塑造旅游服务人员形象美 **旅游审美实践** 主题凸显——主题乐园审美 乡村服务——从业人员提升	 177 184 194 178 199
	课程动画： 塑造旅游行业形象美	205
	拓展学习： 全域旅游目的地形象美塑造	
	双语园地： 水韵江苏之美	
	关键词点击： 旅游目的地形象 有意味的形式 旅游企业形象	
	互动练习： 选择题 判断题	

续表

<table>
<tr><th>项目</th><th>信息化资源</th><th>页码</th></tr>
<tr><td rowspan="7">项目八
塑造旅游行业服务美</td><td>微课教学：
旅游美学课堂
塑造餐饮服务美
塑造酒店服务美
塑造导游服务美
旅游审美实践
美食魅力——乡村餐饮审美
指尖繁花——口布折花艺术
细节真功——客房维护艺术
引领审美——沿途导览服务</td><td>

207
216
223

211
213
219
224</td></tr>
<tr><td>课程动画：
塑造旅游行业服务美</td><td rowspan="6">231</td></tr>
<tr><td>拓展学习：
红色旅游导游讲解艺术美</td></tr>
<tr><td>双语园地：
中国茶艺之美</td></tr>
<tr><td>关键词点击：
五味调和
意在笔先
移情能力</td></tr>
<tr><td>互动练习：
选择题
判断题</td></tr>
</table>

目录
Contents

项目一　认识旅游美学

任务一　理解美与美感特点 ······ 1
任务二　明确旅游审美本质 ······ 13
任务三　分析旅游审美类型 ······ 19
课程思政重点：培育中华美育精神 ······ 27
巩固提升：答疑解惑、项目小结 ······ 28
综合练习：头脑风暴、实践运用 ······ 28
信息化资源 ······ 29

项目二　认识旅游审美主体

任务一　了解旅游审美需求 ······ 30
任务二　把握旅游审美心理 ······ 37
任务三　开展旅游审美活动 ······ 45
课程思政重点：涵养崇德尚美品质 ······ 51
巩固提升：答疑解惑、项目小结 ······ 52
综合练习：头脑风暴、实践运用 ······ 52
信息化资源 ······ 53

项目三　开展自然风光旅游资源审美

任务一　掌握自然风光旅游资源的审美特征与审美方法 ······ 54
任务二　开展山水旅游资源审美体验 ······ 69
任务三　开展动植物旅游资源审美体验 ······ 78
课程思政重点：贯彻社会主义生态文明观 ······ 84

巩固提升：答疑解惑、项目小结 …………………… 86
综合练习：头脑风暴、实践运用 …………………… 86
信息化资源 ………………………………………… 87

项目四 开展历史文化旅游资源审美

任务一 掌握历史文化旅游资源的审美特征与审美方法…… 88
任务二 开展古建筑旅游资源审美体验……………………… 97
任务三 开展民俗风情旅游资源审美体验 ……………… 109
课程思政重点：树立文化自信 ……………………… 116
巩固提升：答疑解惑、项目小结 …………………… 117
综合练习：头脑风暴、实践运用 …………………… 118
信息化资源 ………………………………………… 118

项目五 开展艺术作品旅游资源审美

任务一 掌握艺术作品旅游资源的审美特征与审美方法 … 119
任务二 开展文艺作品类旅游资源审美体验 …………… 125
任务三 开展工艺作品类旅游资源审美体验 …………… 131
课程思政重点：学习工匠精神 ……………………… 142
巩固提升：答疑解惑、项目小结 …………………… 143
综合练习：头脑风暴、实践运用 …………………… 144
信息化资源 ………………………………………… 146

项目六 开展社会生活旅游资源审美

任务一 掌握社会生活旅游资源的审美特征与审美方法 … 148
任务二 开展城乡风貌旅游资源审美体验 ……………… 153
任务三 开展新业态类旅游资源审美体验 ……………… 165
课程思政重点：建设中华民族现代文明……………… 174
巩固提升：答疑解惑、项目小结 …………………… 174
综合练习：头脑风暴、实践运用 …………………… 175
信息化资源 ………………………………………… 175

项目七 塑造旅游行业形象美

任务一 塑造旅游目的地的形象美 ……………………… 176
任务二 塑造旅游企业的形象美 ………………………… 184
任务三 塑造旅游服务人员的形象美 …………………… 193
课程思政重点：实现内外兼修 ……………………… 201

巩固提升：答疑解惑、项目小结 …… 202
综合练习：头脑风暴、实践运用 …… 203
信息化资源 …… 205

项目八　塑造旅游行业服务美

任务一　塑造餐饮服务美 …… 206
任务二　塑造酒店服务美 …… 216
任务三　塑造导游服务美 …… 223
课程思政重点：增强职业道德 …… 229
巩固提升：答疑解惑、项目小结 …… 230
综合练习：头脑风暴、实践运用 …… 230
信息化资源 …… 231

主要参考文献 …… 232

项目一 认识旅游美学

问题引入

随着社会的不断进步，旅游产业的转型发展，旅游活动更加丰富多彩。旅游过程归根到底是一种审美的过程。“美”是日常生活中的常用字，但究竟什么是美？美感又是什么？旅游审美的本质是什么？旅游审美具有哪些主要类型？这些问题都需要加以了解、分析，为“旅游美学”的学习奠定基础。

学习目标

1. 理解美的本质特征、审美形态、美感等美学基本知识。
2. 把握旅游活动的美学本质属性，掌握旅游审美活动的一般过程。
3. 掌握旅游审美类型，理解审美愉快体验是感性与理性相交融的过程。
4. 贯彻落实党的二十大精神，培育中华美育精神，坚持以美育人、以文化人，提高审美和人文素养。

任务导读

通过本项目的学习，完成以下任务：

任务一　理解美与美感特征

任务二　明确旅游审美本质

任务三　分析旅游审美类型

任务一 理解美与美感特点

案例导入

太湖之美

太湖风景名胜区位于长江三角洲中部，是以太湖、沿湖山丘、岛屿的山水景观为特色，具有悠久文化历史的天然湖泊风景区。太湖风光融淡雅清秀与雄奇壮阔于一体，碧

浩渺太湖

水辽阔、峰峦隐现，气象万千。明代唐寅曾题诗“太湖西岸景萧疏，竹外山旋碧玉螺。明月一天风满地，爽人秋意不须多。”著名画家吴冠中在《画韵美文》中写道：“一旦站在太湖岸边，眼前一片荡漾，心神荡漾”，并创作了多幅关于太湖的画作。

问题与思考

1. 太湖为什么会给游人带来美感？
2. 太湖的自然美与关于“太湖”的诗词、绘画美之间有什么样的关系？

知识探究

美与美感

一、美与美感的产生

（一）美的产生

1. 原始文明时期美的萌芽

人类对美的认识经历了一个由不自觉到自觉、从低级逐步向高级发展的漫长历史过程。人类历经了上百万年的原始时期，其间自然界处于荒凉与神秘之中，人类的生存状态是被动地依赖并生活于自然环境中，所以迁徙也就几乎成为原始人类生活的状态。人类为何要进行迁徙？一是天气原因，在那个衣不遮体、食不果腹的时代，人类为了能够更好地御寒，往往会迁徙到比较温暖的地方，同时可以获取更多的植物野果用于充饥。二是动物具有迁徙的本能，人类为了获取更多的动物肉食，被动地随着动物的迁徙而不停地迁徙。迁徙的目的是满足自己生存的要求，更换生存环境，从而改善生存条件，这仅仅是物质层面，也就是说此时仅仅为生命活动，这种生命活动依赖自然的恩赐，与同时期的其他动物的本能活动没有区别，故人类社会的初始阶段，世界无所谓美与不美，而仅仅是功能性的存在。随着社会生产力的提高，到了原始末期和奴隶初期，原始农业及圈养动物的出现，在迁徙猎食逐渐转为农耕植食之际，出现了“果、木、蔬、园”等种植园地，客观上作为纯粹功能性的自然界逐渐成为人类社会生活的欣赏性对象。

原始追击　觅食动物

2. 农耕文明时期美的起源

客观规律使得人类在不断进化与进步。旧石器时代的先民将不规则的石块打制成石刀、石斧等，以适应取食、捕猎的需要。这些工具虽然与天然石块差别不大，但仍然表现了旧石器时代先人的创造精神与才能。此时的石器虽显粗糙，基本无美感可言，但却是人类遗留下来确实可信的最早人造物，成为人与动物的最显著标志之一。所以生产活动作为人类根本性的实践活动，也在劳动中有了思维功能和制造工具的技能，当大自然不能满足人类的生存需求时，人类通过创造性的劳动，能动性地改造自然。一方面，人类在改造自然界的活动中熟悉周围的事物并认识其规律；另一方面，人类审美感官的形成既与人类社会实践活动的发展过程密切相关，又与人类劳动中的自由创造紧密相连。人类逐渐从迁徙猎食转为农耕植食为主的农业文明社会，这标志着人与动物彻底分离。人类对自然的认识从感性认识上升到理性认识，由被动依附自然转向主动开发自然，从而创造出农业文明特有的田园风光——“圃”，以及供帝王贵族进行狩猎游乐的畋猎园——“囿”，此时人成了社会的人，有了区别于动物的心理活动和社会意识，产生了精神生活需要，具备了享受精神生活的能力。

原始文明　花山岩画

随着时代的发展，新石器时代的先人将石器打磨得较精细，具有美的特征；用黏土制成各种器皿，刻或画上花纹，烧制成既有实用功能又能给人美的感受的彩陶，展现了新石器时代先人比前人更丰富的创造精神与更大的才能。这些劳动成果与创造活动展现了人类的目的性、理想、智慧、才能与力量，从而使人类自己感悟到自由创造的珍贵，并引发情感上的高度愉悦，这便是审美的雏形。所以审美活动是人类创造出劳动工具，进行自觉自由的劳动以后，在自由的实践活动中产生的。审美的发展，其结果便产生了艺术活动。生产活动创造出技术产品，满足人的实用美需求，审美活动创造艺术品，满足人的审美需求。

可以说，人类的实践活动经历了生命活动、生产活动、审美活动、艺术活动四个层级，同时也验证了美来源于生产，来源于生活，来源于实践，它是同人类生产劳动、生活方式、认识规律紧密联系的。

（二）美感的产生

美感的产生是以人类的诞生为前提的。实践活动特别是人在劳动过程中对工具的制造和使用，不仅是人类诞生的必要条件，也是美感产生的必要条件。人类最基本的生存和生殖欲望，在工具的制造和使用过程中保存下来并得到发展，美感也正是在这个过程中由单纯的快感进化而来的。

人的美感具有主观性和社会性，是在人的自然禀赋的基础上经由社会历史实践的产物。人类的美感，来源于动物性的本能，却超越了动物性的本能，唤起了人类一系列的内心感受，产生抒发的愿望。它是在人开始制造工具、把自己从自然中分化出来后，把美感变成看得到、听得见甚至摸得着的审美形象，人类的主观能动性可以发现美、理解美、体验美、创造美。

从美食看，野采野逮到耕植圈养，餐品已然更加丰富；从美住看，山麓岫居到户牖为室，建筑装饰雕梁画栋，砖雕石刻，飞阁流丹；从美行看，不积跬步到行幰舳舻，旅游交通车如流水，马如游龙；从美游看，茅封草长到春和景明，茂林修竹，琼楼玉宇；从美购看，舟车劳顿、物物交换到东市西市，清明上河，交子购物，琳琅满目；从美娱看，自娱自乐到酣嬉淋漓，乐而忘返。人类以美感的形式生产创造出各种各样的事物，并以审美的眼光采取观赏性的态度，也正是由于这种观赏性的态度，使得美感超越了物质的、生理的需要，成为一种精神需要。

美感是人类所特有的感情，人类可以发现美、理解美、体验美，虽然以感官的快感为基础，但却是一种心理上的满足和精神上的享受。

张择端（北宋）《清明上河图》（局部）

二、美与美感的特征

（一）美的特征

1. 形象性

美是通过社会实践所达到的合规律性（真）和合目的性（善）的统一，体现出美的内容客观性与社会性，而美的内容表现形式则是感性的，因而又是具体形象性的。形象性是指美具有一种能以自己的具体、生动的感性形象为人们的感官所感知的特性。

美的形象，在于构筑美的物，从自然景观与人文景观两个方面来看，都离不开景观的造型，不管是天造地设的自然，还是巧手天工的人文，亦是如此。一方面在于它的内容有用、有利、有益于社会生活实践，是对实践的肯定，是一种价值；另一方面在于它合规律性，如对称、均衡、和谐等，美的形象是合规律性和合目的性的统一。

色彩斑斓　韵律梯田

2. 感染性

美不仅是具体、形象的，而且是感人的。感染性是指美在于主体与客体之间的交感、人与物之间的动感，以及人的精神性快感。作为主体的人具有自由的精神的智慧性，也就是说主体具有悟性，感染来自客体，却激发主体对客体的智慧性和创造性的想象。美具有一种感动人的感染力量，它能使人产生共鸣，进而产生美感的特性。正如刘禹锡在诗中描述的："湖光秋月两相和，潭面无风镜未磨。遥望洞庭山水翠，白银盘里一青螺。"试想当年诗人登临"洞庭天下水，岳阳天下楼"的巴陵之地，正是美的感染激发了诗人创造性的想象，感受到洞庭湖似镜面、君山岛似青螺。

客体的感染有时候需要主体的"顿悟""妙悟"。比如在我们欣赏象鼻山时，客体对主体的感染使主体产生审美想象和审美情感。所以客体直接影响人们的情感，以情感人、以情悦人。人们欣赏自然美、社会美、艺术美，在于它们都能使人获得感情上的满足，赏心悦目，愉情悦性。任何美的事物都能激发人的感情，使人们在精神上得到极大的愉悦和满足。

大象

象鼻山

3. 客观性

美的客观性是指美是一种客观存在，它独立于人的意识之外，不为人的主观意识所改变。美主要存在于自然、社会、艺术和科学等客观事物和客观活动过程之中。在自然领域，无论是经实践改造过的自然，还是未经实践改造过的自然，都有美存在。纯粹的自然美为天造地设，如天门烟雾的天门山，奇峰三千、秀水八百的武陵源等。虽由人作，宛自天开的物化、人化的自然景观具有别样的审美风貌，如上有天堂、下有苏杭的苏州园林与杭州西湖等，就是自然与人文结合的美的典型体现。

在社会领域，从旧石器时代形态各异的石器、弓箭、陶器，到奴隶社会浑厚凝重的青铜器，再到封建社会精巧美观的漆器、瓷器、编织品、金属器具，又到现代化生产基地、生活设施及琳琅满目的商品，它们都闪烁着美的感性光辉。凝聚了人类对于美的追求与创造。艺术美也是现实美的反映，从来源上可以说它仍是客观的、物质性的，但它是经过艺术家审美心理的中介而后又借助一定的物质载体、媒介转化为美的艺术存在，是艺术家审美心理、审美趣味、审美观念、审美理想的物化形式。

峰峦叠嶂　遇龙弄影

雷峰夕照　斜阳抹金

4. 社会性

美由人们的社会实践所规定和制约。美的社会性主要表现在它对于社会的依赖。美来源于人类的社会实践，依赖于人类社会。人类社会生活中各种事物的美，是人类社会活动的产物。美的具体内容总是为一定社会的生活、生产水平所制约，具有明显的时代特点。人类的社会实践，使自然与人类社会生活发生了广泛的联系，使自然在人类社会生活中占有了一定的社会地位，产生了一定的社会作用，客观地成为人类生活不可缺少的物质条件，这便构成了自然美的社会性。

美的社会性还表现在它的社会功利性上，因为它对人有利、有用、有益，能丰富人们的生活，陶冶人们的情操，启发人们的思想，使人们的视野更加开阔、品格更加高尚、灵魂更加纯洁、精神更加振奋。“尚美”与“崇德”的统一在美的“社会性”中体现得最为明显，在社会生活中自觉抵制和杜绝丑恶的事物与行为，崇尚和达成道德的高境界，也正是对“美”的不懈追求的体现。

湖光山色　苍山洱海

（二）美感的特征

1. 个人直觉性

人在欣赏美的事物时，刹那间感受到的欣赏对象的美的特征，就是个人直觉性。

美感的直觉特征有两方面的含义：第一，美感是对感性形象的直接感受，即形象直观性，身心直接面对审美对象；第二，美感是一种非逻辑的判断，即瞬间生成性，审美不必借助抽象思考、逻辑推演，无须深思熟虑。对于美的欣赏与感觉，必须是直接地去接受、去体会。

总之，一方面，审美过程始终要在形象、具体、直接的感受中进行，美感是个体对感性形象的直觉，美感愉悦是个人的现实感受；另一方面，在美的感受中，无须借助抽象思考，便可不假思索地判断对象的美或不美，具有非概念的直觉性。毛泽东的一首词《沁园春·雪》：“北国风光，千里冰封，万里雪飘。望长城内外，惟余莽莽；大河上下，顿失滔滔。山舞银蛇，原驰蜡象，欲与天公试比高。须晴日，看红装素裹，分外妖娆。”该词上阕描写北国壮丽的雪景，纵横千万里，展示了大气磅礴、旷达豪迈的意境，抒发了词人对祖国壮丽河山的热爱。气势恢宏，感情奔放，胸襟豪迈，豪放豁达之风更能阐释对于美的直接表达。

2. 精神愉悦性

美感中必然带有生理官能上的快感，美感是以感官愉悦为基础的。美感是由生理快感与实用满足感升华而成的一种情理交融、情中寓理的高级情感形态。审美情感直接渗入对象、渗入感受的全过程，使审美直觉同时变成一种情感体验，通过直接感受和情绪感染来达到心物交融，这种富有感染力的敏感和激情总是表现在对景物的反射上，所谓“登山则情满于山，观海则意溢于海”，这就是对景物情感心理的形象概括。而映入游客心灵的景物，更容易被游客的情感所浸入、心灵所洞彻。这种审美移情现象的产生，乃是“物以情观”的结果。景物感悟或者体验，亦如黑格尔语“在外物界寻回自我”，这即是游客对景物中独特的美的对象的探寻，也是景物对丰富深邃的审美主体的期待，即创造主体与对象景物之间自然而理想地交构与契合，从而使主体在欣赏景物时摆脱了种种狭隘的生理需要和实用需要，能激发人们的思想、情感和意志。美的表现形式虽然多种多样，但人们在欣赏时，审美感受总带有情感的愉悦。

徜徉书海之美

3. 超越功利性

美感的超越功利性是指它不是为了满足人们认识和实用的功利需要，但起着陶冶、感染、熏陶和教育人的心灵的潜移默化的特殊作用。席勒认为，审美活动可以复归人类所失去的人性，使其成为一个完整的人、审美的人；黑格尔认为，审美具有解放人的性质。这是美感的最大价值，也是审美活动的最高要求。

一方面，美感是一种无关利害、不涉欲望、没有直接实用性的快感，这就是美感的无功利性。刘禹锡的《陋室铭》："山不在高，有仙则名。水不在深，有龙则灵。斯是陋室，惟吾德馨。苔痕上阶绿，草色入帘青。谈笑有鸿儒，往来无白丁。可以调素琴，阅金经。无丝竹之乱耳，无案牍之劳形。南阳诸葛庐，西蜀子云亭。孔子云：何陋之有?"这也验证了作为审美主体的人在审美超越功利性的例证。另一方面，美感又是一种合乎人类目的性的愉悦，也就是我们通常所说的"真""善""美"的统一。

三、美的形态与范畴

（一）美的形态

美的形态（形式）指的是美的表现形态（形式），也就是美的种类。在现实生活中，美的形式是多样复杂的。从哲学的角度，按照审美对象的存在领域进行分类，可把美的形态分为三大类：自然美、社会美、艺术美。自然美和社会美合称为现实美。

1. 自然美

自然美是自然界中能够引起人们审美愉悦的自然物的生动形象。日月星辰、江河湖海、高山峻岭、森林田野、草木花卉、鸟兽虫鱼等自然物显现出来的美，都属于自然美。自然美有以下四个特征：

第一，突出的自然性。自然事物的审美属性，是自然美形成的必要条件和基础；离开了自然事物的自然性，就没有了自然美。自然美贵在自然。巍峨的山峰、挺拔的青松，给人以不同的造型美；而奔腾的江河、波涛汹涌的大海，则表现出磅礴的气势美。南齐谢赫在《六法》中提出"气韵生动"这一美学命题，虽为绘画六法之一，不过从自然美的角度看，"气韵生动"体现了宇宙万物的气势、气质，自然生动，达到了有自然生命力、感染力的美学境界。

第二，侧重于形式美。自然美的内容在多数情况下显得比较隐晦、模糊，自然美的感性形式却往往给人以鲜明、深刻且清晰的印象。人们从自然物的色彩、声音、线条、比例等方面得到美的享受。景物的视觉形象首先是由色彩和明度产生的，人们对蝴蝶线条造型的惊叹和对鲜艳色彩的欣赏与赞美就是如此。“万绿丛中一点红”的野草野花，正在于“一点红”成了“万绿”的光芒之源，构成了色彩对比美的享受。

云台天瀑　飞流直下

第三，景物的两重性。同一自然景物具有美或者丑、凄凉或者繁闹等两重性。刘禹锡《秋词》：“自古逢秋悲寂寥，我言秋日胜春朝。晴空一鹤排云上，便引诗情到碧霄。”马致远《天净沙·秋思》：“枯藤老树昏鸦，小桥流水人家，古道西风瘦马。夕阳西下，断肠人在天涯。”同是对秋景的描写，自然景物却迥然不同。刘禹锡的秋，远胜春天，天高气爽，晴空万里，自喻排鹤，诗情碧霄。马致远的秋，天涯游子，深秋漂泊，悲痛心情。

第四，景物的变异性。同一事物有时表现出一种美，有时又表现出另外一种美。例如，天上的月亮有时皎洁如玉盘，有时弯曲似弓，这种阴晴圆缺的变化显现出种种不同的美态，引发观赏者的不同情感。如“月上柳梢头，人约黄昏后”，一个皎洁、美丽、欢快的意向景物；“江上柳如烟，雁飞残月天”，这是开阔、清冷、迷蒙的意向世界；“寒塘渡鹤影，冷月葬花魂”，一个寂寞、孤独、凄冷的荒诞世界。同是月亮，因个人情感、心情不同，包含的景物意蕴也不尽相同，给人的美感也不同。

天门霞光　辉映迷幻

天门吐雾　蔚为壮观

2. 社会美

凡是社会现象的美，都属于社会美。广义的社会美包含历史文化美的范畴。人类社会生活是多方面的，所以社会美的内容十分丰富。实践活动的美、实践主体的美、实践成果的美是丰富多彩的社会美的具体表现。实践活动的美主要表现为劳动本身的美。实践主体的美主要是指作为社会实践主体的人的美。人的美包括人体美（外形美）与心灵美（内在美）。内在美要通过外形美来表现，外形美受到内在美的制约，人的美正是这二者的统一。实践成果的美是人类利用自然、改造自然的成果。社会美直接体现了人的自由创造，它的首要特点是与社会实践直接联系。不论是实践活动的美、实践主体的美还是实践成果的美，都随着社会实践的发展而变化。

底蕴深厚——文化景区审美

3. 艺术美

艺术是通过塑造典型形象来反映现实的一种社会意识形态，是一种特殊形态的社态的社会面，是艺术家对现实生活进行创造性反映的产物。艺术美是美的客观存在形态，艺术品是人类审美意识的结晶。艺术美从本质上看，是艺术家按照“美的规律”进行创造性劳动的产物，它弥补了包括社会美和自然美的现实美所存在的缺陷和不足。艺术美的创造过程是艺术家通过创造性劳动对生活进行提炼的过程，是艺术家的思想情感与生活相融合的过程。

沈铨（清）《百鸟图》

在艺术创造中有主观与客观两种因素：客观因素是指生活的内容，是创造的基础；主观因素是艺术家的审美理想、思想感情，是创造的主导。二者结合产生具体艺术作品，便创造了艺术美。艺术美是对现实美的升华，其主要是通过典型化和理想化来实现的。艺术美的特点和价值表现在它的典型性、理想性和普遍性。艺术美就其内容来说，是艺术家对于生活美的真实反映；就其形式来说，是作品存在方式，是艺术家运用一定的物质媒介，创造出来的个性鲜明、具体可感的形象。

特别值得强调的是，旅游服务人员的服务工作由于也是按照“美的规律”进行的创造性劳动，因此，高水平的旅游服务，包括导游服务、酒店服务、餐饮服务等，在本质上既是一种人文社会美，也是一种广义的艺术美，是一种独特的美的类型。

（二）美的基本范畴

按照审美对象的审美特性划分来看，美的基本范畴包括优美和崇高两大类。

1. 优美

优美，也称阴柔之美、秀美，指充满和谐、明丽、柔媚的形象魅力的审美形态，是主客双方和谐统一中显示出来的美。优美以感性形式的和谐为主，审美意蕴、情感力度柔和平稳，具有小巧、平静、舒缓、单纯等表现形式。优美以和谐、协调、一致、均衡、统一为特点。在外在形式上，它呈现为柔媚、优雅、纤巧、秀丽、飘逸、安宁、淡雅的美。悦耳动听的乐音、协调柔和的色彩等，都是优美形态的特征。优美的具体特征为：其一，侧重于表现的是一种静态美；其二，展示的是一种和谐美；其三，引发的是一种愉悦感，能给人以轻松、愉快、心旷神怡的审美感受。如近几年兴起的旅游美拍，在表现优美上呈现出楚楚动人、千娇百媚之美感。月下沱江倒映着吊脚楼，凤凰城江畔旅拍游客娉娉婷婷；鸣沙山上，月牙泉边，旅拍游客绰约多姿。

2. 崇高

崇高是与优美相对应的美的表现形态。崇高是一种庄严的美、宏伟的美，人们有时也称之为壮美或“阳刚之美”。崇高主要指审美主体的精神在与客体对象构成的矛盾冲突或张力中获得升华，表现出人类的生命实践的伟大和高尚的、永恒的伦理价值。

崇高的特征有：其一，崇高是一种冲突美；其二，崇高体量巨大；其三，崇高外形粗犷、奇特；其四，崇高感是由痛感转化而来的快感。崇高感是一种激荡不安、积极向上的精神提高而引起的精神满足和愉快。崇高在自然、人文和艺术领域有着不同的表现形式。自然领域的崇高，以量的巨大和力的强大为特征，表现为形式巨大、粗犷、严峻、广阔、高远、浩瀚无边等特点。人文领域的崇高直接地体现着实践的巨大力量，更多地展示着主体要征服和掌握客体的矛盾冲突状态，表现为对巨大挫折、摧残的抗争。崇高在艺术中得到了最真实、最集中的反映。

德夯大峡谷之上的矮寨大桥

资料链接

1. 美学

美学是德文 asthetic 的意译，源于希腊文 aisthesis，原意为“感性知觉”，指研究有关人类审美活动规律的科学。1750 年德国哲学家鲍姆加登首次以“感觉学”（音译为“埃斯特惕卡”，意译为“美学”）为名发表专著并称之为研究感性认识和形象思维的科学，认为感性认识的完善即美。美学从此正式得名，成为一门独立学科。美学研究的对象众说不一，一般包含美论、美感论、艺术论等部分，具有哲学、文艺学、心理学、社会学、伦理学等多学科交叉性质。

2. 美感

美感有广义和狭义之分。广义的美感，即审美意识，是指整个审美心理，即人类的审美意识系统：审美能力、审美需求、审美趣味、审美理想、审美态度、审美感受等的总和。狭义的美感是指具体的审美感受，即主体对美的主观感受、体验、理解、评价和所获得的精神愉悦，是审美中的一种心理状态。

3. 美与漂亮

美与漂亮在造型艺术领域里确实是两个完全不同的概念。漂亮一般源于渲染的细腻、柔和，或材料的贵重（如金银、珠宝、翡翠等）；而美感之产生多半源于形象结构或色彩组织的艺术效果。

案例分析

如何在旅游中感受美景

人们对旅游的需求往往是见仁见智。曾有一个“发现中国新美景”的海选活动引起了人们的关注与兴趣，不少景点脱颖而出，其令人神往的美景让人眼前一亮。位于四川境内的达古冰川以神奇壮观的冰川景色和变幻莫测的植被在网络票选和手机短信票选榜上名列前茅，夹金山、四姑娘山、黄河九曲第一湾等景点也格外引人入胜。祖国河山壮美，历史文化资源丰富，旅游出行的目的地选择也多种多样。“发现中国新美景”应时而生，为中国大好河山提供了一次展现的机会，也为人们提供了一份丰富的旅游大餐。

简析

旅游活动是欣赏美的过程，发现中国新美景需要旅游者以审美的心理去寻觅新的自然美、人文美、社会美，从而丰富自身的旅游体验，同时也为我国新的旅游资源的开发奠定基础。

拓展练习1

从兴坪溯江而上四千米有一山，它五峰连属，东南北三面环山，西面削壁临江，高宽百余米的石壁上，青绿黄白，众彩纷呈，浓淡相间，斑驳有致，宛如一幅神骏图。旅行家徐霞客这样描述：其山横列江南岸，江自北来，至是西折，山受啮，半剖为削崖，有纹层络。绿树沿映，石质黄红青白，杂彩交错成章，上有九头，山之名“画”，以色非以形也。事实上，游客必须充分发挥审美想象力才能看出九匹马。

清漓石壁　九马画山

清代两广总督阮元对画山到了痴迷的程度，六年间五次来游画山。他在《清漓石壁图歌》中写道："六年久识奇峰面，五度来乘读画舟。"如今在画山渡口不远的崖壁上，仍可看到"清漓石壁图"五字。游客每当到此，总要细细揣摩，发挥想象力数一数。画山堪称漓江"巨壁美"之冠。

问题：

1. 此处山峰的美属于哪一种类型？它为什么会引起旅游者的美感？
2. 想象力在此处旅游景观的审美中发挥了怎样的作用？

拓展练习2

炎炎夏日，吃一块冰镇西瓜，会有很愉快、很舒爽的感觉。当你做了一件好事时，你也会产生愉悦感。

问题：

这两种感觉是不是美感？

任务二　明确旅游审美本质

案例导入

癸丑之三月晦，自宁海出西门。云散日朗，人意山光，俱有喜态。三十里，至梁隍山。闻此於菟即老虎夹道，月伤数十人，遂止宿。

四月初一日早雨。行十五里，路有岐，马首西向台山，天色渐霁。又十里，抵松门岭，山峻路滑，舍骑步行。自奉化来，虽越岭数重，皆循山麓；至此迂回临陟，俱在山脊。而雨后新霁晴，泉声山色，往复创变，翠丛中山鹃映发，令人攀历忘苦。又十五里，饭于筋竹庵。山顶随处种麦。从筋竹岭南行，则向国清大路。适有国清僧云峰同饭，言此抵石梁，山险路长，行李不便，不若以轻装往，而重担向国清相待。余然之，令担夫随云峰往国清。余与莲舟上人，行五里，过筋竹岭。岭旁多短松，老干屈曲，根叶苍秀，俱吾阊门盆中物也。又三十余里，抵弥陀庵。上下高岭，深山荒寂，恐藏虎，故草木俱焚去。泉轰风动，路绝旅人。庵在万山坳低洼处中，路荒且长，适当其半，可饭可宿。

——摘选自徐霞客《徐霞客游记》

问题与思考

1. 此段节选自《徐霞客游记》的开篇之作《游天台山日记》。文中哪些内容具有明显的审美体验特征？

2. 请了解徐霞客的生平，谈一谈他为什么会痴迷于旅行。这体现了古人对旅行审美怎样的态度与追求？

徐霞客画像

知识探究

旅游审美的特征与本质

一、旅游活动的审美特征

人们为了摆脱生活和工作所带来的精神压力，打破由于在限定区域内工作和生活而产生的封闭感和厌倦感，到广阔的空间中自由地支配时间、改善生活质量、开阔视野、享受审美和娱乐的情趣，从而选择旅游活动。旅游者的审美要求产生生理和心理上的快感需求，体现在旅游过程的吃、住、行、游、购、娱六个环节之中，每一个环节都能给旅游者美或不美的感受。从根本上说，旅游是一种主要以追求愉悦和美好为目的的审美过程。旅游作为一种短期性的闲暇生活方式，是一种集自然美、艺术美、社会美于一体的综合性审美。同时，旅游作为一种特殊的社会活动，在实践环节上还是一项综合性的审美体验。

（一）旅游是交往性审美活动

这一特征可从两个方面来理解：一方面，旅游是积极健康的交往活动。交往是人类历史发展的必然现象，它体现了人所共有的心理需求，也是人类生活中一种最基本的社会活动。旅游交往是一种“旅游者—朋友模式”的交往形式。在丽江和大理，客栈外经常会出现旅游广告，招募旅伴徒步虎跳峡，去玉龙雪山、香格里拉游玩，目的地临时组团，两到三个家庭在导游司机的带领下共同出游，结伴旅行，在旅游过程中认识朋友，收获友谊。特别是在一些能歌善舞的少数民族聚居的旅游区，认识的、不认识的游客手拉手围圈一起载歌载舞，累了或坐或卧，互相分享旅途的快乐。

另一方面，旅游的这种交往活动方式，是一种特殊生活方式，其特殊性表现在旅游的暂时性、异地性、流动性。旅游的暂时性是指旅游仅仅是旅游者人生某一时段的行为。旅游的异地性标志着旅游过程中一切游览活动都要在异地进行。旅游的异地性决定了旅游的流动性，流动性是指旅游者从常住地流向旅游目的地，进行一段时间的游览活动，最后又返回常住地的“动态”（即从离开常住地到结束旅游返回常住地）与“静态”（即旅游过程中的“食、宿、游、购、娱”活动）相结合的运动表现形式。

旅游交往　载歌载舞

（二）旅游是现场性审美体验

旅游活动的主要对象是具有观赏价值的景观和具有娱乐价值的活动。虽然现代旅游的构成有吃、住、行、游、购、娱六大要素，但游、娱是最主要的，说明旅游的主要目的还是满足审美与娱乐等方面的需要。

旅游者在审美情境中所体验的情感是复杂且多层次的。首先，旅游者在情境中产生对自身生活状态的不满足之情。其次，旅游者在情境中因暂时解脱束缚、释放压力而产生愉悦之情，从而进入超脱自我、舒展自我、放松自我的状态。最后，这种情感上升到审美文化层面而演变为价值判断之情。这三层情感相互交错和启发，形成一个情境交融的有机统一体。若没有主体游客的欣赏，再美的景物也只能孤芳自赏，所以旅游者要想获得真正的审美愉悦，必须亲临现场，感悟身临其境，身心升华。

当然，出于休闲与娱乐目的的审美体验的现场性主要受时空的制约，即受到旅游季节性的限制，同时又需要地理位置集中。就季节性而言，主要依赖自然旅游资源吸引游客的国家和地区，旅游接待量的季节性波动比较大；主要依靠人文旅游资源吸引游客的国家和地区，旅游接待量的季节性波动比较小。消遣型旅游受季节性制约多一些；事务型旅游几乎不受季节性影响。四季分明的国家和地区，四季中接待游客的波动量比较大；四季不太分明的国家和地区，四季中接待游客量就比较稳定一些。地理的集中性，可从旅游客源地和旅游接待地两方面来看。一般而言，旅游资源丰富的地区往往会成为主要的旅游接待地，而经济发达地区则往往成为主要的旅游客源地。

（三）旅游是综合性审美实践

旅游是一项复杂多样的综合活动，涉及自然与社会、经济与文化等诸多因素，包括吃、住、行、游、购、娱等多项内容。人们在旅游活动中不仅仅游览自然风景，还要体验旅游目的地的人文景观和文化风情，购买土特产品，品尝特色美食。这一系列活动都不是一个单一的旅游部门能完成的，需要餐饮、卫生、建筑、文教、交通、农林等不同部门的支持，旅游业把各个部门紧密地联系起来。旅游活动由不同的旅游项目组成，它的类型也具有综合性。

现代旅游类型繁多，并朝着多样化的趋势发展。随着社会的发展、人类物质文明和精神文明的进步，旅游突破了传统的以观光、娱乐为主要内容的范畴，消遣型度假、休闲旅游逐渐成为现代旅游活动的主体。带薪假日游、文化游、探险游、访古游等旅游形式越来越多样，内容越来越丰富，充满了丰富的社会文化内涵。党的二十大报告提出：“中国式现代化是物质文明和精神文明相协调的现代化。物质富足、精神富有是社会主义现代化的根本要求。”

旅游审美活动的内容是丰富多彩的，它集自然美、艺术美、社会美之大成，融优美、崇高、喜悦、悲壮、秀丽、雄奇于一体，可满足旅游者不同层次的审美需求，使之从中获得多种多样的审美感受。因而，旅游是一种综合的、层次丰富的、具有活力和发展潜力的综合性审美实践活动。

二、旅游活动的美学本质

旅游的基本属性和本质特征决定了旅游活动是一种审美活动，旅游的美学本质可以从以下几个方面来阐述。

（一）实现和谐以满足审美需求

美学家叶朗教授说过：“旅游，从本质上说，就是一种审美活动，旅游涉及审美的一切领域，又涉及审美的一切形态，旅游活动就是审美活动。”旅游活动的本质是一种审美活动。旅游之美是一种和谐美。

和谐美有三个维度：人与自然的和谐、人与人的和谐、人与自我的和谐。人与自然的和谐是在旅游者生理基础上产生但又超出生理的一种社会性的愉悦。人与人的和谐，即人际和谐，是旅游者获得审美感受的条件，赏花结豪友，登山结逸友，泛舟结旷友，对月结冷友，待雪结艳友，捉酒结韵友。我们无法想象处于人世繁杂旋涡中的旅游者还能够获得美的感受。人与自我的和谐是审美感受的较高境界，这种和谐是在道德基础上达到的一种超道德的境界，是一种诗情化、艺术化的主体感受，是在“崇德”的过程中，对“尚美”的达成，是“美德”与“美感”的统一，是旅游主体在得到生命真谛的观照和领悟后对自身生存状态所做的一次彻底反思，体验拥有生命的至高无上的快乐，真正实现对人类精神家园的回归。

禹之鼎（清）《竹林七贤图》

清代学者王永彬在《围炉夜话》里说得好：观朱霞，悟其明丽；观白云，悟其卷舒；观山岳，悟其灵奇；观河海，悟其浩瀚，则俯仰间皆文章也。对绿竹得其虚心；对黄华得其晚节；对松柏得其本性；对芝兰得其幽芳，则游览处皆师友也。旅游让我们领悟灿烂的生命、欣赏曼妙的姿态、体认高拔的气概、感悟广大的无际。游览皆师皆友，绿竹虚心有礼、菊花高风亮节、松柏坚韧不拔、芷兰芬芳幽远。在游玩与观赏之中，天地之间处处好风景，处处皆是良师益友。

人们旅游的主要目的是获得精神上的满足，即求美的需要。而要满足人们的审美需求，就得求取某种和谐，要追求和实现和谐，作为高层次的精神消费活动的旅游是实现和谐的一种方式和途径。当今社会，人类面临种种危机，如生态危机、信任危机、心态危机、社会危机等，通过旅游以求得人与自然的和谐、人与人的和谐、人自身内心的和谐及社会的和谐，便能够在一定程度上与这些危机抗衡。

（二）追求自由以获得精神愉悦

追求自由是人的本性。人的生命活动和动物的生命活动相比较，其突出特征是"自由"。"自由"包含着"合规律性"（真）和"合目的性"（善）两层含义。"合规律性"与"合目的性"的统一就是美。有人说："美是自由的象征。""自由"是对"物"的特性的认识和把握（即真）与人的不同需要（即善）相结合的结果。按照"美的规律"自由创造，是人区别于一般动物的本质。

旅游的目的是"寻美求乐"。"美"就是人类在改造和征服自然的过程中所获得的自由。就会感到愉悦。旅游就是寻找自由的生命形式。旅游审美中的"寻美"，就是在旅游过程中发现和体验这种展示人的自由想象、自由创造的美。

云南石林阿诗玛石像

如黄龙洞由各种石笋和钟乳石的不同造型组成的"黄龙拜寿"，黄山七十二峰形成的"黄山故事"，云南一丛石林编织出动听的"阿诗玛传说"，它们美就美在人对"自由"的发现和创造。"乐"者，美感也，是指有一定审美能力的旅游者，对具有一定审美属性的审美对象的审美体验。这种审美体验的愉快，即"乐"，是高品位的精神愉悦。旅游者的"寻美求乐"，其所追求的"美"是人在尊重自然和改造自然的过程中所获得的自由。旅游者"寻美求乐"中的"乐"是一种在自由观照中所获得的审美体验。

资料链接

1. 旅游交往模式

旅游所体现出来的交往，从形式和特点上看，是一种短暂的、平等的、在异地进行的并以感情沟通和物质交易为主的行为，在隔离、示意、互动、互助和竞争等行为的影响中，反映出其强弱不同的发展程度。

2. 合目的性

康德认为："有关一个客体的概念就其同时包含有该客体的现实性的根据而言，就叫作目的。而一物与诸物的那种只有按照目的才有可能的性状的协调一致，就叫作该物的形式的合目的性。"（《判断力批判》）比如一处山水风景，组成它的所有植被、山川在客观上并没有什么目的，但在审美者的眼中，它们却非常和谐一致地构成了一幅美丽的风景画，仿佛都是为着这一美的目的而有意结合在一起。

3. 规律性

美的规律并不是僵死的现成物，而是随着人的审美创造活动不断生成的。康德之所以把审美中的合规律性也称为"一个没有规律的合规律性"，就是因为这种规律根本不是什么已然存在的现成的规律。对此，美学大师席勒也认为："各种美的作品都必须服从规律。美的作品可以、也必须是合规律性的，但它又必须表现出独立于规律。其所以如此是因为任何目的和规律的明显的影响都会表现出强制，并导致对象本身产生他律。"

案例分析

黄山怪石，星罗棋布，点缀在波澜壮阔的黄山峰海中。它们形态别致，或大或小，争相竞秀，意趣无穷。黄山怪石，有的酷似动物，诸如"猴子观海""松鼠跳天都""鳌鱼驮金龟"；有的宛如各式人物，诸如"仙人下棋""天女绣花""童子拜观音"；有的形同各种物品，诸如"梦笔生花""笔架峰""仙人晒靴"等。

这些巧石，或叫怪石，大的就是一座山峰，如笔锋、老人峰等；小的如同盆景古玩，如"猴子观海"上的"猴石"，"鳌鱼吃螺蛳"中的"螺蛳石"等。有的怪石因观赏角度改变，景致随之变化，具有移步换景的奇趣，如天都峰侧的"金鸡叫天门"，由天门坎再回首东望，石景变成了"五老上天都"；石门溪旁的"喜鹊登梅"，若从皮蓬的入口处观之，则又变成了"仙人指路"。

黄山怪石

黄山怪石的命名，主要体现了形似或神似的特征，石名往往与禽兽形象、物件状态、人物行为、历史故事、民间传说相关，赋予静态的石景以活力。有些石名还体现了中华优秀传统文化，如"关公挡曹"讲的是"义"，"周王拉车"体现的是"礼"，"孔明借东风"是"智"，"武松打虎"是"勇"，"介子背母"是"孝"，"苏武牧羊"宣扬的是"节"，这些寓教于游的石名能给人们以深刻的启迪。

简析

旅游是一种主要以追求愉悦和美好为目的的审美过程。黄山的奇峰怪石众多，各具形态，栩栩如生，给人无穷的想象自由。人们在"寻美求乐"过程中，对奇峰怪石进行了惟妙惟肖、妙趣横生的命名。有些道德化的命名也体现了人们对精神世界的追求。

拓展练习

泰山位于山东省泰安市，主峰玉皇顶海拔 1 500 多米，气势雄伟磅礴，有“天下第一山”之称，又有“五岳之首”“五岳独尊”的美誉。中国人崇拜泰山，有“泰山安，四海皆安”的说法。自古以来，在中华传统文化中，泰山一直有帝王亲登泰山封禅或祭祀。自秦始皇封禅泰山后，先后有 13 代帝王亲登泰山封禅或祭祀。

泰山石刻

一座自然山岳，受到文明大国历代最高统治者的亲临封禅、祭祀，并延续数千年之久，几乎贯穿整个封建社会，这种封禅文化确实也是世界上独一无二的精神文化现象。其实，封禅包含着一层更为深潜的意识：协调天、地、神、人之间的关系，使之达到精神意志与外在行为的和谐统一，达成“天人合一”。从现代社会意义上，还可以将封禅理解为世界历史上最大规模的旅行仪式。

问题：

1. 历代帝王泰山封禅或祭祀的目的是什么？
2. 从旅游审美角度探寻游人对泰山的审美感受层次。

任务三 分析旅游审美类型

案例导入

描不上小扇轻罗，你便是真蓬莱赛他不过，虽然是比不的百二山河。一壁厢嵌平堤，连绿野，端的有亭台百座。暗想东城、逋仙诗有谁酬和？

谩说凤凰坡，怎比繁华江左？无穷千古，真个是胜迹极多。烟笼雾锁，绕六桥翠障如螺座。青霭霭山抹柔蓝，碧澄澄水泛金波。

我则见采莲人和采莲歌，端的是胜景胜其他。则他那远峰倒影蘸清波，晴岚翠锁，怪石嵯峨。我则见沙鸥数点湖光破，咿咿哑哑橹声吹过。我则见这女娇羞倚定着雕栏坐，恰便似宝鉴对嫦娥。

缘何，乐事赏心多？诗朋酒侣吟哦，花浓酒艳，破除万事无过。嬉游玩赏，对清风明月安然坐。任春夏秋冬天，适兴四时皆可。

——节选自贯云石《粉蝶儿北》

问题与思考

从这首元曲里，你感受到哪些审美类型？

佚名（元/明）《西湖清趣图卷》（局部）

知识探究

一、旅游审美

人类旅游活动的目的是获得愉悦感，这样的愉悦感与美学上的审美感受是相辅相成的。在旅游过程中，无论是哪一种旅游审美类型，都是在旅游活动中寻求美的享受，从而愉悦身心，陶冶情操，增添乐趣。在旅游观赏过程中，旅游者所获得的愉快体验是感性与理性相交融，又与情绪的愉悦相始终的。

离开了审美，还谈什么旅游呢？唐代文学家柳宗元说："夫美不自美，因人而彰。兰亭也，不遭右军，则清湍修竹，芜没于空山矣。"从这里我们可以看出，美好的事物并非本身具有美感，而是需要人的发现和感知才能显现其价值。从审美的角度来说，大众对现实存在的美景动容，从而激发心灵的满足。正如黑格尔在《美学》里所说的那样："艺术作品却不仅是作为感性的对象，只诉至于感性掌握的，它一方面是感性的，另一方面却基本上是诉至于心灵的，心灵也受感动，从它得到某种满足。"如果兰亭没有遇到王羲之，那么它所处的环境可能就失去了文化和艺术的价值，也就没有那么美了。

旅游活动不仅涉及现实世界审美的一切领域，还涉及审美的一切形态。爱山川水景，感受自然山水的形态之美；爱文化艺术，感受巧而得体的造景之境；爱社会生活，感受风土人情的异域之貌；爱餐饮美食，感受佳肴美馔的滋滋之味；爱娱乐消遣，感受轻松愉悦的神怡之闲；爱刺激冒险，感受畅快淋漓的感官之畅；爱技术视觉，感受技术之美的科技之奇。旅游审美活动，在获得美的享受之时，也净化心灵，陶冶情操，升华精神。

泸沽湖畔　异域风情

三潭印月　我心相印

二、旅游审美的类型

（一）自然山水风光审美类型

自然山水审美主要是以大自然为对象的审美类型，大自然的本体作为一种自然物态存在于世。自然山水之所以能成为旅游审美的载体，是经过千万年的发展才进入人类的文化圈中，成为人类旅游享受的对象。中国美学在自然风光的审美上有自己的特点，这一特点体现了我们有强烈的生态意识。自然山水怡然是一个生命世界，天地万物自有生命与生意，这种生命与生意是最值得观赏的。天地景物，如山间之空翠，水上之涟漪，潭中之云影，草际之烟光，月下之花容，风中之柳态，若有若无，半真半幻，最足以悦人耳目而豁人性灵，真乃妙境。游客身临其境，体验人与自然一体的境界，从而获得精神愉悦。周敦颐喜欢“绿满窗前草不除”，从窗前青草的生长体验到天地有“生意”，此“生意”是“我”与万物所共有。程颢体验到人与自然的和谐，感叹“浑然与物同体”“万物静观皆自得，四时佳兴与人同”，体验到人与万物的“生意”，得到审美快乐。当你像少年一样无忧无虑沐浴在春的“生意”里，游荡于牧野之中，自会感受到“云淡风轻近午天，傍花随柳过前川。时人不识余心乐，将谓偷闲学少年”的“仁”者之“乐”。

桃花潭水　日晚归霞

在古代，上至帝王将相、文人雅士，下至平民百姓，都向往长生不老的仙境。这种对于虚幻美的源泉要求，随着时代进步，已然由仙境审美、祭祀审美过渡到对真实自然山水审美的愿望。所有的期望也随着审美意识的提高而逐渐成为现实。所以庄周提出“天地有大美”；陶渊明“悠然见南山”，“竹林七贤”释放情怀，李白一生好游名山胜水，苏轼在“山苍苍，水茫茫，大孤小孤江中央。崖崩路绝猿鸟去，惟有乔木搀天长”中使我们感受到无声的静态美景已转化为有声的动态美景。所以美不能离开观赏者，美是发现，是照亮，是创造、是生成。人们以极其丰富的个人情感和吞吐宇宙的豪迈气概，赋予自然山水崇高的审美价值。

城市化的进程，社会文明的进步，自然山水观光审美已成为大众审美的必然。城市喧闹，工作繁忙，精神压抑，释放宣泄情感，寻觅一处精神寄托。人们更加倾向于寄情、倾情、纵情于自然山水，挥洒情感，感悟认识、尽情欣赏、体悟自然之美。当矗立在山麓之巅，引吭高歌，可以肆意挥洒青春。当嬉戏于流水潺潺，怡然自得，可以清净心灵，感受幽远。当捻花含笑，可感鸟语花香，芬芳馥郁。“山之玲珑而多态，水之涟漪而多姿，花之生动而多致，此皆天地间一种慧黠之气形成，故信为人所珍玩”。袁宏道教会我们如何享受自然的物态韵律美，并与人类的生命韵律形成“同构”，使人类对自然的理性与灵性赋予自然美无限情感。

丹霞地貌　武夷王峰

秀水八百　金鞭溪水

（二）文化艺术遗产审美类型

旅游活动中，文化艺术遗产审美主要为游客与作为审美客体的各种文化艺术类作品相互交融而产生的一种文化形态。人们按照美的法则、美的规律创造出各种各样的作品形象。人类的生产与创造经历了生命活动、生产活动、审美活动、艺术活动四个层次。沧海桑田，数不胜数的中国传统文化艺术遗产已然成为旅游审美对象，因其审美价值能为人带来精神上的愉悦与快感，给人以美的享受而进入旅游领域，成为旅游审美文化的载体。

文化艺术作品是凝聚了人类劳动和智慧的结晶，所以其具有鲜明的主体性、形象性、情感性、思想性等特点。这些特点能够促使旅游审美者与创造审美者通过艺术作品架起相互沟通与交流的桥梁，从而使游客能够理解创作者的文化内涵及情感思绪。文艺作品为“意向”物态化的结果，《易传》里做出了很好的解释：“圣人立象以尽意”，也就是说，作为一个游客，我们在旅游审美中，从视觉的角度来说，“图像”成为游客释读审美文艺作品的一条必由之路。作者通过存在的形象来表达胸中的意念或者思想感情，而游客可以通过作品图像释读各时代的观念、习俗。所以文艺作品审美使主体游客在审美时会或多或少

风丝烟柳 醉美五亭

受到艺术创作者主观思想的影响，这也是文艺作品为何能够成为旅游审美类型的原因。当游客欣赏匠心独运的文艺作品时，其审美愉悦深刻而独特，不仅体现审美认知，也会起到审美教育的作用。

中国文化博大精深，源远流长，承载着丰富的历史、文化和艺术遗产。从建筑园林、石窟雕塑、寺庙陵墓到书法绘画、文玩器物、诗词歌赋等，都用其自身独特魅力而令大众心驰神往。从建筑大类（建筑园林、石窟雕塑、寺庙陵墓）来看，这些遗产是人类历史上创造并传承下来的，具有极高的审美价值。这些文化艺术遗产代表了人类的文化传统、审美观念和精神追求，反映了不同历史时期和地域文化的特点与风格。人们通过审美与体验，可以深入了解人类文化的多样性与丰富性，感受人类智慧和创造力的无穷无尽，同时，作为本体的遗产，承载着丰富的文化历史信息，通过学习与传承，提高我们自身的审美素养和文化修养，也带给我们文化自信。

（三）社会生活风物审美类型

社会生活风物审美主要是人们在日常生活中所体验与感知的美感。它不仅由“食住行游购娱”方面的实用功能而生发出美的渴望，也在人生礼赞之中升华和衍生着美。最重要的是这种审美趣味还作为一种集体意识牢固地扎根于人们的观念之中，影响人们的行为，构成了一个民族的审美基础。人类的社会交往本身也是美的创造过程，这些美普遍存在于人类的道德伦理、习俗礼仪、乡情邻里、社会劳动，以人类自身存在的状态和活动状态表现出来。游客所到之处，会以审美的姿态观察、体验风物之美，同时作为旅游者其自身也成为社会生活风物的一部分，成为旅游活动审美对象。

水韵悠悠——江南古镇审美

中国百姓的衣食住行、民俗民风、处处体现出安详、平和、乐观、开阔的内心审美世界。孟浩然的《过故人庄》：“故人具鸡黍，邀我至田家。绿树村边合，青山郭外斜。开轩面场圃，把酒话桑麻。待到重阳日，还来看菊花。”质朴恬静的田家生活不正是平常人家的待客之道吗！四合院内的睦邻友爱、江浙古镇的烟火人间、烟花三月的扬州早茶、齐鲁大地的待客早酒、城郭内外的广场舞蹈等，不正是从美感的角度来围绕视觉、听觉、嗅觉、味觉在日常生活中营造出的一种诗意的风物氛围吗？一方面引发理性的快感，另一方面也引发精神的愉悦，这样的美感也往往是多种感觉的交汇生发，社会生活风物审美其实就在日常生活里，寄寓着中国人的审美情怀。

（四）娱乐消遣度假审美类型

娱乐消遣度假型审美的游客一般是追求休闲、放松和享受恬静的环境美。在忙碌的工作和生活之余寻觅一处放松身心、享受美好时光的优雅之地。人们更加注重旅途中的舒适、惬意与宁静，凸显微旅行，慢生活的度假酒店、度假村、民宿等就成为人们心之神往的理想场所。这里有和煦的阳光、暖暖的熏风、浪漫的泉源、翠绿的山景、氤氲的温泉、静谧的海岛、幽静的森林。似有“曲径通幽处，禅房花木深”之诗的意境，也有“斜阳欲暮唱娇莺，秀水鳞鳞澹荡风”的平静美好时光。

绿竹幽静　青翠掩映

作为游客，娱乐消遣，度假舒心，时需返璞归真，归于自然。即为自然，一为惬意身心自然，二为所在之地自然。自然才能归真境。明代古琴家徐上瀛对消遣度假有一段经验之谈：“每山居深静，林木扶苏，清风入弦，绝去炎嚣，虚徐其韵，所以皆至音，所得皆真趣。”如此这般，能远离喧嚣，释放压力，放松身心，享受美好时光。

《航拍中国》片头词说道：“你见过什么样的中国？是 960 余万平方公里的辽阔，还是 300 万平方公里的澎湃？是四季轮转的天地，还是冰与火演奏的乐章？像鸟儿一样离开地面，冲上云霄，结果超乎你的想象。前往平时无法到达的地方，看见专属于高空的奇观。俯瞰这片朝夕相处的大地，再熟悉的景象也变了一副模样。从身边的世界，到远方的家园，从自然地理到人文历史，50 分钟的空中旅程，前所未有的极致体验，从现在开始，和我们一起，天际遨游。”作为一部以空中视角俯瞰祖国大地的纪录片，将祖国的壮丽美景、人文风情及历史遗产展现得淋漓尽致。闲暇之余观看此片，可以获得独特的审美感受，感受到大自然的神奇、中华文化的博大精深及中国现代化的发展成果。如今一颗跃动的红色心脏连缀起新时代的发展成果，也将无数梦想汇聚成中国的灿烂星河。国家的富强，使人们能安心地消遣度假旅游，使微旅游、慢生活成为一种方式。如今，旅游摄影和旅行自媒体直播发展火热，这些摄影和自媒体作品展现美丽的风景、悠闲的度假胜地及愉悦放松的笑容，传达了一种快乐——享受和追求美好生活的态度——愉悦了自己，为别人带来奇观的享受。

（五）餐饮美食购物审美类型

饮食购物审美是旅游审美体验的重要组成部分。在旅游过程中，游客品尝当地美食，购买特色旅游商品，获得不同的审美体验和感受。食用美食可以满足口腹之欲，购物带来的快感和满足感，通过饮食购物还能了解当地的文化和生活方式。饮食与购物审美在旅游六要素中是比较特殊的存在，相比“住、行、游、娱”，“食”是味觉性审美，且通过味觉体验获得愉悦的心情，“购”的体验，最为特别之处是可带走，赠予亲朋好友，分享体验。

茶客堪邀 千堆细缕

人类饮食购物审美至少经历了生存、温饱、美味三个阶段，生存是为了种族的延续，温饱是为了果腹，美味则是为了口腹和精神的双重享受。上古时期人类还是“食草木之实，鸟兽之肉，饮其血，茹其毛”时，温饱、美味从何谈起。直到三皇五帝时，燧人氏以火熟食，人类才掌握火烤的技术，相当于现在的烧烤美食。《礼含文嘉》记载“燧人始钻木取火，炮生为熟，令人无腹疾，遂天之意，故为燧人”。他还“裹肉而燔之”，火化熟食，扩大人类食物来源，减少疾病，熟食会香，但是淡而无味。盐的出现，食所有味，食品也变得丰富多彩。“夙沙氏煮海水为盐”，用陶器煮海水为盐，烹饪技术得到发展。酸、甜、苦、辣、咸五味出现，食物才真正做到味道丰富。“以和五味以调口”“味一无果”，也就是说五味相合，才可果腹，若一滋味，无法满足。现如今，饮食购物空前繁荣，色、香、味、形、器、名、意、趣，一应俱全，美味已成日常，健康饮食已成风尚。

对于饮食购物的审美，因人而异，所谓各有各的味。高原的黄馒头、深山里的松茸、铁板上的烤豆腐、稻田里的荷花鱼、晶莹剔透的烧腊，每一种美食都让人垂涎欲滴。可在酒店享受包房的温馨，欣赏溢光流彩的盛食之瓷，围桌而觅美味之食。也可在特色酒馆感受本地风土人情，食着美味，体验文化。还可穿街走巷，寻觅地摊，这里有烟火人间之气，天南海北之味一饱口福。

（六）探险及科技审美类型

探险及科技审美类型是一种融合科技、刺激和探险元素的审美体验。兴起于人们对未知旅游的好奇心和挑战的渴望，通过科技的加持来征服自然，从而获得美的享受。虚拟现实和增强现实技术可以让人身临其境地体验探险的刺激和乐趣，无人机和智能装备则更好地帮助人们安全地完成各种探险。通常此类型审美主要出现在极限运动，如攀岩、跳伞、蹦极等特种旅游运动。

极限运动 翼装飞行

自古至今，人类一直对探险旅行审美有很高的热情。自汉以来，张骞“凿空”丝路通西域，来到完全陌生的世界。玄奘探山险河，只身孤影去天竺求真经。郑和七下西洋，打通贸易直航海道。李时珍远穷僻壤之产，险探麓之华，完成《本草纲目》。徐霞客“朝碧海而暮苍梧，睹青天而攀白日”，完成巨著《徐霞客游记》。这些旅行惊险刺激，虽无太多技术支持，但也是人类感知世界的深刻审美体验。现如今，因科技发展，人类探险审美旅行如虎添翼。天门玉壶峰翼装飞行叫人心潮澎湃，张家界云天渡极限蹦极令人心潮起伏。李白曾经的愿望“俱怀逸兴壮思飞，欲上青天揽明月”现已成为现实。

现如今人类已渐渐进入人工智能时代，科技产品的审美在其设计、功能、交互等方面越发成熟，手机、电动汽车等产品在外观、线条、色彩、交互等方面极具吸引力，好的人机交互体验也是技术产品功能美学的重要体现。交互信息的相互传递及其呈现方式，更具智能化和人性化。智慧旅游，使游客旅行更加方便，登录平台就可以解决“食住行游购娱”各方面的需求，各种科技手段也使人们可以越过时空的障碍，开展多元化的旅游审美体验。在科技不断发展的今天，智慧旅游审美也逐渐成为人们的重要审美体验来源。

资料链接

1. 美育

美育是审美教学与美感教学的结合，通过教育提升人们认识美、理解美、欣赏美、创作美的能力，是新时代培养德智体美劳全面发展的社会主义建设者和接班人的重要着力点，在“立德树人”方面发挥着不可替代的作用。

2. 文旅融合

文旅融合是指文化、旅游产业及相关要素之间相互渗透、交叉汇合重组，逐步突破原有的产业边界或要素领域，彼此交融而形成新的共生体的现象与过程。文化和旅游有着天然内在的联系，正如我国古代所说的“读万卷书行万里路”，把旅游和读书紧密结合。文化和旅游是密不可分的，文化是旅游的灵魂，旅游是文化的重要载体。两者能够有机结合和深度融合是文化和旅游互动共荣的客观需要，也是文化和旅游发展的必然规律。党的二十大报告中指出“坚持以文塑旅、以旅彰文，推进文化和旅游深度融合发展”。

案例分析

《小窗幽记》集景

结庐松竹之间，闲云封户；徙倚青林之下，花瓣沾衣。芳草盈阶，茶烟几缕；春光满眼，黄鸟一声。此时可以诗，可以画，而正恐诗不尽言，画不尽意。而高人韵士，能以片言数语尽之者，则谓之诗可，谓之画可，谓高人韵士之诗画亦无不可。

——明 · 陈继儒

简析

陈继儒是明代著名的画家、书法家、文学家，他在古典审美上涉及自然、艺术、生活等各个方面。笔下闲云散步，山林青翠、结庐山林，能诗能画。旅游审美的心境、意境跃然于文笔之上。

拓展练习

安徽滁州有一座醉翁亭，曾经是寺庙供游人休息的凉亭。欧阳修在此地做太守，经常邀友人于亭饮酒作乐、观赏山景，并写了散文《醉翁亭记》，其中写道：“有亭翼然临于泉上者，醉翁亭也。作亭者谁？山之僧智仙也。名之者谁？太守自谓也。”“醉翁之意不在酒，在乎山水之间也”成了千古绝唱。一座亭因一篇文而名扬天下，成为中国十大亭之一，是因被赋予了人文之美。

问题：

结合上文，请思考醉翁亭旅游会涉及哪些审美类型。

课程思政重点

培育中华美育精神

党的二十大报告中明确指出：“繁荣发展文化事业和文化产业。坚持以人民为中心的创作导向，推出更多增强人民精神力量的优秀作品，培育造就大批德艺双馨的文学艺术家和规模宏大的文化文艺人才队伍”。2018 年 8 月 30 日习近平总书记在给中央美术学院 8 位老教授回信中指出“做好美育工作，要坚持立德树人，扎根时代生活，遵循美育特点，弘扬中华美育精神，让祖国青年一代身心都健康成长”。培养中华美育精神，要注重精神、性格、胸襟、涵养等要求。新时代的旅游人才应该是有高尚的人格、完美的人性、审美的心胸、良好的修养，是身心和谐、全面发展的人。

美育是有灵性的，只有会审美的人，才是自由的人、完全的人。“诗意的栖居”在大地上，进而领会万物一体的智慧。美育是给人希望和意义的教育，这既是审美的培养，也是德行的培育。唯有美的感悟，才能变化人的心地，心地提升气格，气格升华境界。所以，美育和人文艺术教育对人才培养有着非常重要的作用。要以美育为抓手，促进德智体美劳五育并举工作综合发展。

培育中华美育精神

中华美育精神把塑造“心灵美”放在首位。心灵美在于养成和谐的人格与完美的人性。本质上就是具有爱，是对生命的爱、人生的爱。有爱才会有精神的崇高。美育又是立德树人的载体，通过审美和艺术引领青少年弘扬社会主义核心价值观，树立正确的历史观、民族观、国家观、文化观，从而增强文化自觉，坚定文化自信，陶冶高尚的情操，塑造美好心灵。所以，要坚持以美育人，以文化人，提高审美和人文素养。

巩固提升

答疑解惑

1. 什么是美？

美的内涵是指能引起人们美感的客观事物的一种共同的本质属性，但它本身是一种主观的感受。美是具体事物的组成部分，是具体的环境、现象、事情、行为、物体对人类生存发展具有的功利性能、正面意义和正价值，是个人在接触具体事物的过程中，受其作用、影响和刺激时产生愉悦、满足等美好感觉的原因，是人们通过反思和寻找美感产生的原因，从具体事物中发现、彰显、界定和抽取出来的有别于“丑”的概念。

2. 美感是什么？

答：美感是人类所特有的感情，虽然以感官的快感为基础，但却是一种心理上的满足和精神上的享受。美感是审美活动中，对于美的主观反映、感受、欣赏和评价。人都有不同程度的美感能力，但这不是天生的，而是在社会实践中产生和发展起来的。不同时代、阶级、民族和地域的人有不同的美感，个人与个人之间也会因文化修养、个性特征等的不同而形成美感的差异性。

3. 如何理解人间有味是清欢？

答：可以理解为清淡的欢愉，所谓“清欢”，不仅仅是食材清淡，更是对生活情趣的欢愉，是对平静舒淡生活的一种热爱。不讲究物质的奢求，讲究心灵的品质。

4. 我国古代探险审美的代表人物有谁？

答：张骞、玄奘、郑和、李时珍、徐霞客。张骞“凿空”丝路通西域，来到完全陌生的世界。玄奘探山险河，只身孤影去天竺求真经。郑和七下西洋，打通贸易直航海道。李时珍远穷僻壤之产，险探麓之华，完成《本草纲目》。徐霞客“朝碧海而暮苍梧，睹青天而攀白日”，完成巨著《徐霞客游记》。

项目小结

生活中，美无处不在，旅游就是人们在一定物质基础上对审美的需求。作为未来的旅游业从业者，了解并掌握旅游审美，以及旅游审美活动的理论，将能够更好地开展旅游审美活动。本项目作为基础导入篇，主要介绍基本理论和概念，对旅游审美基本概念的把握和理解将为本课程后续内容的学习奠定基础。本项目包括三个任务，从美与美感的产生及特征导入，引出旅游审美的概念，探寻旅游审美的本质，分析旅游审美的类型。学习本项目，要融入课程思政的要求，培育中华美育精神，树立正确的历史观、民族观、国家观、文化观，陶冶高尚的情操，塑造美好心灵。

综合练习

头脑风暴

1. 美与美感是如何产生的？
2. 美的特征有哪几种？举例说明。
3. 旅游审美的主要类型有哪些？

实践运用

1. 以同学为对象，做一个调查，对本班同学所倾向的旅游审美类型做简要分析并归类。

2. 前往附近乡村旅游景点，来一次“人间有味是清欢”，把美食审美之旅的感受表述出来，并撰写一篇图文并茂的实训报告。

信息化资源

课程动画　拓展学习　双语园地　关键词点击　互动练习

项目二 认识旅游审美主体

问题引入

旅游者是旅游活动开展的主体，也是旅游审美活动的主体，在旅游活动开展的过程中，旅游审美心理是怎样的？旅游审美活动是如何开展的？其特征是什么？掌握这些内容，有助于了解审美规律和特点，不但可以提升自身旅游过程中的审美体验，而且能为成为旅游行业从业者、引导旅游者更好地开展旅游审美奠定基础。

学习目标

1. 理解旅游审美需求，掌握旅游审美需求的层次。
2. 把握旅游活动的美学本质属性，掌握旅游审美活动的一般过程。
3. 掌握旅游审美主体的审美意识与个性、审美需求与动机，以及旅游审美感受的要素与层次等旅游美学基本问题。
4. 贯彻落实党的二十大精神，培养高尚道德品质，传承和发扬中华优秀传统文化，促进“德智体美劳”全面发展等。

任务导读

通过本项目的学习，完成以下任务：

任务一　了解旅游审美需求

任务二　把握旅游审美心理

任务三　开展旅游审美活动

任务一 了解旅游审美需求

案例导入

行走是思考的背囊，也是一种生活方式。用双腿亲近自然，每次旅行，都成为生命审美的一页篇章。旅行也是叫人羡慕的事情。人们走出家门，去山那边、水那边采回轻松与活力；人们也走出国门，去那五大洋四大洲采回标本和潮汐。

行走原来是缘分，留下过足迹，雨后也会悄悄地溜走，也会被白雪掩盖，就连影子都会被风带走，能留下什么，也许你我都没有去想过这个问题。然脚印是用文字和思想留下的。用文字记录自己的脚印，用思想把它升华，思想有多深刻，你的脚印在历史的河流中就能流淌多远。

旅行是纯真的，自然也是纯真的。它能使你眼睛变得辽阔，大脑和胸襟变得深广。“欲穷千里目，更上一层楼”，大自然的美是一首充满神秘的诗，那就让我们在诗的海洋里仗剑走天涯。

——节选自李存修《中国当代徐霞客笔记》

坐看云起　鲜花满地

问题与思考

旅游审美为什么能“使你眼睛变得辽阔，大脑和胸襟变得深广”？

知识探究

一、旅游审美需求与动机的概念及产生原因

旅游是一项非常复杂的社会活动，同时也是一种集自然美、社会美和艺术美之大成的综合性高级审美活动。旅游审美，即围绕旅游和通过旅游来进行美的创造和美的欣赏，由旅游审美主体、旅游审美客体、旅游审美关系三大要素构成。就旅游审美主体来说，旅游审美需求的产生和审美动机的激发是引发旅游审美活动最重要的内在推动力。

白水明田　碧峰出山

（一）旅游审美需求产生的原因

旅游审美需求产生的原因是多方面的，概括起来有以下几点：第一，在旅游活动中满

足个体由生理到心理等不同的需求层次，有利于个体自身价值的全面实现。第二，旅游是一项综合性的、身心均可介入的动态审美过程。第三，随着科学技术的发展、人力的逐步解放，人们的工作时间逐渐缩短，闲暇时间和可支配收入增多，旅游这种物质和精神的高级消费形式将不断深入人心，日益泛化为人们生活方式的一个重要组成部分，从而会大大刺激和强化人的旅游审美需求。第四，现代科学技术的发展也给人类带来了一些负面的影响，如生活节奏的加快使人身心疲惫，电子自动化使人情淡化，这一切必然使人们产生崇尚自然、渴望更换生活环境的心理。第五，进入 21 世纪，审美化已成为发展的潮流和趋势，而旅游作为全社会审美化运动的产物和手段，再加上旅游产品信息多渠道的宣传，必将会激发人们的旅游热情，使旅游的审美需求不断增大，处于日益突出和相对优势的地位。

（二）旅游审美动机及其类型

旅游审美动机泛指一种激发旅游审美行为的心理趋向，是一种心理刺激或动力，是旅游审美需求过渡到旅游审美行为的心理中介。旅游审美动机是外界因素和内在因素交替作用的结果。一般来讲，旅游审美动机是多方面的。从广义的角度来看，旅游审美动机是笼统的，是指向所有旅游审美对象的；从狭义的角度来分析，旅游审美动机又因旅游者偏爱和选择的角度不同而异。

苍茫碧霄　翠绿妖娆

旅游审美动机一般可分为：以寻访自然景观为导向的自然审美型动机、以鉴赏特种艺术表现形式为导向的艺术审美型动机、以审视社会劳动创造和风俗民情为导向的社会审美型动机、以品尝美食佳肴为导向的饮食审美型动机等。

1. 自然审美型动机

自然审美型动机指向自然美欣赏活动，是指将旅游者的审美行为导向以欣赏自然风光为主要目标的动机。我国幅员辽阔，大自然鬼斧神工，造就了天下无数的奇景异观，有地貌之美、水体之美、天空之美、植物之美、动物之美等多种形态。中国山水之南秀北雄、阴柔阳刚的美学风貌，客观上为旅游者提供了具有丰富价值和不同形态的审美对象，旅游者通过登山涉水、观光览胜、探幽猎奇来满足欣赏自然的需求。中国人文景观如寺院建筑、楼阁、亭台、佛塔等与自然景观融为一体，构成了丰富多彩的旅游审美对象。孔子言：“智者乐水，仁者乐山。”李白留下了“五岳寻仙不辞远，一生好入名山游”的诗句。我国历代的文人墨客都喜欢游山玩水，欣赏绮丽的风景。数不胜数的名山胜水，构成了千姿百态的自然风光美。这些自然胜景，由于历代文人墨客的咏叹描绘，加上现代宣传媒介的渲染，很容易激发潜在旅游者的审美动机，使他们渴望一饱眼福。

落满浅秋　婺源篁岭

2. 艺术审美型动机

艺术审美型动机是指将旅游者的审美行为导向以欣赏艺术作品为主要目标的动机。绘画、戏剧、书法、园林、建筑、工艺美术等对旅游者而言，无疑具有丰富、独特的审美价值，可激发旅游者的艺术审美动机。在数千年的实践中，中国艺术家很早就掌握和运用了虚实相结合的表现手法。园林中常见的“借景”与“框景”等，无疑也是“虚实相生”之手法的产物。另外，中国的民间工艺美术，如陶瓷艺术、漆器、剪纸、蜡染、丝绣、竹编等，不仅造型美观、工艺精巧、风格独特，而且兼具观赏与实用两种价值，对旅游者具有颇强的审美吸引力。

收纳山水——古典园林审美

框景巧思　书法映衬

巧著金劢　花香蝶自来

3. 社会审美型动机

社会审美型动机是指将旅游者的审美行为导向以欣赏人文社会美为主要目标的动机。它以审美的眼光观察、体验旅游地的社会制度、人情、伦理、道德、民风民俗与生活方式。诸如社会劳动美、社会产品美、社会风尚美和社会生活美等，无不是对社会事物美的欣赏。

人文社会美涉及人类实践的广阔领域，其丰富的内容能给人们以无穷无尽的不同美感。比如在我国广袤的农村，山清水秀、绿草茵茵、鸡鸣蛙叫的田园风光，热情好客、淳朴善良的农民，简朴别致的居室，简单可口的农家饭菜，能给那些长期居住在城市里的旅游者带来极大的美的享受。

4. 饮食审美型动机

饮食审美型动机是指将旅游者的审美行为导向以品尝美食为主要目标的动机。在人类长期的生活实践中，人们追求美食的欲求最终使烹饪演化为一种实用艺术。现代旅游者中有许多人正是在“一饱口福和眼福”的动机驱使下外出旅游的。

风味独特、流派纷呈的中国烹饪是中国文化的瑰宝，同时也是世界三大烹饪流派之一。中国烹饪在世界烹饪艺术园地中享有盛誉，成为国内外旅游者到中国各地旅游的动机之一。文化和旅游密不可分，党的二十大报告中指出“坚持以文塑旅、以旅彰文，推进文化和旅游深融合发展”，“增强中华文明传播力影响力”。美食审美是提升中华文明传播力的重要途径。

金樽清酒　玉盘珍馐

二、旅游审美需求对旅游业的影响

随着人们生活水平的提高，旅游已成为人们休闲娱乐的重要方式。这样的审美需求是人们对美好事物的向往和追求，人们追求和感知对自然景观、人文景观、民俗风情、文化内涵等方面的审美体验。在旅游过程中，审美需求是游客的重要心理需求之一，它不仅影响着游客的旅游体验，也影响着旅游业的发展。

旅游者的审美需求不仅决定了旅游目的地是否具有吸引力，还影响着旅游业的服务质量和产品创新。旅游业一是为游客提供优质的旅游产品和服务，满足游客的审美需求；二是通过自身的审美表达和传播，影响和引导游客的审美观念和审美情趣。如随着短视频的蓬勃发展，各省市文旅局推出令人耳目一新的“文旅局长说文旅”的旅游短视频等，不仅描绘了家乡的美景，也通过视频传播服务的理念。

（一）旅游产品的审美塑造

旅游产品的审美设计是旅游业发展的基础。游客的旅游审美需求，使得各地旅游产品的设计和开发更加注重美的追求，无论是自然景观还是人文景观，都力求展现出最美的一面。同时，旅游服务也更加注重美的体验，能让游客在审美过程中食得美味、住得舒心、行得轻松、游得惬意、购得放心、娱得沉醉。审美的塑造还应注重景观的美学价值，挖掘景观的文化内涵，并注重旅游产品的个性化设计，如文化体验审美、主题旅游审美、户外探险审美等，以满足不同游客的审美需求。

（二）旅游环境的审美塑造

旅游环境是影响旅游体验的重要因素，良好的旅游环境能够提升游客的旅游体验。游客的旅游审美需求，使得旅游业更加重视旅游环境的审美塑造。景区的环境整治、城市的形象建设等，都力求展现出最美的一面。此外，旅游服务也是旅游业的重要组成部分，其是否具有审美的价值，直接关系到游客的旅游体验和满意度，规范、标准、周到、人性化的旅游服务能营造良好的旅游审美氛围。

（三）旅游文化的审美塑造

旅游文化是旅游业的灵魂，它体现了一个地区的历史文化和现代文明。旅游者多元的旅游审美需求，使得旅游业需要更加重视旅游文化的审美塑造，同时也对旅游业的文化内涵和社会责任提出更高的审美需求。除了追求经济效益，还需关注社会效益与环境效益，以实现全面发展。这样的审美需求需要旅游业积极履行社会责任，在推动保护优秀传统文化和传承、弘扬地方文化，促进中国式现代化发展等方面做出新的贡献。

三苏故居　文化圣地

资料链接

动机在心理学上一般被认为涉及行为的发端、方向、强度和持续性。动机为名词，在作为动词时则多称作“激励”。在组织行为学中，激励主要是指激发人的动机的心理过程，即通过激发和鼓励，使人们产生一种内在驱动力，使之朝着所期望的目标前进的过程。

案例分析

第二十五届哈尔滨冰雪大世界以“龙腾冰雪　逐梦亚冬”为主题，将 2025 年哈尔滨亚冬会、龙江地域文化与冰雪文化结合起来进行创作，打造最极致的冰雪艺术、最前沿的科技创新、最完善的服务配套、最多元的舞台演艺、最丰富的冰雪娱乐项目，为世界各地游客带来最沉浸的游玩体验。

哈尔滨冰雪大世界以冰雪为体，以光影为魂，应用先进技术，打造姿态各异的冰雪景观，尽显冰雪与艺术交融的独特魅力。主塔“冰雪之冠”气势恢宏，“冰心筑梦”典雅大气，“童话王国”文艺浪漫，“穿越城堡”梦幻迷人，“数字冰林”绮丽缤纷……近千个美不胜收的景观让人流连忘返。园区的娱冰玩雪项目多达 20 余种，雪花摩天轮、超级冰滑梯、雪圈、雪地转转、冰上自行车等冰雪娱乐项目，光听名字，就足以让人跃跃欲试；升级打造的冰雪欢乐汇互动娱乐区，引进冰上卡丁车、雪圈漂移和雪地悠悠球等冰雪娱乐体验项目，能满足游客不同的游玩需求。

冰心筑梦　绚丽多彩

哈尔滨冰雪大世界推出了梦想大舞台、哈冰秀演出、冰雪汽车芭蕾秀、暖心玩偶剧等精彩演出。最火爆的室外演出活动“万人羽绒服雪地派对”，每晚在梦想大舞台上准时上演，“左右哥”带领数万游客共舞，点燃激情、燃爆冬夜。“冰雪汽车芭蕾秀”开创冰雪汽车特技秀场先河，国内顶级车手驾驶高性能赛车和特种车辆，在冰天雪地里上演摩托车与汽车的极限舞蹈，每一项表演都引发现场观众的掌声和喝彩。哈尔滨冰雪大世界作为黑龙江省乃至全国的冰雪旅游名片，每年冬天都以不同主题、不同设计、不同美景迎接八方来客，是游客体验冰雪文化盛宴的最佳选择，此次荣膺“冰雪文化十佳案例”，可谓实至名归。

资料来源：哈尔滨冰雪大世界荣膺“2024 年冰雪文化十佳案例”.（2024 - 01 - 08）［2024 - 05 - 01］. http：//hlj. ifeng. com/c/8WApJ4eMPAh.

简析

哈尔滨冰雪大世界能够“火出圈”，体现了以游客的旅游审美需求为导向的旅游行业转型发展可以带来的无限商机。旅游目的地整体动员起来，旅游产品、环境、文化成功塑造，吸引来自全国各地的游客。细致贴心、热忱周到的服务，满足不同消费层次的游客的需要。

拓展练习

研学审美活动

深秋的脚步，渐行渐远，初冬的寒意，缓缓袭来，在这个树木褪绿，寒风凛冽的季节里，张家界大峡谷景区依旧“热”潮涌动。11 月中旬，来自怀化的 1 000 多名学生走进张家界大峡谷景区，开展千人社会实践活动。到达玻璃桥入口，同学们激动的心情就已经按捺不住了。穿好鞋套，同学们来到玻璃桥看台，首先映入眼帘的就是创下了 10 项世界之最、获得 27 项发明专利的张家界大峡谷玻璃桥。

站在桥上，同学们近距离地感受科技创

新、中国智造的力量，惊叹连连。2023 年以来，全国各地的学生社会实践团不断地涌来，张家界大峡谷到处洋溢着青春的气息。在这里，同学们不仅能欣赏到张家界独有的地貌，同时也能感悟到南方红旗渠的艰苦奋斗精神，更能领略到玻璃桥的科技创新。老师和同学们纷纷表示不虚此行，回去后会向其他同学推荐，让越来越多的同学、朋友了解张家界大峡谷、体验张家界大峡谷。

问题：

1. 研学旅行审美和其他类型的旅游活动审美有什么异同？
2. 张家界大峡谷景区可以满足研学旅游团的哪些审美需求？

任务二 把握旅游审美心理

案例导入

旅行虽然夹杂着苦恼，究竟有很大的乐趣在。旅行是一种逃避，—逃避人间的丑恶。“大隐藏人海”，我们不是大隐，在人海里藏不住。岂但人海里安不得身？在家园也不容易遁迹。成年的圈在四合房里，不必仰屋就要兴叹；成年的看着家里的那一张脸，不必牛衣也要对泣。家里面所能看见的那一块青天，只有那么一大块。取之不尽用之不竭的清风明月，在家里都不能充分享用，要放风筝需要举着竹竿爬上房脊，要看日升月落需要左右邻居没有遮拦……在这种情形之下，我们虽无勇气披发入山，至少为什么不带着一把牙刷捆起铺盖出去旅行几天呢？

——节选自梁实秋《旅行》

问题与思考

旅游审美感受有哪些层次？

旅游审美心理与审美活动

知识探究

一、旅游审美意识与审美个性

旅游活动的“游”的心理，实际上也就是旅游者的审美活动心理。旅游审美心理有广义与狭义两种。广义的旅游审美心理也称作旅游审美意识，它包括旅游审美意识活动的各个方面和各种表现形态。狭义的旅游审美心理则专指旅游审美感受。旅游审美心理是旅游者在观光游览活动中，一系列复杂微妙且愉悦性异常突出的心理现象，它是一个由接受形象刺激到能动创造的过程。

在整个旅游审美心理活动中，旅游审美意识与个性直接影响着旅游者的审美取向、景观选择和价值判断。旅游审美感受心理处于核心地位。

旅游者来自五湖四海、四面八方，有不同的文化背景、社会地位、生活环境、价值观念，这使得旅游者形成了与此相适应的审美意识及审美个性，并且直接影响着旅游者的审美取向、景观选择和价值判断。因而，对旅游者的审美意识和审美个性进行探讨很有必要。

（一）旅游审美意识

审美意识是广义的美感，它包括审美意识活动的各个方面和各种表现形态，如审美趣味、审美知觉、审美观念、审美理想、审美感受等。旅游审美意识是旅游审美主体对旅游审美客体的一种能动的反映和认识，它随着人类审美实践活动的发展而发展。

（二）旅游审美个性

在丰富多彩的社会实践中，每个人的生活阅历、心理结构和价值体系各不相同，审美趣味与审美理想也必然具有鲜明的个性。一方面，旅游者旅游欣赏的选择方向、侧重之处，以及联想、想象、情感的格调等都会有许多差别，致使旅游者的审美趣味有很明显的个体差异性；另一方面，由于旅游审美主体的生理基础、心理素质、文化教养、生活环境、生活经历及以往的旅游审美实践活动各不相同，旅游审美主体会表现出一定的审美趣味，展现出丰富多彩的审美个性。

竹林深处　自有人家

弄清审美个性及其形成、审美个性的类型，有助于我们加深对旅游审美心理活动的认识。

1. 审美个性及其形成

审美个性是体现一定审美需求并渗透一定审美理想的个体审美心理结构所具有的相对稳定的特征总和，也就是个体审美的独特性。旅游审美个性是指旅游者对旅游审美对象及其审美价值的个人选择。当旅游者以其各具倾向性的心理活动面对审美对象时，他们所表现出来的审美个性实际上就是一种审美趣味。

审美个性的形成是一个极为复杂的动态过程，它是由先天与后天、生理与社会各种因素的复杂关系所造成的。一般来说，人的先天生理因素是构成个性的物质基础，而后天社会条件对于个性特征的形成具有决定性的作用。影响审美个性的后天因素是极为复杂的，其中，个体的社会环境（包括家庭环境、学校教育）、社会实践、生活经历、审美活动对审美个性的形成和发展更具有直接的、决定性的意义。

当然，审美个性不是一成不变的，当个人的社会实践、生活经历发生变化后，个人的生活理想、意趣会发生变化，审美个性也会发生变化。审美个性是一个开放的动态心理过程，既有一定的稳定性，也有相对的变异性。除了上述因素之外，性别、年龄、民族、文化程度，特别是美学知识、审美教育，都会影响审美个性的形成和变化。

总之，审美个性是先天因素和后天因素、自然因素和社会因素的“合金”，是个体社

黄河羊皮筏子

会实践活动与先天条件的“化合物”。

2. 审美个性的类型

审美个性既有相对稳定性，也有偶然变异性。从审美个性的相对稳定性来分析，可划分为如下三种类型：

第一种是再现型审美个性。再现型审美个性偏重审美感知与直观，具有这种审美个性类型的人往往对审美客体的感性形象产生兴趣，比较倾向于再现。这种审美个性类型重视客体现实的本来面貌，重视接受客体所传达的各种审美信息，善于在客体指引下进行自我的情感体验，并且也不强行以自己的主观态度来改造客观的审美对象。

第二种是表现型审美个性。表现型审美个性偏重审美理解和想象。这种审美个性类型在调节自我和现实的关系时，十分注重自我感受的主观性，总是想方设法强化自我的情感体验，进而投射到对象上，使对象也带有自我的情感色彩。

第三种则是介于上述两者之间的，兼有再现与表现的审美个性类型。具有此种审美个性的审美主体的审美感性与理性融合适中，追求再现与表现的均衡、结合、统一。

二、旅游审美感受及其分析

（一）旅游审美感受的心理要素

涉及四种心理要素：审美感知、审美想象、审美情感和审美理解，这些要素之间的相互作用最终构成了审美经验。

1. 审美感知

感知既是产生美感的基础，也是产生美感的原因。所谓感知，是感觉和知觉的合称，泛指审美对象刺激人的感官而引起的各种感觉和随之而来的知觉综合活动。

审美感知具有以下特点：第一，审美感知具有强烈的情感性。以山而言，因季节、条件、观察的角度不同，旅游者会有不同的审美感知：“春山淡冶而如笑，夏山苍翠而如滴，

碧水荷花　鱼戏荷间

秋山明净而如妆，冬山惨淡而如睡。”第二，审美感知具有敏锐的选择力，即在审美时善于捕捉对象在每一瞬间所给予的印象，以及对象在运动中的每一细微变化，具有特别敏锐的选择力。旅游摄影就很能说明这个问题。第三，审美感知具有整体性，即人们在审美活动过程中能够在过去经验的基础上把由多种属性构成的审美对象感知为一个整体，对旅游欣赏对象产生整体性的审美评价。

2. 审美想象

旅游审美感知的进一步发展，便是旅游审美想象。想象是在原有的感性形象基础上，经过加工、改造，创造出一个新事物形象的心理过程。审美想象指审美主体在审美实践时，在审美客体的表象刺激下，回忆或联想其他事物而产生心境和情感的心理活动。人们一般把想象分为初级和高级两种形式。初级形式指简单联想，其中包括接近联想和类比联想等；高级形式则指与审美密切相关的知觉想象和创造性想象。

知觉想象不能完全脱离眼前的事物，其有一定的创造性，但更多的是维持了原来的描述或图像，其中最重要的就是牵动主体情感的外移。比如，无论是游桂林的“象鼻山”还是黄山的“仙人指路”，无论是看桐庐瑶琳洞中的“银河飞瀑”还是桂林芦笛岩的“虎豹熊狮”……这些山石的空间构景和形状与我们曾经见过的某些形象有着似曾相识之处。

在旅游审美活动中，创造性想象的主要效用在于它有助于观赏者在客观的景致基础上再创造出只有自己的“内在的眼睛”方能看到的新景象。比如，来到颐和园观光的游客，站在昆明湖的东岸，由低往高观看水景、拱桥、画廊和万寿山佛香阁，再由近及远眺望玉泉山宝塔与西山的峰影，有时会在想象中将这些景致有机地连接或组合在一起，从而构成一幅有近、中、远景的山水画，画有“三远”，景物亦然。正如韩拙的“三远论”云：有近岸广水，旷阔遥山者，谓之阔远；有烟雾溟漠，野水隔而仿佛不见者，谓之迷远；景物至绝，而微茫缥缈者，谓之幽远。比如颐和园内外景物浑然一片，气势恢宏，好一派湖光山色，使游客的审美情趣得到进一步的满足。

荷浦熏风　画舫摇曳

烟霞锁腰　美不胜收

3. 审美情感

审美情感是人的一种高级情感，是指伴随着审美感知和审美想象中的主体对客体的一种主观情绪反应。审美情感是审美的动力，是审美的中介。在审美中，情感是一种诱发性因素，它引导着主体对象进行感知和想象。审美过程中涉及的情感大体上有两种：一是知觉情感；二是审美情感。审美情感是伴随着知觉活动直接产生的。比如看到红色火焰或灰暗天空，随之会产生一种愉快或忧伤的情绪。

断桥残雪

在旅游活动中，审美情感与审美感知、审美想象、审美理解存在着一定的次序并且相互影响、相互作用。因此，在旅游活动中可以利用审美情感来诱发审美感知、展开审美想象、加深审美理解。

4. 审美理解

审美理解是指审美活动中的理解能力。审美理解不是通过概念的推理和判断进行抽象的理解，而是在审美直觉基础上形成的一种审美领悟，对旅游欣赏对象的本质、意蕴等进行文化内涵层面、道德情操层面等深层次的认识和评价，甚至对自身的世界观、人生观、价值观产生影响。“状难写之景，如在目前；含不尽之意，见于言外”道出了审美理解与感知、想象、情感融为一体的特点。

白色照壁 青莲遗风

到大理喜洲、双廊等古镇旅游，我们会看到白族民居“三坊一照壁”，照壁的一大特色就是题字。每一幅照壁题字，都代表一个姓氏，一个故事，一种传承，更是一种家风。比如我们常见的“琴鹤家声”“青莲遗风”“直笔修书”等，用独特的方式世代演绎着、传承着他们的人生哲理。照壁上有“青莲遗风”的大字，代表此户人家姓“李”。他们希望子孙后代能够像李白（青莲居士）一样有好的学问。正如著名建筑学家梁思成教授所言：“中国建筑既是延续了两千余年的一种工程技术，本身已造成一个艺术系统，许多建筑物便是我们文化的表现，艺术的大宗遗产。”白族民居照壁上题写的姓氏内容，不仅反映出白族深厚的文化底蕴，同时也展示白族重视文化的修养，追求“在家可作锦绣文章，立世则能为国做事”的人生目的。透过白族照壁我们能感受到白族重知识、重教育的传统。

（二）旅游审美感受的层次分析

旅游审美感受是在旅游审美实践中审美主体从审美客体所获得的一种心理体验，是一种赏心悦目和怡情的心理状态，是对美的认识、欣赏与评价。在实际旅游审美活动中，旅游审美感受是一个逐层递进的流动的深化旅游者在欣赏不同景观或美的形态时，会获得不同的审美感受。一般情况下，把审美形态分为“悦耳悦目”“悦心悦意”“悦志悦神”三个层次。

1. 悦耳悦目——直觉感受

悦耳悦目一般是指旅游审美主体以耳目为主的全部审美感官在审美活动中体验到的愉悦感受，是美感的最低层次。它通常以感性认识为基础，是旅游审美主体在对审美对象的直接感知中，未经任何思索而于瞬间摄取到审美对象的美，同时耳目等感官得到一定程度的满足感并唤起心理的喜悦。这种审美体验通常以生理舒适与心情舒畅的交融为基本特征，主要涉及对构成美的各种材质的感知。比如第一次到九寨沟旅游的旅游者，当他看到高山湖泊碧绿或翠蓝的色彩，呼吸着原始森林中的清新空气，闻着沁人心脾的花香，听到林间百鸟的鸣叫或藏族姑娘的一曲高歌，都会不由自主地陶醉其中，在生理舒适与情感愉悦的交融中进入“悦耳悦目”的审美境界，获得最初的审美享受。

瘦西湖景观

欣赏大自然的美、社会生活的美以及各种艺术的美，都离不开听觉和视觉对审美对象的直接感知。在旅游过程中，使旅游者在生理舒适与情感愉快的交融统一中进入“悦耳悦目”这一审美层次、获得初级审美享受的，主要是自然景观的形式美。自然景观的总体形态、空间形式和审美主体在欣赏风景时的心理生理感受构成了自然风景的形象美。自然风景的形象美体现在它的结构美、色彩美、动态美、听觉美等方面，古诗词中有很多描写自然事物的诗句，如“日出江花红胜火，春来江水绿如蓝”“红杏枝头春意闹”“万紫千红总是春”“碧玉妆成一树高，万条垂下绿丝绦”等，都表现了自然事物给人带来的审美愉悦。

2. 悦心悦意——审美领悟

悦心悦意是指透过眼前或耳边具有审美价值的感性形象，在不知不觉之中直观地领悟到某些较为深刻的意蕴，进入一种“对心思意向的某种培育”的欣喜愉悦状态。比如，观齐白石的画，你感受到的不仅仅是草木鱼虾的可爱形态，还包括一种悠然自得、鲜活洒脱的情思意趣。悦心悦意的审美感受是以凝神观照的审美体察为主要特征的，一种基于对审美客体形式美的初级反应而升华了的较高审美层次。我们游莫干山、九寨沟或张家界，那鸟语花香、清凉幽静的自然生态环境，使人在心醉神迷中生出无限遐想或者超然出世的情怀，达到一种“瞬刻即永恒”“瞬刻即无限”的直观领悟。这种审美领悟与个体对生活、生命、人生的领悟是直接联系在一起的。

悦心悦意的审美领悟具有全身心的审美愉悦性、艺术的再创造性和审美领悟的多义性的特点。悦心悦意的审美领悟在旅游审美中相当普遍。比如到瘦西湖旅游，当我们沿着柳堤漫步，看柳条婀娜起舞，怎不人迷；闲坐小方亭，看前方桃林成片，小鸟在林间枝头歌唱，空气清新，环境宁静，我们不由沉醉其中，忘却了俗世中种种烦恼。一句话，身临其境，我们感受到的不仅仅是这些悦耳悦目的景物，更是唤起了一种自由、宁静、和谐的愉悦感。

3. 悦志悦神——精神升华

悦志悦神泛指观赏者在观赏秀美或崇高、动态或静态的审美对象时，经由知觉、想象、理解和情感等心理功能的交互作用，获得的精神意志和道德伦理的完善、飞跃和升华。悦志悦神的审美感悟是对宇宙规律性的领悟感受，呈现出与大自然相融合的“天人合一”的精神境界。

以崇德尚美
促进德技并修

为什么旅游审美心理活动能使人获得悦志悦神的精神升华呢？这主要有三方面原因：第一，旅游审美心理活动能使人从生理的兴奋和快感转移到心理的怡适和愉悦，从而使人的情感获得某种宣泄和补偿，进而获得陶冶和净化，改善人们的心理气质和精神面貌。第二，在旅游审美心理活动中，人们能通过对个别性对象的感受、体会，观照到其中蕴含的普遍性，进一步扩大思想的容量，求得精神境界的升华。通过道德品质的提升，促进美的创造和鉴赏，达成“崇德”与“尚美”的统一。第三，旅游审美心理活动能帮助人们从功利性的占有和享受转移到超功利性的旷达和赏玩，在功利性和非功利性的矛盾统一中提高人们的精神境界和思想水平。

千秋孔子　望山观海

悦志悦神的精神升华，这种美感形态之所以高级而深刻，是因为它体现了观赏者大彻大悟、从小我进入大我的超越感，体现了个人与对象的高度和谐统一。孔子讲“逝者如斯夫”、孟子讲“上下与天地同流”都有这种意思。只有当人与自然完全吻合一致，才能达到“极乐”“至乐”的审美境界和感受。当这种审美感受进入高峰体验时，就超越了感官机能、心意机能、人格伦理之乐，从而进入一种忘怀得失、跨越生死的心灵境界之乐。

总而言之，在旅游审美心理活动中，悦耳悦目、悦心悦意和悦志悦神不同层次的审美感受是审美主体同一心理过程的三个不同发展阶段：具有平静的直觉性审美感受的悦耳悦目是这一美感活动的外表和呈现形式，易变且不持久；具有安定和谐的知性审美感受的悦心悦意是这一美感活动的具体内容和过程，稳定又持久；具有精神人格层次上的审美愉悦的悦志悦神是这一美感活动的升华和结果，永恒而无限。这三者既展现了旅游审美心理活动不断递进的层次，又构成了旅游审美心理活动最主要的特点。

资料链接

1. 审美意识的五大基本要素

审美意识包括审美趣味、审美观念、审美理想、审美知觉、审美感受。五大要素彼此关联，互相协调、相互作用，共同形成审美意识。它是一种主动的、联结各种心理功能的自由活动。

2. 审美意识的活动过程

审美意识可分为以下三个密切相关、相互影响的阶段：一是准备阶段，此阶段主要涉及审美态度、审美注意和审美经验。二是实现阶段，这一阶段包括审美知觉、审美理解、审美想象、审美意向和审美愉快或美感。三是成果阶段，该阶段包括审美观念、审美趣味、审美理想、审美情感、审美能力等。三个阶段作为审美意识的开放性整体结构，在重构过程中不断发展和深化，最终突出地表现为审美敏感性的提高、审美情感的丰富、审美趣味的多样化和审美理想的升华。

案例分析

黄山一年的不同季节，一日的不同时间，景色都在变化之中。正因为“变”，所以黄山让人百看不厌。

“山外春归百卉阑，山中四月春初度。”春季是黄山最美的季节之一，漫山遍野的黄山杜鹃花，郁郁葱葱的山林，飞泻而下的瀑布，使人流连忘返。

黄山在南方来的暖风的吹拂下，于7月份进入夏季。但黄山高处全年无夏日，是避暑的好地方。夏季的黄山，青松苍翠，日出壮观，流水潺潺。

夏去秋来，黄山的秋天来得早。8月份，平原地带炎热，黄山已开始渐渐进入秋季。黄山的秋季，别有种种胜景。秋高气爽，丹枫似火，草深果黄。

黄山冬来早，冬季时间长。黄山之冬，并不像常人想象的那样：北风呼啸，冰雪难耐，令人生畏。这里的冬天寒而不冻，空气干燥，没有阴霾。黄山冬天的风景，并无萧条冷落的感觉。黄山一年里有云雾200多天，绝大多数的云海日都出现在11月到第二年的3月。

简析

黄山之美在于变，变幻的云海，变幻的光影，变幻的四季，可以使不同审美个性的旅游者得到美的享受，也可以给旅游者带来不同审美层次的满足。

拓展练习

一棵松树。

一个科学家看见了，说这是马尾松，乔木，种子植物门。

一个木匠看见了，说这树长得挺大、挺粗、挺直的，砍下来，可以打一套上好的家具。

一个画家看见了，说这棵树长得多美呀，你看它多好的绿色，多好的肌理呀！

问题：

同样的一棵树，科学家、木匠、画家分别产生了怎样的感知活动？这些都是审美活动吗？

任务三　开展旅游审美活动

案例导入

海南旅游资源丰富，极富特色，主要有以下几个方面：

海岸带景观：海水清澈，风平浪静，沙白如絮；岸边绿树成荫，空气清新；一年中多数时间可进行海水浴、日光浴、沙浴。

椰风海韵　阳光沙滩

山岳、热带原始森林：海南岛山峰绵延起伏，山形奇特，气势雄伟。颇负盛名的有山顶部成锯齿状、形如五指的五指山，气势磅礴的鹦哥岭等。此外，还有乐东县尖峰岭、昌江县霸王岭等热带原始森林区。

大河、瀑布风光：南渡江、昌化江、万泉河等河流，河水清澈。大山深处的小河、小溪、瀑布众多。

火山、溶洞、温泉：历史上的火山喷发，在海南岛留下了许多死火山口。还有不少千姿百态的喀斯特溶洞，著名的有三亚的落笔洞、保亭的千龙洞等。海海南岛上温泉分布广泛，多数温泉矿化度低、温度高、水量大、水质佳，大多属于治疗性温泉。

名胜古迹：具有历史意义的古迹主要有为纪念唐宋两代被贬谪来海南岛的李德裕等5位历史名臣而修建的五公祠，北宋大文豪苏东坡居琼遗址——东坡书院及为纪念苏氏而修建的苏公祠，海瑞之墓，以及崖州古城、文昌阁等。革命纪念地有琼崖纵队司令部旧址、嘉积镇红色娘子军纪念塑像等。

民族风情：世居海南岛的少数民族有黎族、苗族等，少数民族居民至今保留着许多质朴敦厚的民风民俗和生活习惯，使海南的社会风貌显得独特而多彩。

问题与思考

1. 结合本案例材料，说出海南具有哪些旅游审美客体。
2. 以海南旅游为例，说明旅游审美实践的物质依赖性和综合性。

知识探究

一、旅游审美活动的构成

审美活动作为人类把握世界的特殊方式，是人在感性与理性的统一中，按照美的规律来把握现实的一种自由的创造性实践。旅游活动是人们在游览、观赏自然景观和人文景观的过程中，以获取审美愉悦为目的的具有世界性和群众性的审美休闲活动，也是一项综合性的审美活动。旅游在根本上是一种主要以获得精神享受为目的的审美过程和自娱过程。

旅游是旅游主体在一定的目的性行为支配下与旅游客体之间建立的一种互动关系。旅游美学的研究对象，从总体上说，是研究旅游中的审美活动和审美关系。总体而言，旅游审美活动由旅游审美主体、旅游审美客体、旅游审美介体三个要素构成。

（一）旅游审美主体

旅游审美主体是指旅游审美行为的发出者和承担者，是作为观赏者的旅游者，又称游客。具体地讲，是指具有内在审美需求、审美追求和审美结构功能，并与旅游资源（或旅游产品）、旅游服务等构成一定审美关系的旅游者。旅游者是旅游活动的主导性因素，因而旅游者是旅游活动中最活跃的因素，居于主体地位。

旅游审美主体具有一般审美主体的规定性：（1）旅游审美主体是精神活动的主体。在旅游审美活动中，旅游者追求的主要是精神享受，物质享受是次要的。（2）旅游审美主体是情感活动的主体。在旅游审美活动中，旅游者追求的是一种情感交流的愉悦体验。（3）旅游审美主体是自由的、生命活动的主体。旅游审美主体发展的最高境界是能对审美对象凝神观照，不旁及日常功利、不为物质欲望所纠缠，能享有高度生命自由。

（二）旅游审美客体

旅游审美客体就是旅游审美行为所涉及的客观对象，它是旅游者游览、观赏的对象。具体地说，就是具有审美价值属性（即符合“美的法则”）并与旅游审美主体结成一定审美关系的广义的旅游资源。旅游资源是指客观存在于自然环境和人文环境中，能对旅游者产生一定吸引力的事物和现象。旅游资源有自然景观与人文景观之别。自然景观从地质、地貌到生物、海洋、气象；人文景观从城市规划建设的道路桥梁到园林、寺庙、陵寝等建筑、雕塑，从个别艺术门类的绘画、书法、戏曲、工艺到各地区各民族的风土民情，几乎包括人类生活的各个方面。旅游资源是旅游活动的客观基础，是一个国家、一个地区招揽客源、开拓市场、发展旅游业的重要物质基础和条件。

三清山司春女神景观

旅游审美客体具有自身特殊的规定性，主要表现在以下几个方面：(1) 规模性。旅游审美客体一般包括一个区域的风光，旅游审美主体可置身于旅游资源之中进行欣赏，获得景随步移、步移景换的审美快感。(2) 广泛性。旅游审美客体丰富多样，其熔自然、社会、艺术、生活于一炉，包罗万象。(3) 协调性。旅游资源体现了人与自然之间的协调关系，即自然景观美与人文景观美的有机融合。(4) 变化性。旅游资源在一定程度上受季节变换等因素的影响，随着时间的流逝而变化。

东方瑰宝　三彩侍女

（三）旅游审美介体

旅游审美介体是指在旅游活动中，主体的审美需求、审美结构与客体的审美属性之间构成的一种“双向同构”关系。旅游者在特定的旅游环境中，与旅游审美对象结成多向度、多层次的审美关系，并在交互作用和观照体味中获得满足。旅游活动中存在诸多审美关系，除具备主体与客体两个因素外，还有赖于人们的旅游审美社会实践活动，特别是人与人之间的关系。

旅游审美介体首先是旅游业。旅游业是以旅游者为对象，为旅游活动创造便利条件并提供所需商品和服务的综合性产业。旅游业的范围极为广泛，涉及许多经济部门和非经济部门，其中最直接的部门是旅行社、旅游饭店和交通部门等。旅游业是联系旅游主体和旅游客体的媒介、桥梁和纽带。在现代大众旅游阶段，几乎没有哪个旅游者不在利用旅游业提供的旅游服务。虽然使用旅游业提供的旅游服务并非旅游者的旅游目的，但旅游业在客源地与目的地之间以及在旅游动机与旅游目的的实现之间架起了一座便利的桥梁。在已经具备了需求条件的前提下，旅游者不必再为旅游过程中可能遇到的各种困难而担心，他们的旅行以及在旅游目的地期间的生活和活动都可以由有关的旅

大理三塔

游企业为他们安排。

旅游审美介体同样还包括旅游服务人员。导游在旅游审美活动中起着重要的作用，他们和游客的关系本质上也是一种审美关系，他们是美的解释者、美的传播者。宾馆和旅游区的工作人员与游客的关系也同样包含着审美关系。各种旅游设施，是旅游审美活动的物质保证。

二、旅游审美活动的特征

（一）审美实践的物质依赖性与综合性

从根本上讲，旅游活动是非功利的，以获取审美愉悦为目的。但同人类其他审美活动一样，旅游活动也必须建立在一定的物质基础之上，只是旅游活动对物质基础的依赖程度表现得更为突出和直接而已，以至于当我们需要把旅游活动同其他审美活动区别开来时，必须把这种依赖作为一个特征来概括。

雷锋雕塑

旅游建筑和公共设施的构造材料与装饰材料本身就具有极强的物质属性，而且这些建筑的内容也是实用的。这就是说，公共建筑的材料属性都具有极强的实用功利目的，而且这些材料属性和功能属性是否得到最充分和最适当的表现，将直接影响这些建筑美的表现程度。旅游者一方面以使用这些公共建筑为目的，另一方面又把它们作为一个美的对象来欣赏。旅游者在使用这些公共建筑时越是便利和舒适，这些公共建筑的物质材料和造型的美表现得越充分，就越能引起旅游者的审美注意，旅游者对它们的综合审美评价也就越高。

此外，旅游作为一项由来已久的审美实践活动，其主要对象包罗万象。它集自然美、艺术美、社会美之大成，熔山

故宫太和殿

水、文物、古迹、建筑、绘画、雕刻、书法、篆刻、音乐、舞蹈、戏剧、园林、服饰、工艺、烹饪、民情和风俗为一炉，涉及“南秀北雄”等各种审美形态，可以满足人们从生理到精神等各种审美需求。旅游审美活动的内容是丰富多彩的，具有明显的综合性特性。

（二）审美对象的多样性与变换性

日照金山　南迦巴瓦

在所有专门的审美活动中，几乎只有旅游审美对象包容了美的全部领域——自然美、社会美和艺术美。自然风光、气候类型、民风民俗、建筑雕塑、手工艺品、饮食服饰、都市和乡村的综合景观等，均为旅游的审美对象。审美对象的广泛多样性，似乎意味着旅游是一项难度很高的审美活动，其实不然。比如我们对雕塑的欣赏，完全不必达到雕塑鉴赏家那样专业化的水平。旅游者完全可以按照自己的审美趣味，在旅游过程中对某一具体对象投入更多的注意，达到更深的层次。

旅游是一种动态审美活动，即旅游活动的时间、地点、景物和主题总是处在一种不断变换的状态中。这使得旅游审美对象的变化频率，要比其他专门审美活动高得多。即使是在同一地点，具体对象也会随着游览活动的延续而变化。这种对象的变换性会影响旅游者对某一具体对象的深入欣赏，但这正是旅游活动魅力之所在，因为它总是使旅游者处在一种新奇的欣赏氛围之中。对于旅游者来说，一个新的审美对象就是一个新的刺激，它可以使旅游者的审美欲望经常处在被激发的状态，这无疑大大增强了旅游活动的吸引力。

资料链接

形式美法则是人类在创造美的形式、美的过程中对美的形式规律的经验总结和抽象概括，主要包括对称均衡、节奏韵律和多样统一。研究、探索形式美法则，能够培养人们对形式美的敏感，指导人们更好地去创造美的事物。掌握形式美法则，能够使人们更自觉地运用形式美法则表现美的内容，实现美的形式与美的内容高度统一。

案例分析

断章

卞之琳

你站在桥上看风景，
看风景的人在楼上看你。
明月装饰了你的窗子，
你装饰了别人的梦。

简析

诗人自己曾说过，《断章》写的是一刹那的意境。“我当时爱想世间人物、事物的息息相关，相互依存、相互作用。人（‘你’）可以看风景，也可能自觉、不自觉地点缀了风景；人（‘你’）可以见明月装饰了自己的窗子，也可能自觉、不自觉地成了别人梦境的装饰。”万事万物的区别、分割都是相对的、暂时的，联系是内在的、永恒的。在旅游审美活动中，审美对象具有多样性与变换性，旅游审美主体与客体之间也会产生变化，这要求旅游者在旅游审美过程中也需要注意自身的言行举止，因为你可能正是其他旅游者的审美对象。

拓展练习

诗意乡村——旅游资源审美

无锡宜兴湖㳇镇地处苏、浙、皖三省交界之处，旅游资源类型丰富，素有“竹的海洋”“茶的绿洲”“洞天世界”“紫砂源地”之称。湖㳇镇是国内知名的“深氧”旅游目的地，负氧离子含量远超世界卫生组织清新空气标准，其以优越的生态资源为主题，结合当地历史人文特色，打造了“深氧界”旅游度假品牌，倡导“回归健康、回归心灵、回归家园”的旅游新概念，使深氧度假的理念愈加深入人心。湖㳇镇以优良生态环境为基础，以山、水、洞、竹、茶、农、情为特色，旅游资源丰富多样，具有很强的旅游审美吸引力。

问题：

1. 结合案例，从旅游审美角度阐述应如何开发湖汊镇的旅游资源。

2. 在湖汊镇的旅游活动过程中，导游应如何引导游客进行旅游审美？

课程思政重点

涵养崇德尚美品质

党的二十大报告中明确指出：“坚持和发展马克思主义，必须同中华优秀传统文化相结合。只有植根本国、本民族历史文化沃土，马克思主义真理之树才能根深叶茂。”“崇德”出自《论语·颜渊》中的“主忠信，徙义，崇德也”。说的是，子张向孔子请教怎样去提高品德修养和辨别是非。孔子说，以忠厚诚实为主，行为总是遵循道义，就可以提高品德。可见，“崇德”是指崇尚和发扬高尚的道德品质，时刻以“道德”的准绳要求自身，不逾矩、不违规，热爱祖国，遵守公德，积极向上，造福社会和他人。在旅游过程中，自觉维护国家利益，文明礼貌、勤勉服务、人性关怀也是“崇德”的表现。

“尚美”是人们对心灵、语言、行为、环境之美的崇尚与追求。“尚美”不仅是人的天性，更是一种高尚的人生境界。首先要提高审美修养，能够辨识“美”，欣赏“美”，接着要增强“美”的创造力，主动追求“美”，达成“美”。当今社会纷繁复杂，呈现多元化发展的态势，美丑掺杂，学习“旅游美学”，主要目的就是在旅游的过程中，以及在旅游管理与服务的工作中能够自觉“尚美”，抵制和杜绝丑恶的事物和行为，提升精神境界。

在我国的美学话语体系中，“尚美”与“崇德”之间是密切结合的关系。我国传统文明被称为礼乐文明，对礼乐的崇尚和实践构成了我国传统文明的根底。“礼”首先触及品德问题，但由其昭示的人的行为的雅化和集体活动的典礼化，则是具有审美性的；“乐”是我国对诗、乐、舞等艺术方法的统称，其审美和艺术特性自不待言，但它预示的人与社会、人与自然的和谐，却指向了品德性。“尚美”与“崇德”的一体性远远大于分离性，这是中国美学话语体系的特点，也是中国美学为世界美学做出的贡献。

吴彬（明）《孔子杏坛讲学图》

德智体美劳全面发展是对当代人才的定位。党的二十大报告中指出："全面贯彻党的教育方针，落实立德树人根本任务，培养德智体美劳全面发展的社会主义建设者和接班人。"在旅游过程中，在旅游管理与服务的工作中，以"尚美"推进"崇德"，以"崇德"促进"尚美"，是促进德智体美劳全面发展的重要一环，也是学习"旅游美学"课程的应有之意。

巩固提升

答疑解惑

1. 旅游审美需求层次包括什么？

答：旅游审美需求层次主要包括：旅游审美生理需求、旅游审美安全需求、旅游审美社交需求、旅游审美尊重需求、旅游审美自我实现需求。

2. 旅游审美的本质和审美心理是怎样的？

答：旅游审美的本质是实现和谐以满足审美需求、追求自由以获得精神愉悦。旅游审美是旅游者在现实而具体的观光游览活动中所进行的一种价值判断过程，该过程通常伴随着复杂微妙、愉悦自由的心理活动，主要涉及四种心理要素：审美感知、审美想象、审美情感和审美理解。

3. 旅游审美活动的构成要素与特征分别是什么？

答：旅游审美活动由旅游审美主体、旅游审美客体、旅游审美介体三个要素构成。旅游审美活动的特征包括：审美实践的物质依赖性与综合性、审美对象的多样性与变换性。

项目小结

旅游者是旅游审美的主体，了解旅游者的审美需求、审美心理和审美活动的特点，能够更好地从旅游审美主体出发，引导旅游审美活动的开展。本项目包括三个任务，从旅游者审美需求和动机的分析引入，阐释了旅游者审美心理的具体构成，分析了旅游审美活动涉及的不同维度及主要特征，对审美主体的问题进行了较为全面的分析。学习本项目，要融入"课程思政"的要求，培养"崇德尚美"的素养，为成为德智体美劳全面发展的新时代社会主义接班人而努力奋斗。

综合练习

头脑风暴

1. 旅游审美动机有哪几种类型？请举例说明。
2. 旅游审美活动由哪些要素构成？
3. 旅游审美活动的特征是什么？

实践运用

1. 以学校老师为对象，做一个小调查，对教师群体的旅游审美动机进行分析。

2. 到附近的旅游景区，对旅游者进行问卷调研和随机访谈，了解旅游者审美心理构成，并从旅游景区发展的角度给出具体的建议，撰写实训报告。

信息化资源

课程动画　　拓展学习　　双语园地　　关键词点击　　互动练习

项目三 开展自然风光旅游资源审美

问题引入

大自然是人们赖以生存的物质基础，人类从远古时期就开始从周围的自然环境中获取资源。地球的变迁造就了现在奇异多彩的地形地貌，也孕育了不计其数的生物种群。随着时间的推移，自然界的无限风光进入人们的旅游审美视野。自然风光范围广泛，内容包罗万象。那么，自然界的风光究竟美在哪里？如何进行自然风光审美？如何开展山水与动植物旅游资源的审美体验？通过本项目的学习探究，你一定会有所收获。

学习目标

1. 掌握自然风光的审美特征。
2. 能够运用自然风光的审美方法。
3. 掌握山水与动植物旅游资源的审美特征和价值。
4. 贯彻落实党的二十大精神，理解、认同、践行“社会主义生态文明观”“推进美丽中国建设”等。

任务导读

通过本项目的学习，完成以下任务：

任务一　掌握自然风光旅游资源的审美特征与审美方法

任务二　开展山水旅游资源审美体验

任务三　开展动植物旅游资源审美体验

任务一 掌握自然风光旅游资源的审美特征与审美方法

案例导入

游春图

隋朝展子虔所作的《游春图》，是迄今为止存世最古的画卷。它描绘了江南阳春三月人们春游的情景。全画以自然景色为主，放目远眺：青山耸立，江流无际，花团锦簇，人物、建筑点缀其间，显现出勃勃生机。

展子虔（隋）《游春图》（局部）

问题与思考

1. 为何历代文人墨客都爱寄情于山水？
2. 什么是自然风光？人们喜爱欣赏哪些类型的自然风光？

自然风光旅游资源审美要素与特征

知识探究

一、自然风光的审美构成与类型

我国幅员辽阔，自然界中群山耸立、江河如织、湖泊棋布，优美、壮观的自然景色遍布大江南北。把自然风光作为审美对象加以观赏在我国古已有之。南朝陶弘景则云："山川之美，古来共谈。"历代文人墨客都爱流连于山水之间，欣赏绮丽的风景，为之感慨吟咏，并给后人留下了大量的游记、山水诗和山水画。这些艺术作品生动地描绘出祖国自然风景千姿百态之美。

（一）自然风光的审美构成

自然风光是指在客观自然界中，非人工创造或构成的，可以作为人们的审美对象加以观赏的自然景物。它主要以自然山水为基础，辅之以植被、动物、光照、风云或雨雪等生物气候基本要素，是一种能够表现自然美的不同形态的空间综合体。作为旅游活动的基本内容之一，自然风光在旅游审美文化中占有重要的地位，是旅游审美客观对象的重要组成部分。自然风光不仅拥有自身独特的魅力，还能参与社会美和艺术美。自然风光表现为以下几种典型的存在形态：一是未经人类触动的、纯天然的原始景物，如人迹罕至的原始森林等。二是直接作为人类劳动生产场所的田园风光，如江湖渔区、水库景区、草原牧场、山坡林场等，这些不仅明显带着人类劳作的印记，而且具有满足人类生活资料需要的目的性。三是经过艺术化加工构成的自然景观，如杭州西湖、五岳名山等，这类景观以原有的自然风光为背景基础，融合了一定的人文精神和社会文化内涵，人们在观赏美景的同时还可陶冶情操。在现实生活中，自然风光的三种形态并不是界限分明的，它们往往交叉融合，在很多方面相互关联。

法国 19 世纪现实主义画家库尔贝曾说："美的东西是在自然中，而它以最多种多样的现实形式呈现出来。"自然风光之美主要在于其形式构成的变化，从而产生丰富多彩的审美形象和变化万千的审美效果。

1. 自然风光的构成基础

自然风光的内在结构形式和外部形状面貌是构成其审美特征的物质基础，也是某一风光不同于另一风光的基本物质条件。

九寨沟风光

地质地貌是地球在亿万年间运动变化的产物。地质地貌的外在形态确立了自然风光的宏观结构，记录并展现了大地运动变化的节律，其中相当一部分就具有强烈的形式美感，如高耸的喜马拉雅山脉、辽阔的东北平原、喀斯特地貌的峰林平原、科罗拉多大峡谷、黄河壶口瀑布等。

生态状况是特定气候与地质地貌条件下的动植物生存状态及情况。生态状况不仅影响自然风光的形式构成，而且是展现自然审美生命征候的关键因素，对自然风光的美感生成有着重要作用。

2. 自然风光的时间性构成

在旅游审美活动中，对自然风光的审美欣赏不同于我们在博物馆或艺术馆中进行的艺术美欣赏，因为自然风光并非是绝对静态的审美对象，而是随时间运动变化的、生机勃勃的大自然中的存在。自然风光的构成本质上是一个时间过程——一年四季的变化、每日早晚的变化及晴阴雨雪、风霜雷电的气候变化，都会对自然风光的形式产生影响，产生不同的美感效果。

3. 自然风光的构成要素

（1）形态。

自然风光的形态，是指自然风光在一定的空间范围内所呈现出来的形体线条和外观状貌。它是自然生成的，建立在地质地貌、生态植被及气候状态的相互组合的基础之上，是构成自然风光审美的重要形式基础。在旅游观赏中，最能引起人们审美兴趣的主要有：山的形态（雄伟奇特、险峻秀丽之美）、水的形态（流动易变、随地赋形之美）、气候形态

（变幻莫测、宛如仙境之美）等。

（2）色彩。

自然风光中的色彩是万象纷呈、极其丰富的。这些色彩主要是由树木花草、江河湖海、烟岚云霞及阳光阴云相互作用构成的。山的色彩主要由覆盖其上的植被颜色与山石颜色构成；云雾的色彩变化则与阴晴雨雪的气候变化有着密切关系：当阳光穿过大气层的时候，受天气和时间的影响，就会出现色彩缤纷的朝霞、晚霞、彩云、雾霭，使天空呈现出蓝、紫、灰、绿、红、橙、黄等色彩变化。

黄山云海景观

（3）动态。

动和静是相对而言的，由于参照系的不同才产生了动静之别。自然风光中典型的动态美景有激流、飞瀑、流云、飘雾等。它们有的给人以轻柔舒缓之感，飘逸的形态带给人们诗情画意、仙宫琼宇般的享受；有的则激烈壮观，令人震撼，使人们深感大自然的威力巨大无穷。动态之景赋予了自然风光一种有形可见的生命力，比起静态的艺术品更加富有生气。

（4）声音。

自然风光之所以具有声音，是因为它由自然界中万物声音的发生、变化共同组成，其中既具有某种普遍性，又不乏各自的独特之处。春日莺啼、夏夜蛙鸣、秋风沙沙、冬雪簌簌，是我们平日常闻之声；惊涛拍岸、两岸猿啼、深山虎啸，则为我们的旅游活动更添一份惊险刺激。这些自然之声如同各个声部，合成一首交响曲，作为欣赏者的人也是其中的组成部分。聆听天籁，天人合一，对于久在都市被工业噪声重重包围的现代人来说，不失为一种休息与调整。

泰山云海景观

（5）气味。

自然万物所散发出来的各种气味也是自然风光独特的构成部分之一。例如，每到赏花时节，弥散在天地间的花香令人陶醉。

（6）质感。

漫步于沙滩上，双脚可以感受到细沙的松软；掬一捧溪中的清流，双手会触摸到水的柔和与清凉。自然风光是实实在在的存在，我们不仅可以观（视觉）、听（听觉）、闻（嗅觉），还可以亲身感受其中部分的质地。岩石的坚硬、泥土的湿软、海水的咸凉……都给我们直观的触觉感受，使我们对审美对象有更加立体的感受经验。

（二）自然风光的审美类型

自然风光主要包括山岳风光景观、水体风光景观、生物景观、天象与气象景观及一些特异景观，每种自然风光又可细分为若干具体的景观类型，如表 3－1 所示。

表 3－1 自然风光景观类型

自然风光景观类型	具体分类	主要代表
山岳风光景观	花岗岩地貌景观	黄山莲花峰、炼丹峰、天都峰；海南天涯海角、南天一柱；浙江普陀山师石；辽宁千山无根石；安徽天柱山仙鼓峰
	变质岩地貌景观	泰山；嵩山；庐山；五台山；武当山；花果山
	砂岩峰林地貌景观	湖南武陵源风景区
	丹霞地貌景观	广东仁化丹霞山；桂北湘南八角寨；福建武夷山；浙江方岩；江西龙虎山；安徽齐云山；甘肃麦积山、崆峒山；贵州梵净山
	岩溶洞穴地貌景观	桂林七星岩、芦笛岩；贵州黄果树石林、天星桥石林；肇庆七星岩；奉节天井峡地缝、红池坝夏冰洞、武隆芙蓉洞
水体风光景观	江河溪涧	长江三峡；漓江；福建武夷山九曲溪；湖北神农溪
	湖泊水库	黑龙江镜泊湖；杭州西湖；云南昆明滇池；甘肃敦煌月牙泉；浙江千岛湖；甘肃刘家峡水库
	飞瀑流泉	贵州黄果树瀑布；黄河壶口瀑布；庐山三叠泉瀑布；无锡惠山泉；陕西临潼华清池；东北五大连池药泉
	冰川景观	天山 1 号冰川；祁连山七一冰川；四川海螺沟冰川；北极冰川；南极冰川
	海域风景	海南三亚亚龙湾；北戴河
生物景观	森林景观	湖南张家界国家森林公园；云南西双版纳原始森林；东北长白山原始森林
	草原景观	内蒙古锡林郭勒草原；新疆巴音布鲁克草原
	古树名木	水杉；银杏；珙桐；黄山迎客松；陕西黄帝陵“轩辕柏”
	奇花异草	洛阳牡丹；漳州水仙；扬州琼花
	珍禽异兽	大熊猫；金丝猴；白唇鹿；扬子鳄；朱鹮；褐马鸡；藏羚羊
天象与气象景观	天象景观	黄山云海日出；杭州雷峰夕照；北京卢沟晓月
	气象景观	巴山夜雨；潇湘烟雨；峨眉云海；北京西山晴雪
特异景观	蜃景	最佳观测点：山东蓬莱阁；浙江普陀山
	佛光	峨眉宝光
	极光	最佳观测点：黑龙江漠河；新疆阿尔泰
	日月并升	最佳观测点：浙江省海盐县南北湖畔云岫山；浙江省平湖市乍浦镇九龙山顶；浙江省杭州市西子湖畔葛岭初阳台；江苏省苏州市天平山莲花洞；江苏省苏州市洞庭西山山顶
	极昼、极夜	南极；北极

二、自然风光的审美风格与特征

（一）自然风光的审美风格及其形成因素

我国幅员辽阔，地貌环境复杂多变，自然风光的多样性与丰富性尤为突出，其分布也很有特色。从具体的自然风光景观来看，以名山胜水为主要构成部分，且分布广泛、形态各异、自成格局。

从美学风貌的角度分析，我国的自然风光在总体上可以总结为“南秀北雄”。“秀”意指婉秀、优美或阴柔之美；“雄”意指雄奇、壮美或阳刚之美。“南秀”的主要代表是长江流域展现的“杏花春雨江南”式的秀美风貌，一般包括西南的灵秀之美（如峨眉山、九寨沟、石林等），东南的秀丽之美（如西湖风光、太湖美景等）和南国的奇秀之美（如武夷丹霞、漓江烟云、海南风光等）。“北雄”的主要代表是黄河流域展现的“骏马西风冀北”式的壮美风貌，一般包括华北的雄壮之美（如峻拔的嵩山）、西北的险峻之美（如华山险要、天山雪景）和东北的旷远之美（如长白山林）。

水体审美

山体审美

“南秀北雄”的自然风光分布与审美风格的形成并不是偶然的，其中较为重要的有地理与人文两大因素的影响。地理因素方面，我国南方雨量充沛，植被茂密，四季常青，山丘低垂平缓，线条圆润，隐蔽幽深，故构成山清水秀、小桥流水式的以阴柔之美为基本特征的自然风光景观。而在我国北部，雨量较少，植被稀疏，四季分明，辽阔空旷，山峦高大，线条粗硬，故形成山高水长、大漠孤烟式的以阳刚之美为基本特征的自然风光景观。

人文因素方面，由于原始自然崇拜心理和种种历史原因，古代帝王封禅场所大多分布于北方的名山大川，这就使本来已高大恢宏的景观名胜，借助帝王的赫赫威严与至尊地位，显得更为突出堂皇，也就更容易激发人们的膜拜心理或崇高感受。另外，与自然景观和谐并存的人工建筑，往往因地制宜、依山而设，如泰山的南天门、恒山的悬空寺。加之北方山形高大峻拔，石理方硬裸露，植被相对稀疏，这些处于“露”的状态和“险”的位置的庞大建筑的空间形象，起到一种烘托和渲染环境气氛的作用，使四周的自然景观更显得雄奇壮美。相比之下，江南的人工建筑因受地理条件所限，在茂密的植被中大多处于“隐”的状态与“幽”的位置，建筑体态小巧玲珑，与自然环境融为一体，所构成的景观便显得幽雅婉秀。

（二）自然风光的主要审美特征

1. 自然属性与社会属性的统一

自然风光的美学价值源于人类社会的活动与实践，它与人类社会生活的联系决定了其自然属性与社会属性的统一性。自然界中万事万物自古以来就一直存在，但自然风光的审美价值是在人类出现以后才产生的，也就是说，自然风光景观具有社会客观性。同时，任何自然对象都有自然属性，自然属性是自然风光景观审美特征的基础。人们喜爱梅、兰、竹、菊，把它们称为“四君子”，这与它们自身的自然特征有很大关系：梅冰肌玉骨，兰秀质清芬，竹虚心有节，菊凌风傲霜。

梅花

菊花

2. 生活美的一种特殊表现形式

车尔尼雪夫斯基曾说过，凡是在自然中使我们能联想起人的东西，就是美的。自然中美的事物，只有作为人的一种暗示才会显示出美。因此，在我们看来，自然风光审美的本质特征，就在于自然景物具有与人类社会生活的美相类似的特征。比如，孔子喜欢松树、柏树，因为“岁寒，然后知松柏之后凋也”，以松柏喻示人的高风亮节。可见，自然界的事物对人们的物质和精神生活有着多方面的象征意义。

3. 形式胜于内容，侧重于形式美

当自然风光之美以符合人的某种审美观念的形式表现出来，在有情感的人的形象思维过程中，通过想象达到审美主体和审美客体的和谐统一时，人就会有美感产生。人在直观自然事物时，判定有些自然事物是美的，有些自然事物是丑的，有些自然事物处于不美不丑的中间状态，依据就是自然事物形象的结构形式是否符合人们所追求的美的形式法则。人们认为云南石林、桂林山水、杭州西湖、安徽黄山、长江三峡、沙漠绿洲等是美的，皆因这些自然事物形象的结构形式符合美的形式法则，能够寄寓人的情感和理想，使人心旷神怡，形成美好的意境。

4. 综合性

所谓综合性，即多样性，就是说自然风光的属性是多方面的，自然景观与人的社会生活的联系也是广泛而复杂的。同一自然风光，不同的人从不同的角度去欣赏，可以发现不同的美；同一个人在不同的时间、不同的条件下去欣赏，又可以发现不同的美。自然风光的审美特征大致可以归结为雄伟、空阔、险峻、秀丽、奇特、幽深、野趣七种不同的类型。

（1）雄伟。

雄伟是一种壮观、壮美、崇高的审美现象，在自然风光中广泛存在。雄伟意味着形象高大、气势磅礴。泰山为“五岳之尊”，素以“天下雄”著称。从绝对高度上看，其主峰海拔 1 545 米，属于中等山体，但其相对高度达 1 360 米，且骤然突起，山势陡峭。在辽阔的齐鲁腹地，泰山以磅礴之势凌驾于山东的丘陵之上，具有通天拔地之姿，壁立霄汉之态，故显得特别高大雄伟。杜甫在《望岳》一诗中用“会当凌绝顶，一览众山小”形象地描绘出泰山雄伟壮观的审美形象。

在水体风光景观中，具有代表性的要算是钱塘江大潮了。潮水以排山倒海、雷霆万钧之势滚滚而来，气势壮观，令人震惊。正如苏东坡所说：“八月十八潮，壮观天下无。”这

一类型的自然风光以雄伟、壮观的审美特征，带给人们以赞叹、震惊、崇敬、愉悦为主体的审美体验与感受。

钱塘江大潮

（2）空阔。

空阔是指自然风光和景物由于所处空间宏大、高远而形成的审美现象。这类风光景观大多开阔宽广，如浩无际崖的海洋、一望无垠的平川、连绵起伏的山丘、宽阔广袤的大草原等。古代诗歌中多有对空阔之美的描写："孤帆远影碧空尽，唯见长江天际流""黄河之水天上来，奔流到海不复回""落霞与孤鹜齐飞，秋水共长天一色"。空阔的自然风景给游人提供了一个浩大宽广、简洁宁静的特殊环境，特别是对于当今生活在拥挤的都市、身心俱疲的现代人来说，这种游心于天地间、心旷神怡的惬意之感就更显得弥足珍贵。

（3）险峻。

险峻也是自然风光外在形象的一个重要审美特征。自然风光的险峻主要体现在危峰峻岭、悬崖绝壁、急流险滩、万丈深谷等自然景观之中。这种类型的自然风光往往会对旅游者产生更大的吸引力。一方面，由于人类自始就有敬畏大自然的心理，在自然面前，人的生命显得过于渺小；另一方面，人类也具有不甘心屈服于自然的意志。华山素有"天下险"之称。"自古华山一条路"，就是说华山的险峻。华山主峰高约2 100米，游人攀登时必须手扶铁索，经"千尺幢""百尺峡""苍龙岭"等险径，才能最终到达山顶的最佳风景点，一览华山胜景。

华山"天下险"

（4）秀丽。

这一类型的自然风光一般有良好的植被覆盖地表，山石土壤很少直接裸露在外，山水交融，草木葱茏，一片生机盎然的景象。此外，其总体形态也别致丰满、婀娜多姿，轮廓线条柔和优美、清晰和谐，常给游人以柔和、优雅、恬静的审美体验与享受。"淡妆浓抹总相宜"的西湖，优美灵动的桂林山水，都呈现出一种秀丽的形态特征。游览、欣赏这样的风光景色总是使人感到幸福愉快，让人性情得到陶冶。

（5）奇特。

奇特是自然风光的一个重要审美特征，它是自然风景奇异、奇怪个性的展现。以奇特为美的自然风光，其外在形态不同于普通山水的寻常之貌，往往显得光怪陆离、奇异多变、独具特色，以出人意料的形态给旅游者一种变幻莫测的奇妙之感。在我国的诸多名胜中，以奇特为主要特征的首推黄山。黄山奇美，主要源于峰奇、石奇、松奇、云奇。另外，"奇秀东南"的武夷山、"天下奇秀"的雁荡山也各具特色。旅游者在欣赏超常的自然之美时，既能感受到奇特景观内含的历史文化的神秘色彩，亦能激发出丰富的审美想象。

（6）幽深。

峡谷幽深之美

幽深之美是自然风光中一种独特的审美特征，它以清幽、幽静、幽远为主要内容。这类景观常以崇山幽谷、山间盆地或山麓地带为地形基础，辅以铺天盖地的高大乔木，构成封闭或半封闭的空间环境。以“幽深”为美的自然风光，景深而层次多，具有迂回曲折之妙趣，无一览无余之直观。深藏于岷江峡谷之中的青城山，诸峰环绕，状若城郭，古木遮天，空间隐蔽。寺观亭阁掩映于浓荫翠盖之间，曲折小径出没于寂谷密林之中，清静幽深，含秀藏奇，素有“青城天下幽”之称，正是幽深之美的典型代表。

（7）野趣。

野趣之美

具有这种审美特征的自然风光属于原始自然或“第一自然”的产物，纯真古朴，一般未受人类干扰、雕琢或破坏，留存着大自然原始的苍茫，能给人一种远离尘嚣的野逸之美或神秘之感。九寨沟、张家界和神农架等景区，其山、水、石、林、洞等仍处于原始状态，保留着古朴的自然风貌。事实上，面对环境的社会化、工业的机械化、生产的自动化与生活的秩序化，现代人萌生了一种逆向的审美需求，即对“野”景的情有独钟。当今世界各国开设国家公园或自然保护区时，均十分强调野趣，可见人们审美需求的转变。

三、自然风光的审美意义与价值

（一）陶冶情操

当今社会，城市的快速发展、环境的污染、生态的破坏、极度紧张的生活模式，引发了人们对自然的依恋之情。通过旅游，人们回到自然界，在千姿百态的自然风光和美丽景色中，感悟生活的充实与美好，感悟人与自然的和谐共存，得到精神与情操的陶冶和升华。

（二）培养鉴赏能力

对自然风光的游览欣赏，可以丰富人们的审美情感和精神内涵。自然风景中蕴藏着极为丰富的美的事物和元素，无论是形状、色彩还是声音、气味，都构成了多样统一与和谐的形式美。黄山雄伟又不乏奇特，漓江秀美亦充满野趣……这些各具特色的自然风光在陶冶我们的情操的同时，更以丰富多彩的形象培养了我们对于美的感受和鉴赏能力。

（三）加深对大自然的认识

对自然风光的游览欣赏，也是一个对大自然亲身体验与认识的过程。无论是乘船游览三峡，还是徒步登临泰山，或是骑马观赏喀纳斯风光，这些对平原、山川、湖泊、海洋的审美感受，使观赏者不仅仅停留在对其形象美的体验上，还可以了解其中的地理、历史文化，更可以升华为对大自然的热爱。因此，人们在旅游途中不仅可以开阔视野、放松心情，亦可了解奇闻逸事，加深对世界的认识和了解。

（四）认同社会主义生态文明观

党的二十大报告指出：“中国式现代化是人与自然和谐共生的现代化。”人们在欣赏自然风光的同时也不断加深对自然的了解和情感，生态观念和环保意识也会逐渐加强，从而激发人们以更大的热情去保护我们赖以生存的地球。此外，奇特的自然景观还能激发人们的探索与求知欲望，不断揭示其奥秘。旅游者和旅游业工作者都要树立“青山绿水就是金山银山”的意识，认同和践行社会主义生态文明观，保护自然环境，守护美丽中国。

自然风光旅游资源审美方法与体验

四、自然风光审美方法

自然风光是客观存在的，它不以旅游主体的意志为转移，但对自然风光的审美过程需要旅游主体的亲身体验。由于每个人的阅历、职业、教育背景、个性心理等的不同，形成了审美需求、审美价值、审美标准的差异，因此，在欣赏自然风光时，最终获得的审美感受与领悟也会因人而异。尽管存在着审美个体差异，但在整个旅游审美活动过程中，我们都要全身心地感知审美对象、调动审美情绪、运用各种审美方法并充分展开审美想象，才能从中获得对审美对象内涵的真正理解。

对自然风光的审美观赏不同于我们对文学作品或影视作品的观赏，它有自身的独特性。

首先，自然风光审美是一种直接、深入的体验。对自然风光的审美观赏，是对现实自然景色及事物直接的、深入其境的审美活动和体验。这个活动过程不仅仅是视觉上观赏自然的美景，听觉上聆听大自然的声音，嗅觉上品味大自然的芬芳，触觉上感受不同自然物的质地，更是观赏者对自然界万事万物全身心的审美感受与领悟。

其次，自然风光审美是一种动态的审美过程。绘画、摄影作品中的自然风光是静止不动的，动态的影视风光也仅仅反映了拍摄者所选取的某一特定时间、特定角度的自然影像。而现实中对自然景象的审美观赏则是一个动态的时间过程，随着观赏者的位置变换、时间推移，自然景物也在变换，呈现出不同的审美特征。

最后，自然风光审美是一种情景交融的审美过程。对自然风光的旅游审美活动并不是简单的复制过程，它是一个复杂的心理运动过程。在这一过程中，观赏者的情感与所观赏的自然景色相互交融，即由景入情、触景生情、情景交融。具体地说，我们到达一处景点，要先入景，身心投入对景观的审美欣赏之中，以五官去感触大自然；然后择景，观赏者对景观进行选择，整合接受与自己审美心理结构相契合的景观，在内心形成审美表象；最后才是融景，观赏者超越现实的功利、价值意识，在凝神观照中全身心投入到审美表象中，展开想象，借助审美理解与情感，在内心塑造出融入了情感理想的审美意象，将物与人交融在一起，达到情景和谐的自由审美境界。

在面对千变万化的自然风光时，我们的审美和观赏方法是多样的。一方面，在旅游活动中，作为审美主体的旅游者有着不同的知识文化背景，旅游时有着不同的心境和目的，还会选择不同的出行方式，依据个人计划安排不同的游览时间与节奏；另一方面，作为审美客体的自然风光亦多种多样，同一风景在不同时间也会呈现出不同的形态。可以说，自然风光的审美方法涉及观赏者的审美状态、审美时机、审美方位、审美背景等多种因素。

（一）准备审美心境

心境是一种比较持久的、微弱的、影响人整个精神活动的情绪状态，具有弥散性的特点。一个人如果要进行旅游审美活动，就必须有一个合适的审美心境。心境好，会将一切事物染上一层令人愉快的色彩；心境不好，则会使一切事物黯淡无光。这也就是我们通常所说的“移情”现象。“感时花溅泪，恨别鸟惊心”“菊残犹有傲霜枝”等，都是观赏者在感情的作用下，根据自然事物的特征与人的感情、活动、性格的相似性而形成的审美联想，对自然对象寄予了自己的情感，进入物我同一、物我两忘的审美境界。

（二）进入审美状态

一般而言，在旅游活动中，旅游观赏者对自然风光的审美观赏从总体上可以分为两种状态：一种是动态审美观赏状态；另一种是静态审美观赏状态。

1. 动态审美观赏状态

动态审美观赏状态，是指在旅游活动中，旅游观赏者将自然风光作为具有动态特征的审美对象来加以观照。

（1）以“动”观“动”。

以“动”观“动”的动态审美观赏状态，是指旅游观赏者与自然风光均处于运动状态。人们在旅游过程中常常能观赏到极具动态特征的自然风景，如湍急的河流、飞流而下的瀑布、飘忽变幻的云海等。这些自然景观具有视觉上的动感，其明显的形态变化能引发观赏者由衷的赞叹。“飞流直下三千尺，疑是银河落九天”“黄河之水天上来，奔流到海不复回”，这些古老的诗句在今天读来依然那样震撼人心，足可见诗人亲临其境、面对壮观的自然景色时的深刻感受。

开过花海的高铁

（2）以“静”观“动”。

以“静”观“动”的动态审美观赏状态，是指旅游观赏者处于静态，而被观赏的自然风光处于动态。这种审美状态在旅游观赏过程中常常出现。例如，登上山顶后欣赏变幻的云海之美；在岸堤上观看潮起潮落。无论是“遥看瀑布挂前川”，还是“东临碣石，以观沧海”，都能带给旅游观赏者充分的审美体验。

（3）化“静”为“动”。

化“静”为“动”的动态审美观赏状态，是指将原本静态的自然风光通过某些方式转化为具有动态特征的景观来观照。旅游观赏者一般会在旅游出行的路程中处于这一状态。目的地的风光自然是我们旅游中的重点，但是沿途的景色有时也能带给我们意想不到的惊喜。例如，旅游者在乘坐飞机时俯瞰大地、在火车上观看一路景色的变换。这时，旅游者虽置身于运动载体之中，却会在视觉上产生一种短暂的错觉，以为自身未动而景物在动。“山舞银蛇，原驰蜡象”“船上看山走如马，倏乎过去数百群”，这些审美经验对于今天出行方式多样化的旅游者来说已然不再陌生。

2. 静态审美观赏状态

静态审美观赏状态是指在旅游活动中，旅游观赏者将自然风光作为具有静态特征的审美对象来加以观照。

（1）以“动”观“静”。

以“动”观“静”是指作为审美主体的旅游观赏者处于动态中，而作为审美客体的自然风光景观则是静止的。在这种状态下，由于审美客体在相对时间和空间中保持一个稳定的状态，而观赏者则可以不断变换自己的观赏方位，因此不但可以对所观赏的审美对象有较为整体的把握，还能对其中的细节美进行深入发掘。例如，我们在登山游览的过程中，可以在山脚下仰视其高耸入云的雄姿，向上攀登时欣赏山路两旁的植物之秀，登上山顶后还可以远眺周围的无限风光，这种分阶段、多层次的审美感受会给我们的旅游过程带来源源不断的惊喜。

日出景观

（2）以“静”观“静”。

以“静”观“静”是指处于静态的旅游观赏者对同样处于静态的自然风光景色进行审美观照。许多旅行者都有过这样的经历：走到某地，忽然发现眼前一处美景，不由得停下脚步，驻足观赏，甚至深深沉醉于其间而久久不愿离开。或许是“停车坐爱枫林晚，霜叶红于二月花”的美艳，或许是“会当凌绝顶，一览众山小”的豪迈，都足以让我们为之停留，细细品味。

（3）化“动”为“静”。

化“动”为“静”是指将原本动态的自然风光通过某些方式转化为处于相对静止状态的审美客体来观照。在化“动”为“静”的静态审美状态中，旅游观赏者往往是远距离观赏动态的自然景观，将它在整体上视为一种相对静止的存在。“舟行碧波上，人在画中游”，我们也常常在被秀丽的山水环绕时发出“如在画中”的赞叹。“余霞散成绮，澄江静如练”，这些日夜不停奔流的江河经过人们心理的审美化，突出了其最鲜明的特征。

（三）选择审美时间

观赏自然风光有一定的时间性，审美时间选择不当，不仅会影响审美的效果，更有可能根本无法看到美丽的风景。自然风光的审美时间主要指季节、朝暮、晴雨等，因为自然景色会随季节、朝暮、晴雨的变化而变化，人的观赏心情也会随之有所不同。

另外，时间的不同也会使审美对象呈现出美的多面性，给观赏者带来完全不同的审美享受。“欲把西湖比西子，淡妆浓抹总相宜。”我们要想看到西湖的浓妆，最好在风和日丽、春

西湖风景

暖花开的季节，那时是“花点胭脂水泼黛，西湖今日也浓妆”的美景。若想欣赏西湖的淡妆，最好选择烟雨苍茫、细雨迷蒙的日子。“诸峰尽在微蒙里，今日西湖是淡妆。”作为一个旅游者，应当了解不同自然风光这种季节性变化的特点，也应较为清楚地掌握不同风光在哪一时间段最值得欣赏，这样才能在旅游审美活动中真正享受到旖旎的自然风光。

（四）调整审美距离

审美距离包含三层含义：一是审美主客体之间的空间距离；二是审美主客体之间的时间距离；三是审美主客体之间的心理距离。距离不当，美亦不美。例如，我们对全景的观赏需要距离远一些，才能见其全貌和整体的美；我们要想看到局部的美，则需要近一些。

1. 空间距离

空间距离又可分为远距离和近距离。

（1）远距离观赏。

远距离观赏自然风光，可以把握自然景观的总体轮廓。由于旅游者与所观赏的景观之间的空间距离远，故只能在自己的视觉能力范围之内，把握所观赏的自然景观的外观状貌及色彩。此外，远观能够在空间上扩大自然景观的范围，审美主体观赏到的不是孤立、单独的自然景观，而是一个自然景观群。如山峰、河流、烟云同时存在，互相衬托，就构成了一幅美丽的山水画。远距离观赏自然风光还能增强审美效果，也就是人们说的“距离产生美感”。烟雨、云雾所造成的自然景观的模糊朦胧，与延长视觉距离一样，能增强审美效果。

（2）近距离观赏。

近距离观赏如同电影中的特写镜头，着重于对某个自然风光或景观的某个特定部位的欣赏。近距离观赏强化了审美主体对自然风光景观各个局部审美特征的把握，使其获得区别于整体的审美感受。

2. 时间距离

时间距离在审美活动中起着不可忽视的作用。大自然的景观，其形成的年代一般比较久远，但在时间上仍然有远近之分，它们与观赏者之间就形成一定的时间距离。例如，当我们走进神农架原始森林，或在武夷山中遥望悬崖上先民们留下的悬棺，思古之情油然而生。

3. 心理距离

在审美活动中，审美主体需要与审美对象保持一定的距离，审美对象才能显出美，这是人们的心理习惯造成的。我们观赏美丽的风景时，有两种原因会造成看不到其中的美：一是由于距离太远或太近；二是由于习以为常。距离可以增加审美的魅力。黄山的“猴子观海”“仙人指路”等，近看是一些普普通通的石头，但离开一定的距离来看，就像一只猴子在看海、像一位仙人在指路，这也是心理距离在发生作用。另外，我们久在一个地方生活，往往会对身边的美景视而不见，这是由于我们长时间在一个环境中，对周围的事物已经习以为常，心理距离过近，才无法发现其中的美。

（五）把握审美角度

观赏自然风光的角度不同，也会产生不同的审美效果，角度不对，有可能就看不到美。正如苏轼所云："横看成岭侧成峰，远近高低各不同。"从远处、近处、高处、低处不同的角度和位置来看庐山，庐山的形象变幻莫测。因此，旅游者在观赏自然风光时，要选择恰当的审美角度，对观赏的对象可以取平视、仰视或俯视的审美视角。

烟雨之美

1. 平视

看视线前方延伸较远的景物叫平视。平视可以看远处的景色，欣赏开阔的远景，使人心旷神怡。观赏"山色空蒙雨亦奇"的西湖胜景以平视的角度为最佳。

2. 仰视

从低处往高处看叫仰视。在万寿山前仰视，便可看到层层殿堂，分外壮观。在黄山的汤岭关仰望云门峰，云门峰峰顶高耸入云，令人惊心动魄。

3. 俯视

从高处往下看叫俯视。在泰山顶上看下面的群山，便有"登泰山而小天下"的感觉。前人总结了一种观景经验，叫作"仰望峭壁，俯视水波"，这是非常符合审美原理的。

（六）控制审美节奏

对自然风光的审美观赏也有其特定的审美节奏：一种是观赏速度节奏，表现为审美主体观赏速度的快慢。观赏节奏的快慢取决于旅游者用以观赏的时间和赖以观赏的媒介。短时间内完成对自然景观的观赏，则节奏快；反之，则节奏慢。乘飞机观赏节奏最快，汽车次之，徒步观赏的节奏最慢。审美观赏的速度决定了审美效果。旅游者快节奏的审美观赏所获得的是对自然景观总体轮廓的把握，而慢节奏的观赏所取得的则是对自然风光具体特征的把握。另一种是由不同风景系列组合形成的审美感受的变化节奏。在对某些旅游目的地的自然风光的观赏中，往往不是欣赏一处景点，而是对数个景点的序列观赏。各景点给人们的审美感受有强有弱，各不相同。根据各景点的不同审美特色和景观整体的风貌，旅游者在旅游审美活动中应当通过对不同观赏景点的序列组合以及对观赏时间、观赏重点的安排，形成有开端、发展、高潮和尾声的审美过程，使之具有鲜明的节奏和韵律。

资料链接

在审美活动中，审美主体只有与审美对象保持一定的距离，审美对象才能显出美的特征。关于这一点，瑞士心理学家、美学家布洛在《心理距离》一书中曾用“心理距离说”来解释。布洛认为，“心理距离”是“美感的一种显著特征”。他举了一个例子来说明：航船在海上遇到大雾，会使航海者感到害怕，因为它意味着危险和严重的后果。但如果能“暂时抛开海雾带来的危险和实际上不愉快的经验，注意一下那‘客观地’构成这一现象的特征——在你的周围是迷迷蒙蒙的半透明的乳状的帷幕，它把事物的轮廓弄得模糊不清，并把它们变得奇形怪状；你可以观察一下大气的负荷力量，它给你的印象，仿佛你只要把手伸出去，让它消失在白色的屏障之后，你就可以触摸到那远处的能歌善舞的海怪……”如此这般，就会忘掉实际情况带来的焦躁、恐惧，而体会到一种欢快的滋味。

案例分析

感“人在旅途莫等闲”，品沿途雪山之美

去九寨沟的路是令人生畏的。从成都出发，在阿坝山区坐十二三个小时的汽车，听起来让人感觉枯燥难熬。其实前往九寨沟的路途中并不单调，它不同于到其他旅游景观的旅途。只要你静心观赏，潜心品味，你会发现漫漫旅途中阿坝的山景本身就是一道亮丽的风景线，坐在车中的旅游者真的可以体会“人在旅途莫等闲”的妙处。只是这道风景线被九寨沟的光环所遮盖，游客常因想尽快目睹“童话世界”的风采而把它忽略了。

简析

沿途中有些景观匆匆而过，有时给人的感觉反而会更强烈，令人留恋和回味无穷。旅游活动让人愉悦、让人心动的不仅仅是目的地的景致，还有沿途的风光，以及人随车动、景随人移、车在路上走、人在画中游的乐趣。

拓展练习

漓江酷似一条青罗带，蜿蜒于万点奇峰之间，沿江风光旖旎、碧水萦回、奇峰倒影，构成一幅绚丽多彩的画卷，人称“百里漓江、百里画廊”。游客要乘舟游漓江，才可以欣赏到两岸变幻无穷、奇异优美的自然景色，宛如“人在画中游”。

漓江

问题：

1. 乘舟游漓江是运用了哪种审美方法？
2. 适合用此种审美方法进行游览的景观还有哪些？请举三个例子。

任务二 开展山水旅游资源审美体验

案例导入

九寨沟——“童话般的世界”

欣赏九寨色彩之美：九寨沟的颜色是烂漫而明艳的，用五光十色来形容一点都不为过，有深红、浅红、粉红等同一色系的和谐之美，更有粉与蓝、红与黑等不同色系的对比之美。这里的一切仿佛都可以入画，都可以让你怦然心动。

驻足九寨水体之美：九寨沟的最美之处当然是这里的水，连水的名称都是美的，虽为湖泊却被当地人唤作“海子”。近处绿水，清澈见底；远方蔚蓝，平静无波；水中之影和水上之树融为一体，形成绿与蓝的和谐宁静之美。

聆听九寨声响之美：九寨沟的声响之美在于瀑布声、风声、鸟声。有的细水涓涓，有的急流直下，有的若玉带飘舞，有的似银河奔泻。最为壮观的当属诺日朗瀑布，水流凌空而下，银花四溅，水声隆隆。

问题与思考

游览生态型景点时，可以通过哪些景观类型来进行欣赏？

知识探究

仁者乐山——中国名山审美

一、山地旅游资源审美类型

我国是一个多山的国家，如果把高山、中山、低山、丘陵和崎岖不平的高原都包括在内，山区的面积占全国土地面积的 2/3 以上。山地类型众多，景观内容丰富，构成了旅游自然风光的主体。千姿百态的山地景观是长期自然地质变迁和气候影响的结果。在人们逐渐认识自然、了解自然的过程中，山地景观进入人们的审美视野，而且被赋予了丰富的人文内涵，成为自然与人类文化结合与传承的重要载体之一。

山地是指具有一定的海拔高度和坡度的、高于周围平地、内部又有一定高差的地貌状态。我国山地景观类型众多、资源丰富，构成了自然风光的基本结构。在空间分布上，我国山地景观垂直变化大，气候多样，景色丰富，植被各异，多可以独立构成旅游区，同时具有观光、探幽、避暑等功能。在时间变化上，山地景观会呈现出不同的季相景观和气象景观。此外，形态各异的山地也是科考和探险的重要场所。

以山地景观为代表的各类地质地貌景观为我国旅游活动的开展提供了丰富的审美资源，掌握主要地貌景观的形成原因和构景特点，可以为更好地开展审美活动提供帮助。

（一）花岗岩地貌

花岗岩本来深藏于地壳之中，由于地壳运动被抬升至地面，其石质坚硬，岩性较为均一，抗风化能力很强，多为垂直节理发育，构成了山地的核心。花岗岩地貌景观山体岩石裸露较多，在流水侵蚀和重力的作用下，受风化、崩塌等外力影响，常形成峭壁悬崖、孤峰擎天、石柱林立等奇特景观。若表层岩石球状风化显著，还可形成各种造型逼真的怪石，具有较高的观赏价值。我国花岗岩山地分布广泛，以海拔 2 500 米以下的中低山和丘陵为主。我国的许多名山，如东北的大兴安岭、小兴安岭，辽宁的千山，山东的崂山，陕西的华山，安徽的黄山、九华山、天柱山，浙江的莫干山、普陀山、天台山，湖南的衡山，江西的三清山，河南的鸡公山，广东的罗浮山，广西桂平的西山，湖北的九宫山，江苏的灵岩山、天平山，天津的盘山，北京的云蒙山，河北的老岭，宁夏的贺兰山，甘肃的祁连山，四川的贡嘎山，海南的铜鼓岭、七星岭、五指山等，几乎全部或大部分由花岗岩所组成，它们当中的许多已经成为国家风景名胜区和自然保护区。在球状风化景观中，较为著名的当属海南的天涯海角、南天一柱，辽宁千山的无根石，黄山的仙桃石等。

（二）喀斯特地貌

喀斯特地貌是具有溶蚀力的水对可溶性岩石进行溶蚀等作用所形成的地表和地下形态的总称，又称岩溶地貌。除溶蚀作用以外，还包括流水的冲蚀、潜蚀，以及坍陷等机械侵蚀过程。在我国，有关喀斯特地貌现象的文字记载可追溯到 2 400 年前。300 多年前，徐霞客已经专门研究并记述了南方喀斯特地形与洞穴。喀斯特地貌的基本类型，按存在形式可分为裸露型、覆盖型和埋藏型喀斯特；按发育程度可分为全喀斯特、半喀斯特和流水喀斯特；按气候地貌带则可分为热带、亚热带、温带和寒带喀斯特。另外，喀斯特地貌的特殊性在于，它不仅有地表的外在形态，还有与其成因联系的地下形态（即洞穴）。

岩溶地貌

1. 我国的岩溶地貌

岩溶的分布主要取决于碳酸盐的分布。我国碳酸盐类岩石主要分布于广西、贵州和云南东部。此外，在鄂西、湘西、川东、山东、山西及浙江、河北、北京、辽宁等地也有分布。

岩溶地貌主要包括溶沟和石芽、天坑和竖井、溶蚀洼地和溶蚀谷地、干谷、峰林和峰丛、孤峰、天生桥等。

2. 我国的溶洞地貌

溶洞是地下水沿可溶性岩的裂隙溶蚀扩张而形成的地下洞穴，规模大小不一，大的可以容纳千人以上，小的却连一个人都难以通过。溶洞形态千奇百怪，其中有许多奇特景观，如石笋、石柱、石钟乳等。溶洞景观在我国的湖南、四川、贵州、云南、广西等地区分布较为广泛。我国有许多著名洞穴，各具特色，有的洞穴已有几千年的历史。开发较早的有桂林七星岩、芦笛岩等。20 世纪 80 年代洞穴开发较多，如辽宁本溪水洞、贵州安顺龙宫、浙江桐庐瑶琳仙境、北京房山石花洞等。20 世纪 90 年代开发的广西荔浦丰鱼岩、桂林冠岩、重庆武隆芙蓉洞等，也已成为著名的旅游景点。

（三）砂岩峰林地貌

特殊的地层岩性、高角度裂隙的发育、特殊构造地位、新构造运动的抬升等一系列因素造就了砂岩峰林地貌景观的形成。

湖南省西北部的武陵源风景区就是我国独特的砂岩峰林地貌景观。景区像一座天然的艺术宫殿，山清水秀，奇峰异石妙趣横生，具有原始性、单一性、时间延续性和季节变换性的特点。

峰林

张家界森林公园以及索溪峪、天子山两个自然保护区，共有 4 000 多处砂岩石峰。流水的侵蚀和重力崩塌，加之物理风化、化学风化和生物作用，造就了峰林、峰柱、方山、石林、峡谷、嶂谷、幽谷等奇特的砂岩峰林景观，集神、奇、秀、野等特色于一体，世所罕见。

（四）火山及熔岩地貌

火山是由地壳内部岩浆喷出堆积而成的山体形态。熔岩地貌是指地下岩浆喷发或溢流于地表冷凝后形成的各种地貌的总称。我国的火山及熔岩地貌景观主要分布在东北北部山区、内蒙古高原、华北山地、长江下游、闽浙沿海、雷州半岛、海南岛、台湾岛、澎湖列岛及滇西等地。火山及熔岩地貌景观主要分为流纹岩景观和玄武岩景观。流纹岩是典型酸性喷出岩，多灰白、粉红、浅紫、浅绿等，常具有流纹构造，垂直节理发育，线条轮廓曲折多变，造型景观富于变化。景观特点是山峰形体多变、河流切割幽深、崖壁色彩斑斓。著名景观地有浙江雁荡山、天目山、西湖宝石山等。其中，雁荡山有“造型地貌博物馆”之称，其三绝——灵峰、灵岩、大龙湫更是奇特。玄武岩是基性喷出岩，一般为黑色或灰黑色，风化后多为黄褐色或灰绿色，因流动性大，常具有气孔。由于喷发后迅速冷凝，冷凝收缩时产生大量原生节理，玄武岩多呈六方柱状。著名景观地有五大连池、峨眉山山顶、长白山等。五大连池有“火山地质博物馆”之称。峨眉山山顶覆盖着大面积玄武岩，山顶的舍身崖绝壁是世界著名的金顶佛光观景地。

雁荡山

（五）丹霞地貌

丹霞地貌形成的必要条件是砂砾岩层巨厚、垂直节理发育，其因在广东北部仁化县丹霞山有典型发育而得名。丹霞地貌景观整体感强，线条明快质朴，体态浑厚稳重，具有奇、险、秀、美的特点。

丹霞地貌

中国的丹霞地貌景观分布广泛，目前已发现丹霞地貌 1 005 处。较著名的有广东仁化丹霞山，福建武夷山，浙江方岩，江西龟峰、龙虎山，安徽齐云山，甘肃麦积山、崆峒山，贵州梵净山，四川江油市窦山、都江堰市青城山。

位于广西资源县与湖南新宁县交界处的资新盆地是我国已知发育丹霞地貌最大的地区，境内丹霞石峰林立，奇景变幻多姿。广东仁化丹霞山由 200 多座奇山异峰组成，为岭南第一名山。有人曾这样赞誉："桂林山水甲天下，不及广东一丹霞。"

（六）雅丹地貌

雅丹地貌

"雅丹"在维吾尔语中的意思是"具有陡壁的小山包"。雅丹地貌就是指风对干旱区的湖积或冲积平原吹蚀形成的支离破碎的地面，经风化作用、间歇性流水冲刷和风蚀作用形成的与盛行风向平行、相间排列的风蚀土墩与风蚀凹地的组合地貌。雅丹地貌在新疆、甘肃多有分布。新疆克拉玛依市的乌尔禾风城，又称魔鬼城，位于准噶尔盆地西北边缘的佳木河下游乌尔禾矿区。这里是一处典型的雅丹地貌区域，其基岩由白垩纪砂岩和泥岩组成，形成软硬相间的岩性，水平成层，垂直节理发育不均，在长期的流水侵蚀和强劲的风蚀作用下，形成了很多 10～30 米高的平顶层状山丘。远远望去，一座座凸起的山丘犹如废弃的古城堡，其断垣残壁屹立在平地上，地上还散落着各种颜色、大小不一的风蚀石子，更增添了几分神秘色彩。

（七）冰川地貌

冰川

冰川是一种由"冰"构成的"河川"，既是一种固体水资源，又是一种具备特殊形态特征和地貌景观特征的旅游资源，有重要的观赏价值和科学考察价值。冰川形成于雪线以上的常年积雪区，是一种由多年降雪不断积累形成的地貌景观。其主要类型有三种：第一种类型呈盖层状连续延伸，并向所有方向流动，规模大者称为冰盖或大陆冰川，规模小者称为冰帽或冰原；第二种类型的冰体流动被限制在通道内，称为山岳冰川；第三种类型是片状延展于冰川区外缘平坦地区或大洋上，称为山麓冰川或冰棚。在我国西部，青藏高原和帕米尔高原雄踞一方，孕育了许多山岳冰川。而四川的海螺沟冰川则是目前世界上已发现的为数极少的低纬度、低海拔现代冰川，其近代冰川与古代冰川相映重叠，造型千姿百态。

（八）海岸地貌

海岸地貌是指海岸在构造运动、海水动力、生物作用和气候因素等共同作用下所形成的各种地貌的总称。海岸地貌按照其基本特征可以分为海岸侵蚀地貌和海岸堆积地貌，按照海岸物质组成及其形态可以分为沙砾质海岸、淤泥质海岸、三角洲海岸、生物海岸等。

我国著名的海岸地貌景观有台湾野柳、海南东寨港红树林、山东成山头、河北昌黎黄金海岸等。

智者乐水——中国水域审美

二、水体旅游资源审美类型

水是万物之源，是自然界中最活跃的因素。可以说，没有水就没有生命。浩渺的海洋、奔腾的江河、潺潺的溪流、飞泻的瀑布、平静的湖泊、晶莹的冰雪、清澈的泉水都是自然界中水的各种形态的体现。俗话说："山依水而活，水依山而秀。"千姿百态的水体景观是大自然风景的"灵气"之所在，是动态美的最好体现。我国有丰富的水资源，庞大的水系形成了星罗棋布的湖泊和密如蛛网的河流，也造就了多种多样的水体景观，它们成为旅游审美活动中的重要观赏对象。

（一）海洋及海岛风光

地球表面被陆地分隔为彼此相通的广大水域为海洋，其总面积约为3.6亿平方千米，约占地球表面积的71%。全球分四个大洋：太平洋、大西洋、印度洋和北冰洋。

我国有许多海滨旅游景区，如秦皇岛北戴河、兴城海滨、胶东半岛海滨、三亚热带海滨等。秦皇岛北戴河是我国一处较大的海滨避暑胜地，沙软潮平，是一处天然的海滨浴场。

北戴河风光

海岛风光也是海洋风光景观的重要组成部分，包括海蚀奇观、沙滩风景、海滩森林、海底花园，以及可以在海岛观赏到的其他景色，如海市蜃楼、海上日出、神秘海火等。另外，海洋的生物世界也具有很高的观赏价值。现在，海底探险越来越受旅游者的青睐。海南岛的三亚长年无冬的温暖气候、无污染的海水、多姿多彩的珊瑚、品种繁多的热带鱼和其他的海底动植物，都为海底探险运动提供了绝佳的条件。其游览方式也多种多样，比如直接潜水游览；坐观光潜艇潜入海底，并通过信息技术欣赏海底的景致；乘坐半潜式游船潜入海中，通过游船座位旁的窗口观赏海底景观。

（二）江河风光

江河是孕育人类文明的摇篮。在世界历史上，文明古国的诞生都与河水相伴，尼罗河和古埃及文明、恒河和古印度文明、黄河和中国中原文明、幼发拉底河与古巴比伦文明，都有着血肉相连的关系。沿地表低洼处集中的经常性的水流，流量较小的叫溪，较大的就叫河或江。江河水景多分布在大河的上中游区。河流水面窄，多同两岸山崖构成山水综合景观，河道迂回曲折，两岸奇峰罗列，山光水影，富有意境美。江河的美学生命特征在于流动性，水流运动给人带来生生不息的美感。

长江风光

我国的河流按水系可分为内流水系和外流水系两类。外流河分属三大洋（太平洋、印度洋、北冰洋）水系。一般来说，我国北方河流流量较小，水位变化大；而南方河流则相反。我国的内流河全部集中在西部和北部的内陆区域。

长江是我国第一大河，也是世界四大长河之一，全长 6 397 千米。长江正源沱沱河发源于唐古拉山主峰各拉丹东雪峰西南侧。河源至湖北宜昌为上游，宜昌至江西湖口为中游，湖口以下为下游。长江水利资源丰富，沿江风景奇秀，尤其是举世闻名的长江三峡，以雄、险、奇、幽著称，为我国十大名胜之一。长江三峡位于重庆与湖北的巫山山脉中，西起重庆的奉节白帝城，东至湖北的宜昌南津关，全长约 200 千米，由瞿塘峡、巫峡、西陵峡和其间的两个宽谷组成，以幽深壮丽的峡谷景观为主。

漓江是中国锦绣河山的一颗明珠，是桂林山水风光的精华。从桂林到阳朔约 83 千米的水程，酷似一条青罗带，沿江风光旖旎、奇峰倒影、飞瀑参差，人称“百里漓江，百里画卷”。

（三）湖泊风光

湖泊风光

如果说江河好似条条玉带，那么湖泊就是镶嵌在玉带上的大大小小的明珠。我国是一个多湖泊的国家，大小湖泊约 20 000 个。湖泊分布大致以大兴安岭—阴山—贺兰山—祁连山—昆仑山—唐古拉山—冈底斯山一线为界，此线东南为外流湖区，以淡水湖为主，湖泊大多直接或间接与海洋相通，成为河流水系的组成部分，属吞吐性湖泊；此线西北为内流湖区，以咸水湖或盐湖为主。

湖泊风光景观以水为中心，突出了大自然中的水在声、形、光、影、味方面所具有的独特生动形象。相对于动态的河流来说，湖泊则更多地显露出静谧娴雅的格调。特别是某些积水潭型的湖泊，如新疆的天池、东北的镜泊湖、台湾的日月潭等，盈盈碧水如镜般倒映着蓝天白云或星空皎月，以及周边的树木花草，显得特别幽静动人。

五大连池

我国比较有名的湖泊有：黑龙江镜泊湖、五大连池、无锡太湖、杭州西湖、新安江水库（千岛湖）、武汉东湖、肇庆星湖、九寨沟湖群、天山天池、松花湖、净月潭、瘦西湖、红枫湖、滇池、青海湖等。

（四）泉水与瀑布风光

泉水是地下水的天然露头。泉水不仅美化了大地，还给人们提供了理想的水源。许多泉水已成为人们旅游活动中的审美对象，是一种独特的水体旅游资源。据粗略估计，全国泉的总数有 10 万之多，其中因水质好、水量大或有奇特之处而闻名遐迩的“名泉”有上百处。例如，四季如汤的温泉、刺骨冰肌的冷泉、喷涌而出的承压水泉、清澈如镜的潜水泉、腾地而起的喷泉、时淌时停的间歇泉（潮水泉、含羞泉）、去病愈疾的药泉等。我国的主要名泉有：庐山谷帘泉、镇江中冷泉、北京玉泉、济南趵突泉、无锡惠山泉、苏州观音泉、杭州虎跑泉、太原晋祠三泉、杭州龙井泉、大理蝴蝶泉、敦煌月牙泉等。

瀑布风光

瀑布是流水从悬崖或陡坡上倾泻下来形成的水体景观。瀑布景观是水体景观的一个重要组成部分，具有独特的美学价值。

三、山水旅游资源审美精神

山水风光自古就是我国传统文化中不可或缺的组成部分。中国的山水文化显现了古代原始朴素的生态意识，以及人们在丰富多样的山水美景中对精神与情感的执着追求。中国山水文化的历史源远流长，其基本精神主要表现在以下三个方面。

（一）以“厚德载物”的道德观处理人与自然的关系

中国有着复杂的地形地貌，自然山水呈现出千姿百态的风貌，这是大自然给予华夏儿女的一份厚礼。古代先民“日出而作，日落而息”，过着稳定平和、自给自足的农耕生活。这也使得先民们十分珍视自然环境，对周围的一山一水、一草一木都充满了亲切感，并形成了以“厚德载物”为主体的文化道德观念体系，以此来处理人与人、人与自然之间的关系。厚德载物从道德的角度肯定了人与自然界应当保持一致，人类应该顺应自然规律。

（二）以“天人合一”作为山水风光审美的最高境界

党的二十大报告提出：“人与自然是生命共同体，无止境地向自然索取甚至破坏自然必然会遭到大自然的报复。”中华优秀传统文化历来重视人与自然的和谐相处。中国古代思想家们对人与自然的关系进行了深入探讨，将天人协调的思想融入“天人合一”的观念中，形成了关于人生理想及终极追求的“天人合一”的思想。这一思想肯定了人是自然界的一部分，人类活动的目标不是统治自然、征服自然，而是在调整自然使其满足人类需求的同时，不破坏自然原有的状态，使其能与人类相协调，最终使自然界的万物都能和谐共存。

格桑花海

“天人合一”的思想在促进中国文化的发展方面起过积极的作用。在我国魏晋时期，文人摆脱了汉代儒教统治下的礼法束缚，追求生活上和人格上的自然主义与个性主义，他们“向外发现了自然，向内发现了自己的深情”，对自然山水一往情深。陶渊明的“采菊东篱下，悠然见南山”以纯厚天真表达了诗人对于自然的深情；晋简文帝关于山水“会心处不必在远，翳然林水，便自有濠濮间想”的表述，从审美的角度拉近了人与自然的关系。文人们把“天人合一”的观念延伸到精神情感的追求中，不仅在生活中追求人与自然的协调，而且将大自然视为精神的家园，将“天人合一”作为人生的最高境界和审美的最高境界来不懈追求。

（三）以审美的态度对待自然与人生

中国古代文人以审美的态度对待自然与人生，一方面在山水中思索人生的意义；另一方面在山水中倾注自己一腔深情，用山水美的不同形态和情景表达人生不同阶段的感遇与情怀，所谓“寄情于山水间”。人们在与自然的感情交流中认识了山水多样的美，而大好河山又常触发人世沧桑的感叹，以及关于时空的思索。因此，中国人对山水美的观赏不仅仅是对其外在表现形态的审美观照，更是对其深层次中所体现的深邃的宇宙意识的探索，并将其与人们丰富的人生态度交织在一起，既有浓厚的感情色彩，又有玄远的哲理意味，两者最终构成了我国山水景观审美的独特精神内涵。在新时代背景下，还需要践行社会主义生态文明观，保护自然，珍爱环境，贯彻创新、协调、绿色、开放、共享的发展理念，也正是以审美的态度对待自然，处理好自然与人关系的最好体现。

山水相依

资料链接

1. 气候景观审美

气候景观是长年天气特征的组合，它可以直接造景、育景，也可以与其他自然现象不断组合，形成不同的自然景观和旅游环境。例如，南方热带景观、北方冰雪景观、山地云雾瞬变景观、海洋和荒漠的海市蜃楼幻景等。气候景观是人类重要的审美对象，是一项普遍而又具有特色的自然资源。

2. 气候景观的类型

气候景观既包括因日月星辰的运行而产生的各种天象景观，如日出、日落、月色、月相、星光等；也包括包围地球的大气层所产生的各种气象景观。

3. 天象景观

天象景观主要是指在日月星辰运行过程中与其他景观组合后使人产生审美意象的各种天文现象。它们的变幻组合常常引人联想。例如，月亮的阴晴圆缺，常使人联想到人生的悲欢离合；而日出日落的变化，使人联想命运的浮浮沉沉、起起落落。

4. 气象景观

气象是大气中冷、热、干、湿、风、云、雨、雪、霜、雾、雷、电、光、霞等各种物理现象和物理过程的总称。由于这些物理现象和物理过程自身具有造景、育景以及激发旅游者旅游动机的功能，因而成为自然旅游资源的一部分。

案例分析

如何体会欣赏山水风光的审美意义

德国哲学家尼采指出：现代人摆脱精神危机的出路有两条：一条是走向艺术之乡；另一条是走向认识之乡。尼采将艺术和科学视为人类的精神家园，这自然是不错的，然而，还有一个精神家园他未提到，这就是以山水和大地为主体的大自然。它是人类生命的故乡。一方水土养一方人，作为人类生命故乡的自然山水，与人类有着天然的亲近感，生活在它的怀抱中就像稚童偎依在母亲的怀抱中一样。郭熙《林泉高致》中说：“君子之所以爱夫山水者，其旨安在。丘园素养，所常处也。泉石啸傲，所常乐也。渔樵隐逸，所常适也。猿鹤飞鸣，所常亲也。”这也是人类的天性使然。

简析

大自然的山山水水，朝露夕阳，不仅是哺育人类生命的乳汁，而且是滋润人类心灵的甘泉，无不使人感到精神的自由和心灵的舒展。自然山水的这种审美效用，对于长期居住在城市的人们的天性释放尤为重要。

拓展练习

黄山之美

黄山风景区被誉为“国之瑰宝”“世界奇观”。1990 年，黄山被确定为世界文化和自然遗产，列入《世界遗产名录》。

(1) 综合美：黄山集名山之美于一身，有泰山之雄伟、华山之峻峭、峨眉之清凉。风景区内动植物种类丰富，古寺庙亭阁、碑碣石刻遍布全山。“五岳归来不看山，黄山归来不看岳。”

黄山松石

（2）奇异美：黄山以奇松、怪石、云海、温泉四绝著称于世，黄山无峰不石、无石不松、无松不奇。千姿百态的黄山松，惟妙惟肖的怪石，变幻莫测的云海，构成了黄山静中有动、动中有静的巨幅画卷。

（3）变化美：黄山以变取胜，四季景色各异，烟云雾霭，晨昏晴雨，瞬息万变。

（4）生物美：黄山兼有“天然动物园”和“天下植物园”的美称，尤其是黄山的植物景观，一年四季各异，山上山下不同天，而且朝夕有别。

问题：

黄山的综合美、奇异美、变化美、生物美分别是通过哪些景观类型来欣赏感受的？

任务三 开展动植物旅游资源审美体验

案例导入

峨眉山灵猴是峨眉山的精灵，嬉闹顽皮、憨态可掬，见人不惊、与人同乐，给游人带来无数欢乐，成为峨眉山的一道活景观。与猴群嬉戏，给猴子喂食，观赏其千姿百态，了解其生态习性，与其来一次亲密接触，成为游客到峨眉山旅游不可缺少的项目。同人类一样，峨眉山猴群也实行“朝九晚五”上班制。随着管理员打锣声、吹哨声，猴儿们便在猴王的率领下，“扶老携幼”“拖儿带女”地来到猴区游山道和栈道旁“上班”，与人同乐，直到下午5点以后在管理员的催促下才告别游人“下班”。

问题与思考

1. 峨眉山灵猴为什么会给旅游者带来乐趣？
2. 在旅游过程中动物会给人带来怎样的审美体验？请举例说明。

万物有情——动物植物审美

知识探究

一、动植物旅游资源审美类型

（一）植物旅游资源审美类型

我国是世界上植物资源最丰富的国家之一，在我国各个自然地带，自然植被种类极为丰富。据统计，我国现有的种子植物有2 980个属、24 600个种。仅森林树种就有2 800种，包括各种针叶树、落叶阔叶树、常绿阔叶树和热带季雨林及它们之间的各种过渡类型，此外，还保留了一批古老和稀有的树种，如水杉、水松、金钱松、银杏、台湾松等。我国天然草地包括温带草原、干旱荒漠草原和高寒草原。其中，温带草原面积广阔，形成了许多优良牧场。

我国植被的分布有着明显的水平地带性和垂直分布规律。植物受地形、气候因素的影响，从东南向西北依次出现森林、草原、荒漠三大基本区域。

1. 森林景观

森林是由以树木为主体的许许多多生物所组成的生物群落。茂密的森林能有效地调节气候、消除烟尘、吸收毒气、隔音消声、净化水源、改善人类生活环境。森林景观是指具有独特的美学价值和功能的野生、原生及人工森林，它以树木为主体，同一定的地理地形、气候气象、建筑相融合，能为人们提供有利于身心健康的户外游憩的自然环境。森林景观可以开展探险、探奇、探幽、科学考察、疗养、健身、生态旅游和野生动植物标本采集等活动。森林公园作为受到特殊保护的林地和游览观光、休闲度假、科普教育的特定场所，已经成为森林旅游的重要载体，越来越受到社会各界的广泛关注。1982 年我国建立了第一处国家森林公园——湖南张家界国家森林公园。

张家界

2. 草原景观

草原是温带半干旱半湿润环境下受地下水或地表水的影响而形成的地带性草地植被。草原景观主要是指大面积的草原和牧场形成的植被景观。在草原上，人们视野所到之处，一望无际的绿，天也显得特别低，天地浑然一体。内蒙古锡林郭勒草原是世界著名的天然草原；新疆巴音布鲁克草原是中国第二大草原。坝上草原位于河北省北部丰宁县境内，总面积约 350 平方千米。这里牧场辽阔，水草繁茂，牛羊成群，骏马奔腾，自古以来就是蒙古族的游牧区。远离城市喧嚣的人们面对一览无余、好似接天连地的草原时，烦恼郁闷被一扫而光，不由自主地忘却纷扰。

坝上草原

3. 荒漠景观

荒漠是指干旱气候条件下形成的植被稀疏的地理景观。荒漠地区气候干燥，降水极少，蒸发作用强，植被缺乏，物理风化强烈，风力作用强劲。

荒漠植被多为超旱生的半乔木、半灌木和灌木，或旱生的肉质植物，植被相对稀疏，但它们对于荒漠动物群有着重要作用。我国的荒漠主要集中于西部干旱、半干旱地区。塔克拉玛干、古尔班通古特、柴达木盆地、巴丹吉林、腾格里、乌兰布和、库布齐、毛乌素、科尔沁等几大沙漠或沙地广布的地区有较典型的荒漠景观。

（二）动物旅游资源审美类型

地带性植物及栖息在其间的动物是自然界中最富有生气的部分。在很多风景区内都有以动物景观而闻名的景点，如杭州的柳浪闻莺、花港观鱼等。动物以其自身的形态、颜色、生活方式、鸣叫等不同特点而被旅游者欣赏。我国的动物种类多、数量大，是世界上野生动物最多的国家之一，有许多物种是我国仅有或主要分布于我国的。以下介绍几种旅游活动中重要的动物旅游资源及其审美特征。

1. 观赏鱼

鱼是中国旅游资源中最常见的动物，在园林景观中也最为普遍。如杭州西湖花港观鱼景区取草鱼、鲤鱼、鲫鱼的变种，或色泽鲜红，或色彩金黄，与游人嬉戏，平添了不少乐趣。

锦鲤

描写鱼的诗词有很多，如“鱼戏新荷动，鸟散余花落”“红鲤二三寸，白莲八九枝”“晓日照江水，游鱼似玉瓶”等。瞿佑用“散如万点流星迸，聚似三春濯锦舒”的佳句，吟咏游鱼的离合聚散，真是诗情画意、美不胜收。

从深层次的美学角度而言，中国园林中养鱼更是为了体现追求自由的心境，其典故出自《庄子·秋水》：庄子和朋友惠施一起散步。庄子看着水里的鱼说：“鱼在水里悠然自得，这是鱼的快乐啊。”惠子说：“你不是鱼，怎么知道鱼的快乐呢？”庄子说：“你不是我，怎么知道我不知道鱼的快乐呢？”鱼是中国文人对于自由、快乐生活的一种寄托，具有丰富的美学内涵。

白鹭

2. 观赏鸟

观赏鸟也是重要的旅游景观。我国具有观赏价值的鸟类可分为林禽、水禽和猛禽。林禽中的百灵鸟、芙蓉鸟、金丝雀等体态优雅、歌声曼妙；水禽中的鸳鸯、丹顶鹤、天鹅最为人们喜爱；猛禽（如猎鹰）捕食等则被开发成具有特色的地方旅游观赏项目。

3. 珍稀动物

在我国动物中，不少珍禽异兽是目前世界上特有的种属，如野马、牛羚、金丝猴、大熊猫、丹顶鹤、扬子鳄、白鳍豚等，这些动物都具有很高的观赏价值，已被列为国家重点保护动物。在社会主义生态文明观的指引下，我国的珍稀动物保护工作成效显著，旅游者有更多的机会一睹这些动物的风采。

大熊猫

大熊猫是一种有着独特黑白相间毛色的动物，现在国际上普遍将它列为熊科、大熊猫亚科。

金丝猴是地球上稀有的珍贵动物之一，世界上的金丝猴有五种，分别是川金丝猴、滇金丝猴、黔金丝猴、越南金丝猴和缅甸金丝猴，前三种都产于我国，因此金丝猴也可以说是我国的特有种类，同时也是我国一级保护动物。

白唇鹿又名岩鹿、白鼻鹿、黄鹿，为大型鹿类，体型大小与水鹿、马鹿相似。因其唇的周围和下颌为白色而得名，为中国特产动物。白唇鹿是一种典型的高寒地区的山地动物，主要分布于青海、甘肃及四川西部、西藏东部。

白唇鹿

扬子鳄是中国特有的一种鳄鱼，也是世界上体型较小的鳄鱼品种之一。在扬子鳄身上，还可以找到恐龙类爬行动物的许多特征，所以人们称扬子鳄为“活化石”。扬子鳄对于人们研究古代爬行动物的兴衰、研究古地质学和生物的进化，都具有重要意义。成年扬子鳄体长一般只有 1.5 米，很少超过 2.1 米。扬子鳄的吻短钝，属短吻鳄的一种。因为其外貌非常像“龙”，所以俗称“土龙”或“猪婆龙”。它既可在水中生活，也可在陆地生活。为了使扬子鳄这种珍贵动物的种族能够延续下去，我国在安徽、浙江等地建立了扬子鳄自然保护区和人工养殖场。

二、动植物旅游资源的审美特征

（一）植物旅游资源的审美特征

植物王国的美可谓姿态万千、韵味无穷。植物旅游资源的审美既可以从植物生态特征的角度出发，也可以从不同的植物类型的角度出发。

1. 色彩美

四季轮换，植物景观呈现出千娇百媚的姿色。春天百花竞放，桃花娇艳，梨花如雪，斗艳争芳；夏季树木郁郁葱葱，枝繁叶茂，苍翠欲滴；秋季红叶似火，层林尽染，硕果累累；冬季银装素裹，白雪皑皑。植物的色彩主要体现于花和叶之上。植物花朵的颜色有的单一明丽，有的复合多彩，有的清新素雅，有的浓烈艳丽。植物的枝叶大多呈绿色，但不同的绿叶又有不同的韵味，如水仙的嫩绿、新竹的翠绿、杨柳的碧绿等。另外，植物的根、茎、果等也展现出各自的丰富色彩，给植物界增添一道道亮丽风景。

2. 形态美

种属多样的植物景观会呈现不同的形态特征，花有色、姿、香、韵之分，叶有单、复、全、裂之状，树形有挺拔雄健、婀娜多姿之别，果形有圆、扁、线之分。它们中有的以花或叶的形态迷人；有的以枝干的姿态取胜；有的花、叶、茎相互衬托，呈现出整体的

梅花

和谐。植物的不同形态还会表现出不同风格。例如，牡丹以其丰硕的花朵尽显华贵，被誉为“花中之王”；文竹因其纤巧的枝叶，成为案头佳品；松柏则以苍劲、古拙的枝干而耐人寻味。

3. 声味美

植物景观在风云雷雨的作用下发出的天籁清音，使观赏者能获得听觉上的享受，令植物美更富有感染力。“墙角数枝梅，凌寒独自开。遥知不是雪，为有暗香来。”梅花傲雪独立，在清冷的冬天给人们送去阵阵清香，令人陶醉。其实，有气味的植物很多，如荷花、丁香、兰花、栀子花等，其香气或浓烈扑鼻，或清香淡雅。树木也会散发香气，如樟树、楠树、檀香树等，其木质能散发独特的幽香，用这些树木的木材制作的家具或用品往往受人追捧。除此之外，植物还有果香、叶香、皮香等。植物自然特有的芬芳使人的嗅觉产生多种多样的快感，从而成为植物重要而独特的审美特征之一。

4. 象征美

有些植物的某些属性，如外在形态、内在生命或二者的统一，与人们的品格或形象有相似之处，因此能够唤起人们丰富的联想，从而具有某种象征意义，这就使植物景观获得了象征美。以花的象征美为例，红玫瑰成为爱情的象征，白玫瑰表示纯洁的爱，红色康乃馨代表着健康的祝愿，剑兰表示长寿，山茶花象征谦让、美德、可爱等。在中国传统文化中，莲花“出淤泥而不染”，象征人的高洁情操。中国十大名花中，牡丹被称为花王，芍药被称为花相，月季被誉为花中皇后，菊花是花中隐士，兰花是空谷佳人，莲花是花中君子，海棠是花中仙女，山茶是花中妃子，水仙是凌波仙子，梅花是雪中高士。

牡丹

荷花

（二）动物旅游资源的审美特征

动物旅游资源最基本的特色是形、态、声、色、稀。动物旅游资源的审美既可以从动物基本特征的角度出发，也可以从不同的动物类型的角度出发。

1. 奇特美

动物最大的审美特征就是因其各种各样的奇特形态和行为使人们产生审美的欲望。有些动物因其体形而吸引人，如体形雄伟、具有王者风范的老虎、狮子，腿修长、头高昂、典雅高贵的长颈鹿，四腿如柱、沉稳的大象，尾似马非马、角似鹿非鹿、蹄似牛非牛、颈似骆驼非骆驼的“四不像”——麋鹿，等等。有些动物以其绚丽多姿的色彩而成为审美观赏的对象，如金钱豹、孔雀等。还有些动物则以声音引起人们的喜爱和好奇。例如，黄山八音鸟音色清脆悦耳，一声能发出八个音；峨眉山万年寺的弹琴蛙，叫声如凄婉动听的古琴声，举世罕见。

孔雀

2. 珍稀美

随着自然环境的变迁和人类的狩猎捕杀，世界上的野生动物越来越稀少，甚至濒临灭绝。“物以稀为贵”，很多动物正因为“稀少”“稀奇”才变得珍贵。例如，大熊猫、东北虎、长臂猿、金丝猴、扬子鳄、朱鹮、丹顶鹤、娃娃鱼、藏羚羊等。这些珍稀动物集保护和观赏价值于一体，具有很高的审美价值。

3. 愉悦美

有些动物看似幼稚而滑稽的动作和表情，却非常富有情趣，常常给人们带来意想不到的欢乐。大熊猫之所以在世界范围内受到喜爱，一方面是它数量稀少、物种珍贵；另一方面是它憨态可掬的模样、略显笨拙的举止显得十分可爱。有些动物则具有较强的模仿能力，可模仿不同的动作或声音，例如猴子或猩猩会模仿较复杂的动作，鹦鹉会模仿各种声音甚至学人说话。此外，人们还利用某些动物好斗的特性来达到娱乐的目的，如斗鸡、斗牛、斗蟋蟀等。

鹦鹉

资料链接

自然美是指各种自然事物呈现出的美，自然事物的某些属性和特征，如色彩、线条、形状、声音等都是形成自然美的必要条件。自然美的载体包括日月星云、山水花鸟、草木鱼虫、园林郊野等，非常丰富多样。自然美作为人们经常能够欣赏和感受到的美的对象，往往呈现出多要素整合的综合性审美特点。

案例分析

感受张家界山水和动植物旅游资源的美

张家界国家森林公园是中国第一个国家森林公园，被确定为世界自然遗产，列入《世界遗产名录》。公园自然风光以峰称奇、以谷显幽、以林见秀。其间有奇峰 3 000 多座，这些山峰如人如兽、如器如物，形象逼真，气势壮观。峰间峡谷溪流潺潺，浓荫蔽日，有“三千奇峰，八百秀水”之美称。公园不仅自然风光壮美绝伦，森林植物和野生动物资源也极为丰富，森林覆盖率达 98%，是一座巨大的生物宝库和天然氧吧，被称为自然博物馆和天然植物园。公园内草木禽兽与奇山异水同生共荣，形成完美的自然生态系统。

简析

动植物和山水都是自然风光最重要的组成部分，两者并不是孤立存在的，而是组成了一个庞大的有机生命体。我们在进行审美体验时，既要有所侧重，欣赏其最具有特色的部分，又要开阔视野，在更大的范围内感受自然界宏观系统的存在美。

拓展练习

黄山北海景区散花坞有一孤立石峰，形状如同笔尖朝上的毛笔，峰顶巧生奇松如花，故名“梦笔生花”。传说，有一年春天，诗人李白来到黄山，看到北海山峰竞秀、景色奇美，诗兴大发，高声吟诗，这声音惊动了狮子林禅院的长老。他走出山门，仔细一看，原来是李白。长老急忙吩咐小和尚抬来用清泉酿制的米酒，还拿来文房四宝。长老盛满了一杯酒，双手捧上，敬给李白。李白急忙还礼，双手接过，一饮而尽。二人席地而坐，纵谈诗文，开怀畅饮。李白深感长老待人诚恳，意欲草书诗作相赠，以作答谢之礼。长老大喜，小和尚们忙着研墨、铺纸。李白趁着酒兴，奋笔疾书。长老及小和尚们分别站两旁，目睹那遒劲的大字，赞叹不已。李白写毕，借着酒意，将毛笔顺手一掷，笔从空中落下插入土中。长老送走李白，回过头来一看，不禁大吃一惊，刚才李白掷下的毛笔已化成一座笔峰，笔尖化成了一棵松树，矗立在散花坞中。

问题：

1. 这颗松树具有怎样的审美特征？
2. 动植物的欣赏与人文典故的了解有怎样的审美联系？

梦笔生花

课程思政重点

贯彻社会主义生态文明观

自然风光旅游资源审美的前提是生态环境的保护。习近平总书记关于社会主义生态文明建设的一系列重要论述，立意高远，内涵丰富，思想深刻，对于我们深刻认识生态文明建设的重大意义，坚持和贯彻新发展理念，正确处理好经济发展同生态环境保护的关系，保护好青山绿水具有十分重要的指导意义。

关于生态文明建设问题，习近平总书记提到过多次，以下选取部分，共同学习：

我们既要绿水青山，也要金山银山。宁要绿水青山，不要金山银山，而且绿水青山就是金山银山。

——2013 年 9 月 7 日，习近平在哈萨克斯坦纳扎尔巴耶夫大学回答学生问题时指出

绿水青山和金山银山决不是对立的，关键在人，关键在思路。保护生态环境就是保护生产力，改善生态环境就是发展生产力。

——2014 年 3 月 7 日，习近平在参加十二届全国人大二次会议贵州代表团审议时指出

要把生态环境保护放在更加突出位置，像保护眼睛一样保护生态环境，像对待生命一样对待生态环境，在生态环境保护上一定要算大账、算长远账、算整体账、算综合账，不能因小失大、顾此失彼、寅吃卯粮、急功近利。

——2015 年 1 月，习近平在云南考察工作时的讲话

在新的起点上，我们将坚定不移推动绿色发展，谋求更佳质量效益。我多次说过，绿水青山就是金山银山，保护环境就是保护生产力，改善环境就是发展生产力。这个朴素的道理正得到越来越多人们的认同。

——2016 年 9 月 3 日，习近平在二十国集团工商峰会开幕式上的主旨演讲

推动形成绿色发展方式和生活方式，是发展观的一场深刻革命。这就要坚持和贯彻新发展理念，正确处理经济发展和生态环境保护的关系，像保护眼睛一样保护生态环境，像对待生命一样对待生态环境，坚决摒弃损害甚至破坏生态环境的发展模式，坚决摒弃以牺牲生态环境换取一时一地经济增长的做法，让良好生态环境成为人民生活的增长点、成为经济社会持续健康发展的支撑点、成为展现我国良好形象的发力点，让中华大地天更蓝、山更绿、水更清、环境更优美。

——2017 年 5 月 26 日，习近平在十八届中央政治局第四十一次集体学习时的讲话

我们要积极回应人民群众所想、所盼、所急，大力推进生态文明建设，提供更多优质生态产品，不断满足人民群众日益增长的优美生态环境需要。

——2018 年 5 月，习近平在全国生态环境保护大会上的讲话

中国式现代化是人与自然和谐共生的现代化。人与自然是生命共同体，无止境地向自然索取甚至破坏自然必然会遭到大自然的报复。我们坚持可持续发展，坚持节约优先、保护优先、自然恢复为主的方针，像保护眼睛一样保护自然和生态环境，坚定不移走生产发展、生活富裕、生态良好的文明发展道路，实现中华民族永续发展。

——2022 年 10 月 16 日，习近平在中国共产党第二十次全国代表大会上的报告指出

巩固提升

答疑解惑

1. 什么是自然风光？它的构成要素有哪些？

答：自然风光是指在客观自然界中，非人工创造或构成的，可以作为人们的审美对象加以观赏的自然景物。它的构成要素有形态、色彩、动态、声音、气味、质感等。

2. 自然风光的类型包括哪些？

答：包括山岳风光景观、水体风光景观、生物景观、天象与气象景观及一些特异景观。

3. 自然风光的审美特征有哪些类型？

答：自然风光的审美特征大致可以归结为雄伟、空阔、险峻、秀丽、奇特、幽深、野趣七种不同的类型。

4. 自然风光的审美意义有哪些？

答：陶冶情操；培养鉴赏能力；加深对大自然的认识；促进生态和环境保护意识。

5. 在欣赏自然风光的时候，可以运用哪些审美方法？

答：有以下审美方法：准备审美心境；进入审美状态；选择审美时间；调整审美距离；把握审美角度；控制审美节奏。

6. 山水旅游资源的审美精神是什么？

答：以“厚德载物”的道德观处理人与自然的关系；以“天人合一”作为山水旅游资源审美的最高境界；以审美的态度对待自然与人生。

7. 动植物旅游资源有哪些审美特征？

答：植物旅游资源的审美特征有：色彩美、形态美、声味美、象征美。动物旅游资源的审美特征有：奇特美、珍稀美、愉悦美。

项目小结

本项目从如何欣赏和体验自然旅游资源出发，围绕着自然风观的组成、特点、审美角度等，简要阐述了自然风光的构成要素、类型、特征，总结了欣赏自然风光的审美方法，着重对山水、动植物旅游资源的审美方法进行了剖析，为能更好地欣赏自然风光奠定了理论基础。学习本项目，应理解和认同“社会主义生态文明观”，并在旅游工作开展过程中践行“两山理论”，为社会主义生态文明事业做出贡献。

综合练习

头脑风暴

1. 自然风光主要有哪些类型？其各自的主要特征是什么？

2. 在旅游活动中，如何从审美主体和审美客体两方面对自然风光进行合理有效的观赏？

实践运用

1. 选择一处自己感兴趣的自然风光景区，通过资料收集，概括出其最具特色的审美特征。

2. 以本地或附近的自然旅游资源为对象，设计一次旅游活动，合理安排时间、路线、景点，以达到最佳审美观赏效果。

3. 选择阅读我国有代表性的山水诗作、游记，或欣赏山水画，从中感受自然风光景观的文化内涵与价值。完成观后感，并在课堂上交流。

4. 从本地旅游资源中，选择两处具有代表性的自然类旅游景点，分别从所属类型、特征及适合的审美方法等角度进行分析，并适当发掘其中的文化价值。

信息化资源

课程动画　拓展学习　双语园地　关键词点击　互动练习

项目四 开展历史文化旅游资源审美

问题引入

历史文化旅游资源指长期以来由各种社会环境、人民生活、历史文物、文化艺术等积淀而成的人文景观，其由于具有传统特色而成为旅游者游览观赏的对象。历史文化旅游资源是人类历史文化的结晶，是民族风貌的集中反映，有明显的美学特征，能产生强烈的吸引力和感染力。人类社会的发展是一个世代累积的过程，历史古迹、古老建筑、地下文物是人们留下的过往岁月的印记；代代相传的文明礼仪规范、美好风俗节庆、正确的道德观念则是人们精神与智慧的结晶。随着时间的推移和流逝，它们的美与价值更加深邃与丰富。

学习目标

1. 掌握历史文化旅游资源的审美特征与审美方法。

2. 能科学运用历史文化旅游资源的审美方法赏析中国古建筑、民俗风情旅游资源。

3. 能灵活运用旅游审美知识，提高历史文化旅游资源赏析能力，提升个人的审美修养和审美意趣，并引导旅游者欣赏历史文化旅游资源之美。

4. 贯彻落实党的二十大精神，增强文化自信，激发文化自豪感，认同和践行社会主义核心价值观，主动“讲好中国故事、传播好中国声音，展现可信、可爱、可敬的中国形象”等。

任务导读

通过本项目的学习，完成以下任务：

任务一　掌握历史文化旅游资源的审美特征与审美方法

任务二　开展古建筑旅游资源审美体验

任务三　开展民俗风情旅游资源审美体验

任务一　掌握历史文化旅游资源的审美特征与审美方法

案例导入

世界屋脊明珠

布达拉宫被称为“世界屋脊明珠”，它是拉萨乃至青藏高原的标志。布达拉宫由红山南麓奠基，缘山而上，依势迭砌，从平地直达山顶，殿宇巍峨，金碧辉煌。这座世界上海拔最高的雄伟宫殿里，收藏着极为丰富的文物和工艺品，珍存着独一无二的雪域文化遗产。它的宫殿布局、土木工程、金属冶炼、绘画、雕刻等方面的成就均闻名于世，体现了以藏族为主，汉、蒙、满等各族能工巧匠高超的技艺。1994 年 12 月，布达拉宫入选世界文化遗产名录。

布达拉宫

问题与思考

1. 布达拉宫美在哪里？人们为什么对其如此向往？
2. 作为历史文化旅游景观，该如何欣赏布达拉宫的美？

历史文化旅游资源审美要素与特征

知识探究

一、历史文化旅游资源的审美类型与特征

（一）历史文化旅游资源的审美类型

历史文化旅游资源丰富多彩，既有显性的历史遗迹、古代建筑、文化遗址等，也有隐性的地方民俗、传统艺术、民族风情等。在漫长的历史长河中，古代建筑作为显性的历史文化遗存傲然矗立于大江南北，一街一巷、一砖一瓦都蕴含着中式美学与人文内涵。而“百里不同风，千里不同俗”的民俗风情旅游资源作为无形的隐性资源，发展于民间，传承于民间，一言一语、一器一物都烙上了民族特色与地域特点。

1. 古建筑资源类型

中国古建筑是传统文化艺术审美的精华所在，在古老广袤的土地上，古建筑如同一颗颗无价的珍宝点缀在大地上，成为历史最深厚的见证者。它承载着中华民族的建筑艺术、宗教、民俗、营造技术及建筑环境等多方面的理念和智慧，记录、传承着中国古建筑的建筑布局、形制等级、构造形式、结构类型、色彩运用和营造特征。

表 4-1　古建筑资源类型

古建筑资源类型	主要功能与特征	主要代表
宫殿建筑	用于帝王居住和处理朝政，规模宏大，装饰精美，是皇权的象征	北京故宫、沈阳故宫
坛庙建筑	用于祭祀活动，象天法地，体现礼制思想	天坛、孔庙
民居建筑	用于生活居住，以院落式为主，具有较强的地域性	北京四合院、徽派民居、福建土楼
陵寝建筑	用于安葬逝者和后人祭祀，属于纪念性建筑，具有肃穆、崇高、永恒的艺术氛围	秦始皇陵、唐乾陵、明孝陵
设施建筑	用于国家安全防御和公共设施，具有科学价值	长城、都江堰、赵州桥
园林建筑	用于休闲生活和游玩娱乐，具有文化艺术价值	颐和园、拙政园
宗教建筑	用于宗教活动，具有神秘性	白马寺、应县木塔、龙门石窟
建筑群落	用于公共生活的城镇、村落、街区，体现社会组织与生活场景	平遥古城、皖南古村落

2. 民俗风情资源类型

随着旅游产业的蓬勃发展和不断成熟，民俗旅游以独立的姿态和奇特的风采逐渐步入旅游市场，成为社会生活旅游审美的重要构成部分。民俗旅游资源以其新颖、独特、难以复制等优势越来越受到旅游者的欢迎。在许多旅游活动中，组织者都会专门安排时间和活动，让旅游者充分体验当地的风土人情，感受不一样的生活方式。

民俗风情旅游资源包括存在于民间的物质文化和精神文化。物质文化是指在历史过程中形成的衣、食、住、行和工艺制作等传承活动及其所构成的物化形式，比如传统民居、民族服饰和生产方式等都是物质文化的内容。精神文化涉及宗教、伦理、礼仪和艺术等，比如各民族的神话传说、音乐舞蹈、戏曲艺术、建筑形式、绘画雕塑、民族工艺、节日游乐、婚丧嫁娶、文娱体育、集市贸易乃至服饰饮食、交通出行等，千姿百态、各具特色，是重要的文化旅游资源。

（二）历史文化旅游资源的审美特征

1. 形式美特征

历史文化旅游景观都有外在的物质载体，具有色彩美、线条美、形体美、声音美等形式美特征，体现出雄、险、秀、幽、奥、奇、旷等美感。如天坛祈年殿，其独特的建筑形式呈现“天圆地方”的旷美。祈年殿的平面呈圆形，以体现“天圆”，用蓝色琉璃瓦为主色来象征“青天”，殿内外三层柱子的数目和四季、十二月、十二时辰、二十四节气等天时有关，这座恢宏的建筑借助色彩、形状、数字等外在形式美体现了中国古人对宇宙的认知。

2. 生活美特征

历史文化旅游景观是人类生产、生活和文化活动的艺术结晶，具有生活美的特征。生活美主要指蕴含在人文艺术景观中的劳动美，即通过景观表现出来的人类改造世界、征服自然的巨大能力。如果说外在形式美能使人获得感官审美享受，那么其内在生活美能给人精神上的愉悦。在自然美中，真和善的东西往往较为隐晦，难以直接把握，而社会生活美与人类社会息息相关，直接体现着真与善的内容，显示出人的本质力量。如苏州角直水乡妇女服饰，是顺应当地自然条件及田间劳作的需求演变而成的。妇女在农田里劳作时，经常受到水生动植物的侵害，于是将衣袖口和裤脚口制作得很小，农作时要挑担、割麦等，肩部、肘部和袖口处容易破损，就用碎布拼接，一件小小的衣服体现苏州地区生活与劳动习俗，体现水乡妇女特有的审美品质。

3. 意境美特征

意境是客观图景和思想情感融合一致而形成的一种境界，是中国美学中一个重要的审美概念。宗白华先生从多维角度出发，把意境即境界分为功利、伦理、政治、学术、宗教和艺术六种。历史文化旅游资源能激发游览者怀古思幽、情景交融、天人合一。如登临长城，远眺四方，群山逶迤，城关雄峙，脑海中不禁浮现“不到长城非好汉，屈指行程二万”“望长城内外，惟余莽莽；大河上下，顿失滔滔”等诗句，再观长城蜿蜒，如巨龙腾飞，能够感受到祖国山河壮美，激发爱国情怀。

4. 综合美特征

任何历史文化旅游资源总是存在于一定的自然环境之中，常以自然景观美为创作的素材、背景、陪衬和对象，与自然景观美有着密切的关系。因此，美感形成与审美价值受一定自然环境影响，体现出一种综合美特征。许多著名的旅游胜地，水光山色、人工建筑和当地的民俗风情融为一体。如承德避暑山庄，既有平湖烟雨的江南秀景，又有崇山峻岭的塞北风光，亭、台、楼、阁错落其间，形成一个自然和人文旅游景观荟萃的旅游胜地。

二、历史文化旅游资源的审美方法与策略

（一）历史文化旅游资源的审美方法

历史文化旅游资源的审美可通过观察、体验、创造等审美方法对审美对象进行由表及里、由形到神的欣赏。

历史文化旅游资源审美方法与体验

1. 审美观察

审美观察不是被动的感知，而是一种主动积极的审美感受，是指人对事物审美特性的观察与审视。如仔细观察景观的细节，包括构图、比例、色彩和形式等，注意景观中的元素如何相互关联和呼应，以及如何与周围环境融合。

审美观察是受时间、空间条件限制的审美知觉方式。如冬至时节正午时分，故宫乾清宫会出现“金光照匾”景观，旅游者需在此时间抵达乾清宫殿外，并选择最佳观察位置与角度，才能全方位地观察、体验与感受审美对象。

审美观察的方法，讲究对审美对象的纵深把握（宏观）与精细发现（微观），并与理性的洞察力、透视力有机结合。审美观察强调要有独具慧眼的深刻独到的发现，力求能够在瞬间的一瞥或谛听中，迅速把握或领悟对象的审美意蕴，并能随机转化为鲜明、深刻、新颖的表象记忆。

2. 审美体验

审美体验不是简单的参与，而是一种换位思考的审美感受，是指通过亲身体验，打破刻板印象，对事物审美特性形成新的认知和情感。如主动了解景观所在地的历史和文化，

参与特色体验活动，全方位感知景观背后所蕴含的故事、情感和意义，达到情景交融，正如刘勰所讲的“登山则情满于山，观海则意溢于海”，杜甫所说的“感时花溅泪，恨别鸟惊心”。

审美体验强调参与性、互动性与融入性。如穿着民族服饰、品尝民族特色美食、参与特色节庆活动等，亲身体验和感知地方民俗事项，体会当地人民的生活方式、思想意识和审美情趣。当前不少旅游目的地推出沉浸式历史街区、沉浸式旅游演艺，就是为旅游者创设审美体验的真实情境。

3. 审美创造

审美创造是人有意识地创造美好事物的心理活动、实践行为和创新成果。在历史文化景观审美中，通过观察和体验后所能达成的最高境界是对景观的审美创造。如通过书法、绘画、诗歌等手法对文化景观进行艺术创作，从形式美上升到艺术美；通过摄影、摄像、VR、AR 等新媒体技术对传统景观进行创新呈现，用新技术感知美、放大美、传递美。

（二）历史文化旅游资源的审美策略

1. 因地制宜策略

在不同的位置、距离、角度观赏景观会有不同的效果。一般来说，远视可览全景和整体的美，近看可观局部、细致的美，仰视足以显示高，平观可见其开阔、辽远，而俯视最见其纵深层次。很多旅游景观只有从特定的位置或角度去看，才能发现其特有的美。如欲览故宫全貌，可清晨登上景山之巅，站在万春亭南远眺，金色的朝晖映投在红墙金瓦、雕栏玉砌的紫禁城，层层叠叠的建筑组群极尽人间气派，尽显皇家威仪。再如扬州瘦西湖钓鱼台四面各有一砖砌圆洞，其妙在一洞含莲性寺白塔于内，一洞含五亭桥于内，若站在特定位置即可二景兼收。

扬州瘦西湖钓鱼台

2. 动静相宜策略

静态观赏是指旅游者面对历史文化旅游资源时，或停留在一定的位置上瞩目凝视，或缓慢移动视线观赏，其审美感受是宁静致远、细致真切，在静思默想中仔细玩味其中的奥妙。静态观赏属于选择性观赏，其特点是观赏时间相对较长，游人赏景比较充分。一般来说，对于比较复杂的旅游景观，人们通过静态观赏能细致地观摩，获取美感。对某些虽不复杂但意境含蓄深远、耐人寻味的美景，也多采用此种观赏方法。

动态观赏指旅游者处于移动过程中观赏景色，即旅游者以步行、乘车、乘船等方式在移动过程中欣赏历史文化旅游胜景。动态观赏法的审美感受富于变化，立体感强，移动涉及速度，速度导致景变，景变影响感受，“步移景换”即是说动态观赏法。

3. 因时而异策略

虽然人文景观受气候及天气影响比较小，但也具有时令特点。同样的人文景观在一年四季、一日四时中所获得的审美体验是不一样的。如民俗风情旅游资源，通常只有在特定节令才有展现。颐和园十七孔桥的“金光穿洞”奇景，也只有在每年冬至前后下午 4 点左右出现，此时桥洞被夕阳逐一照亮，持续时间只有约 20 分钟。白雪覆盖下的西安古城，让人恍如梦回长安城。

4. 营造意境策略

意境基于真实的景物与现实的情感，观赏者在旅游审美中由景导情，通过想象把人与景物相互交融，达到“神与物游”“物我两忘”“天人合一”的审美境界。通过移情，审美主体与审美客体相互作用，达到心物感应、物我交融。追求情景交融、物我统一、形神统一、情理统一、有限与无限统一、象外之象、景外之景是营造意境策略的特征。

三、历史文化旅游资源审美意义与价值

（一）历史文化旅游资源的审美意义

1. 传承文化

历史文化旅游资源所蕴含的人文精神、价值观念、审美理念、道德准则等，是中国文化的重要组成部分，具有跨越时空和文化界限的普遍意义和价值。历史文化旅游资源的审美过程，是了解和感悟中华文化的过程，是增强文化自信的过程。行万里路胜似读万卷书，历史文化旅游资源审美是对中华优秀传统文化的传承与学习。

2. 增进精神

党的二十大报告提出：“物质富足、精神富有是社会主义现代化的根本要求。物质贫困不是社会主义，精神贫乏也不是社会主义。我们不断厚植现代化的物质基础，不断夯实人民幸福生活的物质条件，同时大力发展社会主义先进文化，加强理想信念教育，传承中华文明，促进物的全面丰富和人的全面发展。”历史文化旅游资源涉及丰富多彩的精神领域，陶冶情操、净化心灵、造就品格、传承文明、宣扬教化等，这一切在游赏审美的过程中都是取之不尽的精神营养。其实，精神领悟的过程就是人们走向“美的创造”的开始，这正是审美要达到的最高目标。

3. 提升智慧

历史文化旅游景观是人民群众长期劳动智慧的结晶，也是一种神奇隽永的智慧创造。对历史文化旅游景观的欣赏过程，实质上是从中汲取智慧营养的过程。天人合一的理念是尊崇自然、改造自然的哲学灵慧；诗情画意的组合是追求悦志悦神的美学感悟；大气磅礴

的建筑群落无疑是聪慧工匠们大智大勇的创造；玲珑剔透的园林庭院是传世大师们灵思匠心的巧构；叠石讲究“皱、瘦、漏、透”，使无情成有情；雕刻尽显刀法工艺，化腐朽为神奇；栈道凌空，妙想居然成真；悬寺飞崖，巧夺天工；古刹石窟，琳琅满目；长城雄关，透迤寰宇；色彩配搭、格局布置、小中见大……历史文化旅游景观中散发着多种智慧的光彩，遨游于历史文化旅游景观的海洋，犹如遨游在智慧的海洋，开展历史文化旅游资源审美对于拓展眼界、增长智慧大有裨益。

（二）历史文化旅游资源的审美价值

1. 观赏价值

历史文化旅游资源随着历史和时间的不断绵延，原有的实用功能相对淡化，而观赏功能更加突出，从而成为丰富的人文景观，其宏伟、典雅和精巧的形式形态吸引着越来越多的旅游者。

2. 艺术价值

旅游者观赏历史文化旅游景观，最容易进入的就是其艺术美的世界。历史文化旅游景观是前人以他们的艺术审美观创造出来的艺术珍品，是基于社会历史特有条件而产生的劳动产品，其最初是为了不同的功能性用途，同时也体现当时社会艺术观念和思想规范的特点。

3. 历史价值

历史文化旅游景观是一幅幅真实、生动、可感的历史画卷，不仅展现了人类审美意识的历史具体性，而且其自身就是物化的、凝固的历史，也是发展的、传承的文化，是留给后世的最为珍贵的精神遗产。

资料链接

历史文化旅游资源的造型美

我国众多的历史文化旅游景观，如古建筑、园林、桥梁等，以其宏伟、典雅或精巧的造型美吸引着游人。历史文化旅游资源的造型美详见表 4-2。

表 4-2　历史文化旅游资源的造型美

美感形态	美感效能基础
统一美	指同一形式造型有规律地重复出现，形成整体结构上的一致。如园林建筑中整齐一律的门窗、斗拱，佛塔上的叠檐，连串的桥孔，给旅游者以秩序感、条理感和节拍感。
对称美	指物体或图形相对的两边的各部分在大小、形状上一致。如北京的故宫，其门洞、路基、大殿的立柱、两旁的房屋等在系列组合上均是沿中轴线对称分布，给人以十分严密之美感。
对比美	指人文景观中两个极不相同的东西互相对照而并列在一起。如宫殿、庙宇等古建筑的汉白玉护栏、镀金宝顶、蓝色琉璃与火红立柱等。由于彼此的景观形态形成强烈的对比，能给人以鲜明、醒目等美感体验。

续表

美感形态	美感效能基础
比例美	指人文景观中潜藏于自身的比例。如中国寺庙中的宝塔，给人一种明朗和谐的态势美感。
节奏美	指人文景观有秩序、有规律的连续变化和运动。如园林中长廊的一根根廊柱、宝塔的一层层塔身；又如北京故宫沿纵线进深形成的“起承转合”之节奏韵律感。
精巧美	指人文景观造型的精密细致、灵巧美妙。中国园林造园技术中所采用的“漏景法”“对景法”“点景法”“借景法”“框景法”，产生了诗情画意、曲径通幽的精巧美感。

案例分析

圆明园

圆明园是我国传统园林的杰作、皇家园林的代表，建于清康熙年间，完成于乾隆年间，前后用了40年，历经三个朝代。对于“圆明”之意，雍正皇帝解释为“夫圆而入神，君子之时中也；明而普照，达人之睿智也”，表达的是为君要中庸、明察的意思。圆明园由圆明、绮春、长春三园组成，占地面积约3.5平方千米。雍正时期形成圆明园景，乾隆时期又增加20景，加上长春园30景、绮春园（万春园）30景，共100多处景点，因此西方人将这座园林称为“万园之园”。

圆明园遗址公园

圆明园最大的特点就是平地造园，以水为主，园内大小水面占全园面积的50%，将理水的技巧发挥到了极致。圆明园没有类似北海琼华岛和颐和园万寿山那样可作为全园风景中心的山峰，没有明显的中心建筑，只有一组又一组的小型园林布满全园。它们或以建筑为中心，配以山水植物；或在山水之中，点缀亭台楼阁，利用山丘和墙垣建成一个又一个既独立又相互联系的小园，组成无数各具特色的景观。

圆明园中的建筑不但类型多样，而且极富于变化。建筑平面除惯用的长方形、正方形外，还有工字、田字、中字、扇面等多种形式，建筑的屋顶也随不同的平面采用庑殿、歇山、悬山、硬山、卷棚等单一或复合式，园内的亭子有四角、六角、八角、圆形、十字形，还有特殊的流水亭，廊分直廊、曲廊、爬山廊、高低跌落廊等。

简析

园林的审美意境追求本于自然、高于自然。园林是小中见大，讲究小而精，将大自然的景色浓缩于园林之中，成为自然的缩影，使人们“不出城廓，而享山林之美”。造园时注重融于自然，将园与周围自然环境融为一体。中国古典园林的创作是通过对大自然及其构景要素的典型化、抽象化，来给人们传达自然生态的信息。它不受地段的限制，能小中见大，也可以大中见小。

拓展练习

科学创造价值——赵州桥

相当一部分历史文化旅游景观是一定历史条件下的科学技术的结晶，是人类运用科学技术手段进行自由创造的成果。通过观赏这些历史文化旅游景观，我们能感受到这其中蕴藏的科学、技术之美。隋朝大业年间由匠师李春所建的赵州桥，完全用石料砌成，全长50.82米。大石拱两端上方各设有两个小拱。四个小拱不仅节约了用料，减轻了桥身的重量，而且可以排泄洪水，设计十分科学。另外，在选择桥基、保护桥拱、加固桥身等方面，也采取了许多科学的方法。无论是桥的设计还是建筑工艺，都是世界桥梁史上的典范。这座世界上最古老的巨型拱桥在历经1 300多年的风吹雨打之后至今仍然完好无损。

赵州桥

历史文化旅游景观展现着人类在漫长历史进程中为改善自身生活质量的物质追求与精神追求。在对历史文化旅游景观的审美观赏中，我们不仅能观赏到其外在形式之美，同时也能感悟到古代科学、技术之美。我们对于古代科学、技术美的感悟，并不仅仅在于它曾经创建了历史上那些辉煌的实物，还在于它使我们感受到这些科学技术成果所显示的人类文明进程中的智慧与经验，感受到人类文化发展的历程，看到人类自身的力量，领悟和坚持“文化自信”，这正是“美感”最主要的来源。

问题：

作为历史文化旅游景观及世界桥梁典范，赵州桥体现了怎样的科学创造价值？

任务二 开展古建筑旅游资源审美体验

案例导入

古今中外有一个共同的认识：人类在创造为自己服务的物质环境——建筑时，除了要有实用价值外，还要有审美价值。正基于此，高质量的建筑景观是形式与功能的完美结合。建筑既是实用之物，又是文化形式、艺术形式。

问题与思考

中国古代建筑之美体现在哪些地方？

知识探究

一、古建筑旅游资源审美主要类型

中国古建筑的代表从宫殿到民居，从佛堂到庙宇，从祠堂到陵墓……应有尽有，这里所选取的是中国古建筑中比较具有代表性的建筑形式和建筑实例开展审美体验分析，包括宫殿建筑、民居建筑、陵寝建筑、设施建筑、建筑群落等。

（一）宫殿建筑审美

北京故宫是中国古代宫殿建筑的典型代表。故宫旧称紫禁城，是明、清两代的皇宫，于明代永乐十八年（1420 年）建成，历史上曾有 24 位皇帝在此居住和生活，是世界上现存最大、最完整的木质结构古建筑群。

皇家威仪——宫殿坛庙审美

故宫之美在于整体布局之美、建筑恢宏之美、装饰细节之美，以及独具匠心之美。

1. 整体布局之美

览故宫全局，最佳观赏点是景山之巅的万春亭，这里是北京南北建筑轴线的基点，被誉为北京中轴线的制高点。从高处俯瞰，故宫主殿沿中轴线依次排列，其余殿堂沿中轴线左右对称，极具秩序感、节奏感，营造出庄重肃穆的氛围。近年来，故宫城墙对外开放，参观者可登上城墙，漫步缓行，从不同角度动态欣赏故宫的整体布局。

俯瞰故宫

2. 建筑恢宏之美

故宫有大小宫殿建筑七十多座，整齐划一的白色汉白玉台基、黄色琉璃瓦大屋顶、红色宫墙给人一种庄严肃穆之感，展现出皇权的威严和权威。其中配置最高的建筑就是被称为“金銮殿”的太和殿。太和殿为木构架建筑，整个建筑共使用 3 500 立方米木材，面阔 11 间，进深 5 间，建筑面积 2 377 平方米，高 26.92 米，连同台基通高 35.05 米，为紫禁城内规模最大的殿宇。建筑屋顶是最高等级的重檐庑殿顶，铺设金色琉璃瓦。屋脊两侧是两块巨大的兽吻，高 3.4 米、重约 43 吨，由 13 块琉璃瓦件拼合而成，相当于两个成年人的身高。面对这样恢宏的建筑，当参观者置身其中时，自然而然地受到一种震撼，感到自身的渺小。

太和殿

3. 装饰细节之美

故宫的建筑立面上有着各种精美的浮雕、彩绘和装饰，充分展示了中国传统建筑的美学和技艺。步入太和殿，视线所及之处，从天花板到地面，从墙壁到门窗，每一寸空间都被精心地雕琢和装饰，无处不是精美的艺术品。在太和殿正中的金柱之间，安放着古代皇帝专用的金漆龙椅宝座，龙椅的周围陈设有雕龙屏风、宝象、角端、仙鹤、香亭等，宝座周围六根金柱上各绘有一条巨龙，金柱将宝座围成一个独立空间，烘托帝王权力的至高无上。在宝座上方，便是太和殿装饰最为华丽的蟠龙藻井。除此之外，太和殿的梁、枋、垫板等木结构上，都绘有以龙为主题的彩绘纹饰。

太和殿内部装饰

4. 独具匠心之美

故宫内最美的楼是角楼。故宫的角楼，从其功能上说，是用于观察、守望和防卫紫禁城，但其闻名于世，却是因其繁复、精致的建造结构及无与伦比的美感。建筑艺术与营造科技相结合，设计出实用价值与美学价值共存的结合体。

故宫角楼

（二）民居建筑审美

民居建筑是最基本的建筑类型，出现最早，分布最广，数量也最多。由于中国疆域辽阔，民族众多，历史悠久，南北各地的地理气候条件和生活方式不尽相同，中国的民居建筑出现丰富多样的样式和风格。

1. 北京四合院

四合院，是华北地区民用住宅中的一种组合建筑形式，以北京四合院最为典型，是以正房、倒座房、东西厢房围绕中间庭院形成平面布局的传统住宅的统称。所谓“四合”，指东、西、南、北四面的房屋围合在一起，形成一个“口”字形。一家一户，住在一个封闭式的院子里，过着安逸、清静的日子，享受家庭的欢欣、天伦的乐趣，自然有一种令人悠然自得的气氛。

北京四合院示意图

四合院的房屋对家庭成员的居住安排有严格规定，一般以“北屋为尊，两厢次之，倒座为宾，杂屋为附”的位置序列安排，反映出我国封建社会传统大家庭的等级观念、长幼有序的传统要求。

2. 南方天井院

因为地理环境等原因，北方四合院多有高大的门窗和较大的庭院，以期充足的日照和采光，而南方四合院房屋围拢像“井”字，庭院小，形成天井式的布局。这种建筑形式常见于江苏、浙江、安徽、江西一带，由于这里四季分明、春季多雨、夏季炎热、冬季阴寒、人口密度大，四合院三面或四面房屋都是两层，中央围成一个小天井，这样既保持了四合院住宅内部环境的私密与安静，又节约用地，还加强了建筑结构的整体性。

南方地区雨水多，雨天落下的雨水从四面屋顶流入天井，所以也把天井院称为“四水归堂”建筑，聚水相当于聚财，形象地反映了“肥水不流外人田”的心态。

四水归堂

（三）陵寝建筑审美

陵寝建筑是古代帝王、后妃的坟墓、祭祀殿堂及其他附属建筑的统称，是建筑、雕刻、绘画和自然环境融于一体的综合性艺术。古人“事死如事生”，故陵墓营造注重风水，加之传奇故事多，使得陵寝建筑具有神秘之美。以南京明孝陵为例，它是明代开国皇帝朱元璋与马皇后的合葬墓，位于紫金山，历时二十五年建造而成，堪称“明清皇陵之首”，规模极大，至今保存完整。

视死如生——古代陵寝审美

1. 因地制宜的神道拐弯

中国古代帝王陵寝一般都是南北中轴线左右对称布局，神道都是直的，但明孝陵的神道却是绕过梅花山，打破了此前历代皇陵传统对称、规整的旧制。为什么会有这样独特的设计？据说梅花山原为孙陵岗，是三国东吴大帝孙权之墓。修建明孝陵之时，设计的神道将穿过梅花山，但朱元璋坚持保留孙权之墓，让神道绕过梅花山，体现了陵寝建筑因地制宜的特点。

2. 明孝陵“最美六百米”

明孝陵石象路秋景

南京被公认为最美的一条路是明孝陵的石象路，被誉为“最美六百米”。石象路是明孝陵神道的第一段，长 615 米，沿途依次排列狮、獬豸、骆驼、象、麒麟、马六种石兽，这些石兽用整块巨石采用圆雕技法刻成，线条流畅圆润，气魄宏大，风格粗犷，既标识着帝陵的崇高、圣洁、华美，也起着保卫、辟邪、礼仪的象征作用。因为路两旁交错种满了乌桕、枫香、银杏、红榉、圆柏等树木，到了秋天，这些树木构成的秋日画卷向人们层层展开，漫步其中，犹如踏进一个梦幻的七彩世界。

（四）设施建筑审美

中国古代设施建筑包括军事防御、水利工程、水陆交通等，主要是功能性建筑，服务国家治理和百姓生活，一些传承至今的古代设施建筑还在发挥着重要作用，体现古人杰出的智慧。

1. 军事防御设施

万里长城是中国古代的军事防御工事。长城的建造始于战国时期，经过多个朝代的修建和扩张，形成了多种建筑风格。其中，明代的长城最为著名，以其雄伟的城墙、堡垒、烽火台和关隘而闻名。长城最初是作为边防军事设施而建造的，其主要功能是抵御外族侵袭和保卫边疆，长城的构造和布局充分考虑了防御需要，包括城墙、壕沟、烽火台等，以提供有效的防护。长城是世界上最长的人造建筑物，它穿越起伏的山脉、河流和峡谷，展现了人类的创造力。

八达岭长城

2. 水利工程设施

水利工程设施主要用于灌溉、防洪，如著名的四川都江堰就是杰出代表。都江堰始建于2 000多年以前的秦国，由李冰父子率众所建。这座古老的无坝引水工程，是中国古代劳动人民勤劳、勇敢、智慧的结晶，至今灌溉着60多万公顷的良田，将曾经旱涝无常的四川平原改造成天府之国。都江堰水利工程主要由鱼嘴分水堤、飞沙堰溢洪道、宝瓶口进水口三大部分和百丈堤、人字堤等附属工程构成，科学地解决了江水自动分流、自动排沙、控制进水流量等问题，它既能防洪，又能灌溉，而且整个工程设计是适应河道的天然形态，没有破坏水资源的自然循环和生态环境，做到了科学、自然与人类利益的完美统一。

都江堰

3. 水陆交通设施

古代水陆交通设施主要包括道路、运河、桥梁等建筑。交通设施与百姓生活、经济贸易密切相关，历朝历代都重视交通设施修建，留下了如京杭大运河、丝绸之路、海上丝绸之路等宝贵遗产。

京杭大运河历史悠久，始建于春秋时期，是世界上里程最长、工程最大的运河，也是最古老的运河之一，与长城、坎儿井并称为中国古代的三项伟大工程，并且使用至今，是中国古代劳动人民创造的一项伟大工程。京杭大运河沟通南北，南起余杭（今杭州），北到涿郡（今北京），途经今浙江、江苏、山东、河北四省及天津、北京两市，贯通海河、黄河、淮河、长江、钱塘江五大水系，全长约1 794公里，对中国南北地区之间的经济、文化发展与交流，特别是对沿线地区工农业经济的发展起了巨大作用。

京杭大运河

（五）建筑群落审美

建筑群落是由多种性质、多种功能的建筑组成的相似共同体，在总体设计、功能、建筑艺术上都是完整的建筑群，多个建筑之间相互协调、互为补充，形成不可分割的统一体。现存古建筑群落，如古村、古镇、园林大多为明清时期建筑框架，依山傍水，如世外桃源。

1. 皖南古村落

皖南古村落大多数在明清经济文化发展繁荣时期逐步建设发展成型，其中西递、宏村被列入世界文化遗产。西递、宏村是以商业经济为基础，以家族为单位，极具地方文化特色的传统古村落。村落的整体布局、山水田园景观、建筑形式、用材、装饰、施工工艺等方面均完好地保存了 14 至 20 世纪时期徽州乡村的真实风貌。在深厚的古徽州传统文化影响下，皖南古村落由在外做官或经商的成功者回乡逐步建设、发展成为传统乡村典范。其村落布局体现了天地共生、天人合一、人与自然相和谐的理想追求；建筑色彩朴素淡雅，山墙造型别具一格，装饰雕刻精致优美，室内陈设古朴雅致，展现了徽州建筑典雅精美的独特艺术风格；宗法制度管理森严，民俗民风敦厚淳朴，反映了古代社会士族阶层尊儒重教的文化思想。

皖南古村落

2. 平遥古城

平遥古城是明清时期城市建筑的杰出范例，融合了多种民族建筑风格，形成了独特的平遥建筑风格，被誉为中国民间建筑艺术的珍品。平遥古城的设计布局遵循古代城市规划理念和形制分布，城内街道格局为“土”字形，南大街、东大街、西大街、衙门街和城隍庙街形成“干”字形商业街。整个城池对称布局，以市楼为轴心，以南大街为轴线，形成左城隍、右衙署，左文庙、右武庙，东道观、西寺庙的封建礼制格局。古城的核心部分是城墙，长约 6.4 公里，高 12 米，是中国现存最完整的古城墙之一，城墙上有 72 余座角楼和 3 座城门。古城内的建筑多为四合院式民居，体现了中国传统的高墙大院文化。平遥古城完整地保存了明清城市的所有特征，并且在中国历史的发展中展示了一幅非同寻常的文化、社会、经济及宗教发展的完整画卷。

平遥古城

3. 扬州个园

古典园林景观主要是由山、水、建筑、植物等要素构成的建筑群落，是一定历史时期社会、经济、文化的反映，是一种立体的空间艺术。造园者使用多变的园林布局手段，巧妙地组织各种景观构成元素，如景观线、景物点、特写景、借景、抑景、引景的运用等，形成了园林景观的艺术美。叠石筑山是中国古典园林的特色之一，明清江南私家园林大多运用这种手段，尤其当园林面积窘迫，还希望掩饰院墙时，便在垂直方向大量叠石造山，扬州个园中的四季假山就是别出心裁的一例。

个园以“四季假山”闻名。春景在桂花厅南的近入口处，沿花墙布置石笋，似春竹出土，又有竹林呼应，增加了春天的气息。夏景在园的西北，湖面假山临池，洞谷幽邃，水声潺潺，清幽无比。秋景是黄石假山，拔地数仞，洞中设置登道，盘旋而上，步异景变，引人入胜；山顶置亭，形成全园的最高景点。冬景在东南小庭院中，倚墙叠置色洁白、体圆浑的宣石（雪石），犹如白雪皑皑未消，又在南墙上开四行圆孔，利用狭巷高墙的气流变化所产生的北风呼啸的效果营造冬天大风雪的气氛。而在小庭院的西墙上又开一圆洞空窗，可以看到春山的翠竹、茶花，又如严冬已过，美好的春天已经来临。这种构思设想，使园林空间的变化极具新意。个园假山如此精巧的布局和艺术魅力，可以说概括了“春山淡冶而如笑，夏山苍翠而如滴，秋山明净而如妆，冬山惨淡而如睡”的画理。扬州个园之四季假山是在寓四时之景方面别具匠心的佳作，时景是命题，春山是开篇，夏山是铺展，秋山是高潮，冬山是结语。

个园夏山

二、古建筑旅游资源美学特质

独具匠心——中国古建审美

中国古代建筑艺术是在封建社会发展成熟起来的，它以汉族木结构建筑为主体，也包括各少数民族的优秀建筑，是世界上延续历史最长、分布地域最广、风格非常明显的一个独特的艺术体系。

（一）巧妙而科学的框架式结构

这是中国古代建筑在建筑结构上最重要的一个特征。因为中国古代建筑主要是木构架结构，即采用木柱、木梁构成房屋的框架，屋顶与房檐的重量通过梁架传递到立柱上，墙壁只起隔断的作用，而不是承担房屋重量的结构部分。“墙倒屋不塌”这句古老的谚语，概括地指出了中国建筑这种框架结构最重要的特点。这种结构可以使房屋在不同气候条件下，满足生活和生产所提出的千变万化的功能要求。同时，由于房屋的墙壁不负荷重量，门窗设置有极大的灵活性。此外，这种框架式木结构形成了过去宫殿、寺庙及其他高级建筑才有的一种独特构件，即屋檐下的一束束的“斗拱”。它由斗形木块和弓形的横木组成，纵横交错，逐层向外挑出，形成上大下小的托座。这种构件既有支承、荷载梁架的作用，又有装饰作用。只是到了明清以后，由于结构简化，将梁直接放在柱上，致使斗拱的结构作用几乎消失，变成了纯粹的装饰品。

（二）庭院式的组群布局

中国古代建筑在平面布局方面有一种简明的组织规律，就是每一处住宅、宫殿、寺庙，都是由若干单座建筑和一些围廊、围墙环绕成一个个庭院而组成的。一般来说，形成一院又一院、层层深入的空间组织，多数庭院前后串联起来，通过前院到达后院，这是中国封建社会“长幼有序，内外有别”的思想意识的产物。同时，这种庭院式的组群与布局，一般采用均衡对称的方式，沿着纵轴线（也称前后轴线）与横轴线进行设计，比较重要的建筑都安置在纵轴线上，次要房屋安置在横轴线上。北京故宫的组群布局和北方的四合院是最能体现这一组群布局原则的典型实例。这种布局和中国封建社会的宗法与礼教制度密切相关，使尊卑、长幼、男女、主仆之间在住房上也体现出明显的差别。

（三）丰富多彩的艺术形象

中国古代建筑在长时期的发展过程中，吸收了中国其他传统艺术，特别是绘画、雕刻、工艺美术等造型艺术的特点，创造了丰富多彩的艺术形象，并形成了自身的一些特点。

1. 独具特色的屋顶

中国古代的匠师很早就发现了利用屋顶以取得艺术效果的可能性。《诗经》里就有“作庙翼翼”之句。到了汉代，后世的五种基本屋顶式样就已经具备了，分别为庑殿顶、歇山顶、攒尖顶、硬山顶、悬山顶。我国古代匠师充分运用木结构的特点，创造了屋顶举折和屋面起翘、出翘，形成如鸟翼伸展的檐角和屋顶各部分柔和优美的曲线。同时，屋脊的脊端都加了适当的雕饰，檐口的瓦也加以装饰性处理。宋代以后，又大量采用琉璃瓦，为屋顶加上颜色和光泽。再加上后来又陆续出现许多其他屋顶式样，以及由这些屋顶组合而成的各种具有艺术效果的复杂形体，使中国古代建筑在运用屋顶形式创造建筑的艺术形象方面取得了丰富的经验，成为中国古代建筑重要的特征之一。

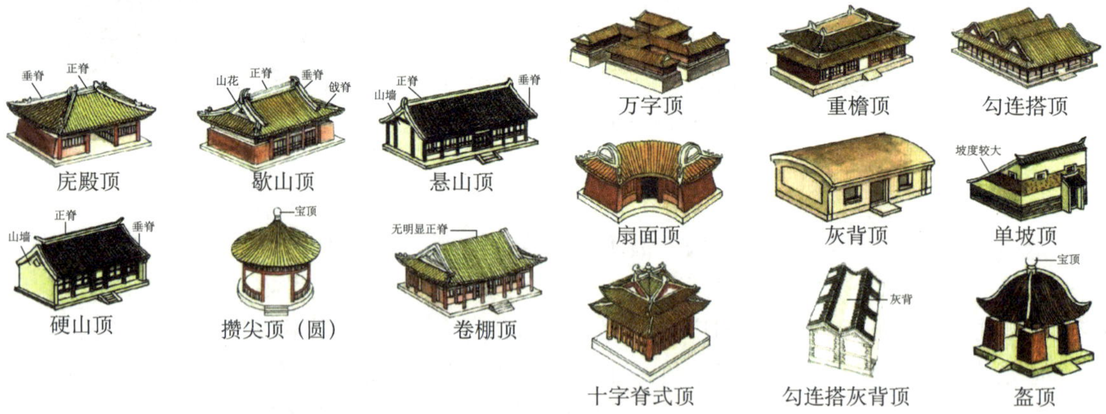

常见屋顶样式　　其他屋顶样式

常见的中国古代建筑的屋顶

2. 丰富的装饰色彩

经过长期的实践，中国建筑在色彩运用方面积累了丰富的经验。例如，在北方的宫殿、官衙建筑中，很善于运用鲜明色彩的对比与调和。房屋的主体部分，也即经常可以照到阳光的部分，一般用暖色，特别是用朱红色；房檐下的阴影部分，则用蓝绿相配的冷色。这样就更强调了阳光的温暖和阴影的阴凉，形成一种悦目的对比。朱红色门窗部分和蓝、绿色的檐下部分往往还加上金线和金点，蓝、绿之间也间以少数红点，使得建筑上的彩画图案显得更加活泼，增强了装饰效果。一些重要的建筑，如北京的故宫、天坛等再加上黄色、绿色或蓝色的琉璃瓦，下面衬以一层乃至好几层雪白的汉白玉台基和栏杆，在华北平原的蔚蓝天空下，其色彩效果是无比动人的。当然，这种色彩风格的形成，在很大程度上也与北方的自然环境有关。因为在平坦广阔的华北平原地区，冬季景色的色彩是很单调的，在这样的自然环境中，这种鲜明的色调为建筑物带来生趣。

3. 衬托性建筑的应用

衬托性建筑的应用，是中国古代宫殿、寺庙等高级建筑常用的艺术处理手法，其作用是衬托主体建筑。最早应用并且很有艺术特色的衬托性建筑，便是从春秋时期就已开始的建于宫殿正门前的“阙”。到了汉代，除宫殿与陵墓外，祠庙和大中型坟墓也都使用。如四川渠县的汉阙，形制和雕刻十分精美，是汉代墓阙的典型作品。汉代以后的雕刻、壁画中常可以看到各种形式的阙。其他常见的富有艺术性的衬托性建筑有宫殿正门前的华表、牌坊、照壁、石狮等。

资料链接

“五行”思想在中国古建筑中的表现

表现一：天上星座的五官中，中官位居中央，分三桓，即上桓太殿、中桓紫微、下桓天市，紫微自然成为宇宙的中心位置，为天帝居住之所。皇帝自称天子，因此皇帝的住所称为紫微宫。汉朝皇帝在长安的未央宫别称就是紫微宫，而明清两朝则称为紫禁城。

表现二：星座五官中除中官外，东官星座呈龙形，与五色中青色相配，称青龙；西官星座呈虎形，与白色相配，称白虎；南官星座呈鸟形，与赤色相配，称朱雀；北官星座呈龟形，与黑色相配，称玄武。因此，青龙、白虎、朱雀、玄武成为天上四个方向星座的标记，也成了地上四个方位的象征，而这四种兽也被视为人间的神兽。所以在中国古代宫殿建筑中，面南的门，如紫禁城中的午门，也称五凤楼或朱雀门；面北的门称玄武门，到了清朝由于康熙皇帝名叫玄烨，为了避讳，将玄武门改称神武门。

表现三：五色中除了东青、西白、南朱、北黑外，中央为黄色。黄为土地之色，土为万物之本，中国自古以来就是一个农业社会，因此黄色成为五色的中心，这就是紫禁城中几乎所有宫殿的屋顶都用黄色琉璃瓦的原因。

案例分析

天坛

天坛是世界上最大的古代祭天建筑群之一。在中国，祭天仪式起源于周朝，自汉代以来，历朝历代的帝王都对此极为重视。明永乐以后，每年冬至、正月上辛日和孟夏（夏季的首月），帝王都要来天坛举行祭天和祈谷的仪式。如果遇上少雨的年份，还会在圜丘坛进行祈雨仪式。在祭祀前，通常需要斋戒。祭祀时，除了献上供品外，皇帝也要率领文武百官朝拜祷告，以祈求上苍的垂怜施恩。

天坛

天坛建筑的主要设计思想是要突出天空的辽阔高远，以表现“天”的至高无上。在布局方面，内坛位于外坛的南北中轴线以东，而圜丘坛和祈年坛又位于内坛中轴线的东面，这些都是为了增加西侧的空旷程度，使人们从西边的正门进入天坛后，就能获得开阔的视野，以感受到上天的伟大和自身的渺小。就单体建筑来说，祈年殿和皇穹宇都使用了圆形攒尖顶，它们外部的台基和屋檐层层收缩上举，也营造出一种与天接近的感觉。

天坛还处处展示着中国传统文化所特有的寓意、象征的表现手法。北圆南方的坛墙和圆形建筑搭配方形外墙的设计，都寓意着传统的“天圆地方”的宇宙观。而主要建筑上广泛使用蓝色琉璃瓦，以及圜丘坛重视“阳数”、祈年殿按天象列柱等设计，也是这种表现手法的具体体现。

简析

凭借严谨的建筑布局、奇特的建筑结构、瑰丽的建筑装饰，天坛被认为是我国最精致、最美丽的古建筑群。天坛不仅是中国古建筑中的明珠，也是世界建筑史上的瑰宝。古代中国人讲究“天人合一”，就是说自然环境和人居环境可以和谐共生，这也反映在古代的建筑中。在影响建筑发展的诸多因素中，天人合一的观念是根本性的。

拓展练习

悬空寺

恒山悬空寺又名玄空寺，是国内少见的佛、道、儒三教合一的独特寺庙，始建于1 400多年前的北魏王朝后期。始建时，最高处的三教殿离地面90米，因历年河床淤积，现仅剩58米。

北魏王朝将道家的道坛从平城（今大同南）移到此，古代工匠根据道家“不闻鸡鸣犬吠之声”的要求建造了悬空寺，是中国古代建筑精华的体现。悬空寺修建在恒山金龙峡西侧翠屏峰的悬崖峭壁间，面朝恒山、背倚翠屏、上载危岩、下临深谷，楼阁悬空、结构巧奇、虚实相生。全寺为木质框架式结构，仅150多平方米的面积，建有大小房屋40间。悬空寺利用力学原理，半插飞梁为基，巧借岩石，暗托梁柱，上下一体，廊栏左右相连，曲折出奇。徐霞客叹其为“天下巨观”。

悬空寺

问题：

1. 悬空寺的独特之处体现在哪里？它为什么会引起旅游者的美感？
2. 悬空寺的构建与中国古代的建筑技术之间有什么样的关系？

任务三 开展民俗风情旅游资源审美体验

案例导入

民俗即民间风俗，是一个国家、地区或民族中广大民众所创造和传承的一种文化现象。《礼记·缁衣》载："故君民者，章好以示民俗，慎恶以御民之淫，则民不惑矣。"《管子·正世》有"料事务，察民俗"之说。《汉书·董仲舒传》也说"变民风，化民俗"。在这些文献中，民俗的"民"指普通百姓，可引申为民间。"俗"为"民之风俗也"。由此可见，中国古代的民俗即百姓风尚、民间习俗。民俗起源于人类社会群体生活的需要，在一定的民族、时代和地域中不断形成、扩展和演变，为民众的日常生活服务。民俗一旦形成，就成为规范人们的行为、语言的一种基本力量。同时，它也是一个地区或民族文化的重要组成部分，是一个特定地域中广大人民群众创造、享用和传承的精神生活财富。民俗的主体是群体而不是个人，它具有一定的模式性，表现为一个自控且自动的系统，于民间世代传承与延续。

问题与思考

民俗文化审美的意义是什么？

知识探究

一、民俗风情旅游资源审美主要类型

民俗风情旅游资源包括物质生产类民俗活动和精神生活类民俗活动，与百姓的日常生活、生产劳动息息相关，因地域、民族、文化的差异而具有多元、丰富的表现形式。

千姿百态——民俗景观审美

（一）物质生产类民俗活动审美

1. 农业民俗活动

（1）农耕习俗。

中国古代是农业大国，民间形成丰富的农业民俗活动，其中春耕习俗是最为传统和典型的民俗之一。春天的阳光、雨水和气温都很适宜农作物的生长和繁殖，因此，春天是人们开始耕种和农业活动的重要时期。在春耕季节里，人们会举行一系列的祭祀仪式、农事活动，以表示对天地神灵和庄稼的敬意，同时祈求丰收和平安。通常在立春这一天，农民们会前往田地进行"踩地""祭地"等农业活动，表达对土地的敬畏和感恩。插枝是一个古老而著名的民俗活动，也是中国传统农家的一项重要习俗，一般发生在春分时节，农民

会在田间沟渠中插上一些枯树枝，用来引导水流和扰动土地之灵的觉醒。踏青也是春耕活动的一部，人们穿上传统的服饰，前往大自然中体验春天的美好，欣赏美丽的春景，观察生命的繁衍与成长。

客家春耕节

（2）农业谚语。

老百姓在日常农业劳作中积累了大量生活经验。他们可以根据季节及气候变化，决定何时耕种土地更有利于农作物生长，抑或是根据风霜雪雨多寡来判定收成好坏。这些依靠自然而决定农耕的经验或智慧，在无形中就形成了流传后世的文化习俗。而这种习俗其实就是农业耕作的时序、节令习俗，虽然现代人看不到古代人的劳动场面，但是却可以通过“农谚”的形式去了解古代社会的生产劳动习俗。“牛马年，好种田，就怕鸡猴这二年”，大意为在牛、马两年一般都会风调雨顺，而且庄稼也会长势喜人并且秋末时会有好收成，但是在鸡年和猴年就很容易出现暴雪或暴雨，这样不仅会影响收成甚至还会闹饥荒。“春雷响，万物长”“春雨贵似油，多下农民愁”“立春三场雨，遍地都是米”“春下夏了坑，麦子豌豆丢了种”等农业谚语，其实都能体现出古代老百姓的农业习俗。

2. 牧业民俗活动

在古代，畜牧业和农业种植业有着相同的地位，都是国家经济社会发展的基础。饲养的牲畜不仅可以作为代步工具，也可以为国家带来经济财富。牧业民俗相较农业民俗具有强烈的地域限制性，因为游牧民族只能够在特定环境、气候中生活，北方地区的游牧民族是牧业民俗的重要载体。牧业民俗也是在牧民们生产劳动中积累的正确处理大自然与人类、牲畜之间关系的经验和智慧。古代社会中出现的各种习俗其实都离不开自然崇拜，牧业习俗也有比较有特色的祭祀习俗。这既体现出了游牧民族对超自然现象的敬畏心理，同时也彰显出了自然与牧业经济的重要关系。

达尔罕兴畜节是内蒙古自治区省级非遗。兴畜节，就是给牲畜过年。在每年的农历正月中旬，牧民们把“牛、马、山羊、绵羊、骆驼”（草原民族称为“五畜”）赶在提前选好的地点，架起七口大锅，把从家里带来的手把肉、饺子、茶叶等七种食品进行烹饪。把牛羊倌及来宾请到上座，场地中间支起一个香炉，点燃松柏香料，人和牲畜一起绕香炉转三周后，在种公畜额头上抹香油和牛奶，挂彩带念祝词，祝愿五畜兴旺，草原风调雨顺。兴畜节体现了草原人民“人畜和谐相处”的生存理念。

兴畜节活动

3. 渔业民俗活动

同牧业民俗一样，渔业民俗也具有较强的地域性，主要反映沿海地区渔民的生活方式和对海洋的独特情感。渔民会在春日祭网，以此祈求一年的渔业丰收和安全。沿海地区会祭祀渔神，如龙王、妈祖娘娘等。同时，在长年累月与海洋打交道的过程中，渔民形成顺应自然的捕鱼方法和捕鱼禁忌。这些习俗体现了渔民对自然力量的尊重及对生活的热爱，同时也反映了中国传统文化中对海洋的依赖和尊重。

开洋节、谢洋节是中国沿海地区的一种特殊民俗活动，主要流传于浙江省、山东省沿海地区，是国家级非物质文化遗产。开洋节是渔船出海时，渔民祈求平安、丰收的民俗活动。谢洋节则是渔船出海平安归来，渔民感恩大海的民俗活动。这些活动的原始意义是希望神灵保佑出海能一帆风顺，满载而归。作为表达渔民内心祈望的一种精神性活动，开洋节、谢洋节以祭祀为核心，以民间文艺表演为主轴，含有多种文化内容，同时表现出娱神和娱人的特性。

开洋节活动

4. 手工业民俗活动

随着生产力水平的提高，手工业从业者逐渐增多，生产技艺愈加精益求精，逐渐形成了极具特色的手工业民俗。手工业习俗主要分为两大类，一是“只此一家别无分店”的传统手艺，二是师徒传承习俗。在手工业民俗活动中，有一种非常有特色的拜祖师习俗。俗话说，“三百六十行，无祖不立”，不论何种行业，都有敬拜祖师的习俗，主要原因在于中国手工业的传承方式自古以来以家庭传承、师徒传承为主。明清时期“拜祖师”活动达到鼎盛，各行各业都开始拜起了祖师。人们不仅在作坊、店里供奉祖师爷的塑像，甚至修建以行业祖师爷命名的庙宇，并在特定的日子举办庙会，例如关帝庙、老君会、鲁班会等。在这一类的活动中，“祖师爷”通常被塑造为诚实守信与行业规范的代表，祭拜“祖师爷”就意味着对行业规则的遵守，并希望得到祖师爷的庇佑，通过勤劳、诚信发家致富。“落其实者思其树，饮其流者怀其源”，这句话阐明了中国人不忘本的精神与品质，行业祖师崇拜正是这种精神的彰显。

（二）精神生活类民俗活动审美

1. 节日类民俗活动

节日是在一年中的特定时间，开展有主题的约定俗成的社会活动的特殊日子。节日具有群众性、周期性和相对稳定性。节庆是一种综合性的民俗表现形态，它是某一区域或民族的人们为庆祝农业生产、祭祀祖先，或出于某种需要而举行的纪念性庆典活动，如春节、藏族的雪顿节、傣族的泼水节等。节庆民俗是多项民俗的综合展现，将节日的饮食、节日的服饰、节日的娱乐结合在一起，同时还与神话传说、祭祖祀神活动及节日禁忌、信仰民俗相关联。节庆民俗不仅能使旅游者在群众性的狂欢中受到感染和熏陶，增长知识，还能使之得到休息、娱乐、身心放松。

泼水节活动

2. 礼俗类民俗活动

许多民族在人生成长过程的不同阶段，都有与之相应的礼俗。一般主要有五大礼俗，即诞生礼、成年礼、婚礼、寿礼、葬礼，这些礼俗表现出一个民族的心理状态。人生礼仪民俗中的各部分，无论是寿庆礼俗、婚嫁礼俗还是丧葬礼俗，都具有鲜明的民族特色和地方特色。在人生礼仪民俗中，婚嫁习俗最受家庭和社会的重视，也是旅游者最为青睐的民俗体验活动。如土家族哭嫁，姑娘出嫁时会哭嫁，以此表达告别娘家生活的情感。

3. 游艺类民俗活动

游艺类民俗是各种民间娱乐活动的总称，包括口承文艺活动、民间歌舞、民间戏曲与曲艺、民间竞技与游戏等文化娱乐活动，是一种以消遣、调剂身心为主要目的的民俗文化。游艺民俗活动兼具娱乐性与竞技性，大多以节日为载体开展群体性活动，如民间传统节日“三月三”，各地在这一天都会举行丰富多彩的活动，其中以壮族三月三的歌圩和侗族三月三的抢花炮最富民族特色。游艺民俗在一定的自然环境和人文环境中孕育产生，并在民间广为流行，其形态由于受生产、生活方式及地域条件的制约，具有强烈的乡土气息，地区差异较大。例如，舞龙是江南地区极其普遍的一种民间活动，但各地龙的形状都不相同，有布龙、板凳龙等。温州滨海地区的船形龙和浙西地区的草龙，就很具特色。

浙江淳安非遗草龙

二、民俗风情旅游资源美学特质

（一）民族性

人类民族的形成可以追溯到原始社会末期。从那时起，人类就开始分属于不同的社会群体。各民族有自己的民族语言、民间艺术、地方风物、传统服饰、特色民居等。作为一个群体的一种约定俗成、传续承继的共同行动，民俗景观被深深打上了民族的鲜明烙印。一个民族的历史越悠久、文化积淀越深厚，它的民俗景观就越显得独树一帜。

（二）地域性

地域性主要是指民俗景观在空间位置上的差异，表现为不同的地方特色。常言道：“一方水土养一方人。”也就是说，一个地域的总体环境状况会造就一种民俗风情。不同的自然地理环境，孕育出的民俗风情便带有浓郁的地方色彩。北方人性格较豪爽粗犷，南方人则较含蓄细腻；北方人常以面食为主食，南方人则多吃米饭……这些差异很大程度上正是由于自然环境条件的不同而逐渐形成的。如今，尽管交通已经十分便利，信息传递方便快捷，但仍有一些保持了独特地域特点的地区。走进那里，旅游者会明显感觉到与日常生活完全不同的体验，这正是强烈的地域性的体现。

（三）时代性

民俗的形成需要经历一个漫长的时间过程。从历时性的角度看，民俗的时代性主要体现为稳定继承性和变异发展性。民俗风情一般是由上层社会倡导或个人发起，或是由下层社会创造的，在经历较长的时间后得到社会的认可及众人的效仿，最终被人们所接受。民俗一旦被整个社会接纳并长期稳定下来，便会在一个社会群体中传承、继续，历经几十代人甚至几百代人，仍有着顽强的生命力。有不少民俗早已深入人心，渗透在整个民族的精神文化之中。随着时间的推移、生产力和生产关系的发展与变化，人们的生活方式、价值观念也会随之发生改变，有的民俗风情会渐渐消失，新的民俗风情会慢慢形成。一般来说，被淘汰和放弃的往往是那些与时代精神相悖的陋俗，被认可和接受的则往往是一些具有积极意义、符合时代风尚的良俗。民俗的时代性正是稳定继承性和变异发展性的结合。

（四）多样性

据统计，全世界有 2 000 多个民族，其中不少民族还有两个至几十个不等的支系；全球共有 200 多个国家和地区，其中每个国家或地区的内部又划分有若干行政区；地球可供人居住的除了平原外，还有山地、草原、盆地、高原、岛屿。这些因素使世界上出现了数以千计的民族语言和地方方言；出现了数不胜数的民间歌谣和地方风物；出现了千姿百态的民族服饰和地方民居；出现了绚丽多彩的婚恋方式和民族节日。我国地域辽阔、民族众多，文化习俗内容非常丰富，风土人情各具特色。从古至今，各种社会景观中都体现出众多的民俗民风。

（五）参与性

民俗风情体现在现实生活的方方面面，因而民俗景观作为一种旅游资源，不仅可以观看、欣赏、接触，更需要旅游者参与、体验。民族风俗风情的特殊文化内涵影响着各民族生存、生活、社会交往等活动的特殊观念和价值取向，只有参与到当地人的日常生活中，才能真正感受并体验到异地或异族文化的深刻内涵与精神氛围。

（六）奇趣性

民俗景观根植于社会生活，是民间生活状态的鲜活体现。民俗景观旅游对认识、教化、娱乐、审美等方面的习俗进行深入发掘，力求使旅游者在完全新鲜的环境中亲身体会异乡情调的生活，感受从未接触过的风俗。对于旅游者来说，这是完全陌生的新奇生活的审美体验。旅游者通过民俗景观旅游审美，感受到不同生活的乐趣，感受到各种民俗风情的真切、热情、多姿与绚丽，享受身心的放松与愉悦，最终能以更加积极乐观的态度面对现实生活。

资料链接

中国传统民俗文化蕴含的真善美

中国传统民俗文化蕴含着丰富的真善美。

首先，从“真”的方面来说，民俗文化是真实反映人民生活的镜子，它展现出人们在不同地域、不同历史背景下的生活方式、价值观念和审美取向。例如，春节、端午、中秋等传统节日，是人们对时间的特殊感知，反映了人们对自然的敬畏和生活的智慧。在这些节日中，人们会有各种民俗活动，如放鞭炮、舞龙舞狮、赛龙舟、吃月饼等，这些活动都是人们真实生活的体现。

从“善”的方面来说，民俗文化强调人与人之间的关系，倡导人与人之间的互助与关爱。比如，传统的礼仪文化，如婚丧嫁娶的习俗，体现了人们对于亲情、友情的重视和对生命的敬畏；又如民间故事中的“二十四孝”，提倡孝顺、忠厚、诚实等传统美德，这些都是民俗文化中“善”的体现。

从“美”的方面来说，中国传统民俗文化充满了视觉美、听觉美和意蕴美。例如，各种民间工艺品，如剪纸、刺绣、陶器等，都具有独特的视觉美感；传统音乐、舞蹈、戏曲等艺术形式，具有韵律美和动态美；而各种传统节日的寓意和象征，如春节的“福字”、端午的粽子、中秋的月饼等，体现了人们的美好寄托和祝愿。

总的来说，中国传统民俗文化蕴含的真善美体现在生活的方方面面，它是我们民族精神的体现，也是我们民族文化的瑰宝。

案例分析

大理白族的三道茶

三道茶是大理白族节庆婚嫁时敬献宾客的饮品，同时也是一种礼仪形式。三道茶的独特之处就在于，各道茶各有特点，可概括为“头苦二甜三回味”。

头道茶，苦茶。由身穿民族盛装的姑娘、小伙跳完鹤舞、耍花舞、灯盏舞之后献上来。二道茶，甜茶。先将核桃仁片与烤乳扇（牛奶制成的扇状食品）和红糖等配料放入茶杯，然后冲入滚烫的茶水即可敬献客人。第二道茶又甜又香且有乳香味，十分可口，具有丰富的营养价值。三道茶，回味茶。此道茶集甜、麻、辣、茶香于一体，饮时别有风味，令人回味，故名回味茶。白族的三道茶除美味可口、饮来别有情趣外，由于先苦后甜再回味，颇具生活哲理，所以深受白族群众喜爱并发展成一种完整的茶文化礼仪。

简析

白族三道茶民族风情浓郁醇厚，从三道茶中不难体味到白族人民乐观、自信、追求稳定和谐的性格和朴实的民族风情之美。

拓展练习

康定跑马山转山会

跑马山转山会是四川康定地区的传统节日之一。每逢农历四月初八，人们从四面八方不约而同云集康定跑马山，载歌载舞、祈年祷岁、祝福吉祥、预祝丰收，场面壮观，热闹非凡。

康定利用自身特有的自然生态及《康定情歌》的深远影响，将传统的民俗文化活动与现代旅游、自然风光与人文景象融为一体，并通过开展丰富多彩的文化活动营造出具有浓郁地方特色和现代色彩的节日氛围。

在这个节日里，你或许会被人们的虔诚、优美的舞姿、多彩的服饰、热烈的气氛所打动，但更多的或许是被这些符号所传达的民族文化所吸引。

问题：

从审美角度说明保护“跑马山转山节”风俗的重要意义。

跑马山

课程思政重点

树立文化自信

党的二十大报告指出：“全面建设社会主义现代化国家，必须坚持中国特色社会主义文化发展道路，增强文化自信，围绕举旗帜、聚民心、育新人、兴文化、展形象建设社会主义文化强国，发展面向现代化、面向世界、面向未来的，民族的科学的大众的社会主义文化，激发全民族文化创新创造活力，增强实现中华民族伟大复兴的精神力量。”

中国历史悠久，文化资源丰富。开展历史文化旅游资源的审美，也是增强“文化自信”的过程。增强文化自信就是要激发对中华优秀传统文化的历史自豪感，在全社会形成对社会主义核心价值观的普遍共识和价值认同。

我们有博大精深的优秀传统文化。它能增强中国人的骨气和底气，是我们最深厚的文化软实力，是我们文化发展的母体，积淀着中华民族最深沉的精神追求。诸如自强不息的奋斗精神，精忠报国的爱国情怀，天下兴亡、匹夫有责的担当意识，舍生取义的牺牲精神，革故鼎新的创新思想，扶危济困的公德意识，国而忘家、公而忘私的价值理念等，一直是中华民族奋发进取的精神动力。此外，天人合一、天下为公的社会理想，以人为本、民唯邦本的治国理念，载舟覆舟、居安思危的忧患意识，止戈为武、协和万邦的和平思想，与人为善和己所不欲、勿施于人的处世之道，儒法并用、德刑相辅的治理思想，以和为贵、和而不同的东方智慧，一直是中华民族治国理政的思想渊源。小康社会的“小康”这个概念，也是出自《礼记·礼运》，是中华民族自古以来追求的理想社会状态。

这些千百年传承的理念，已浸润于每个国人心中，成为日用而不觉的价值观，构成中国人的独特精神世界。正如 2014 年 9 月习近平总书记在纪念孔子诞辰 2 565 周年国际学术研讨会上所说，中国思想文化体现着中华民族世世代代在生产生活中形成和传承的世界观、人生观、价值观、审美观等，其中最核心的内容已经成为中华民族最基本的文化基因。这些最基本的文化基因，是中华民族和中国人民在修齐治平、尊时守位、知常达变、开物成务、建功立业过程中逐渐形成的有别于其他民族的独特标识。

我们还有鲜明独特、奋发向上的革命文化和社会主义先进文化。革命文化是近代以来特别是五四新文化运动以来，中国共产党领导人民培育和创造的思想理论、价值追求、精神品格，如井冈山精神、长征精神、延安精神、西柏坡精神等，集中体现了马克思主义指导下的中国近现代文化的发展及成果，展现了中国人民顽强不屈、坚韧不拔的民族气节和英雄气概。社会主义先进文化是在中国共产党领导人民推进中国特色社会主义建设的伟大实践，在马克思主义指导下形成的面向现代化、面向世界、面向未来的，民族的科学的大众的社会主义文化，代表着时代进步潮流和发展要求。

2016 年 7 月 1 日，习近平总书记在庆祝中国共产党成立 95 周年大会上指出“在 5 000 多年文明发展中孕育的中华优秀传统文化，在党和人民伟大斗争中孕育的革命文化和社会主义先进文化，积淀着中华民族最深层的精神追求，代表着中华民族独特的精神标识。”我们的文化自信，不仅来自文化的积淀、传承与创新、发展，更来自当今中国特色社会主义的蓬勃生机，来自实现中国梦的光明前景。国家兴旺，文化必然兴盛，中华文化正迎来一个繁荣发展的黄金期。

巩固提升

答疑解惑

1. 历史文化旅游资源的特征是什么？

答：历史文化旅游资源具有形式美、生活美、意境美、综合美的特征。

2. 我们可以运用哪些审美方法和策略对具体的历史文化旅游资源景观进行审美分析？

答：历史文化旅游资源的审美可通过观察、体验、创造等审美方法对审美对象进行由表及里、由形到神的欣赏。具体可采用因地制宜、动静相宜、因时而异、营造意境等策略。

3. 古建筑旅游资源的审美特征是什么？

答：中国古建筑的外在形式美通过古建筑的结构、布局及装饰等艺术加工而得到充分展现，巧妙而科学的框架式结构、庭院式的组群布局、丰富多彩的艺术形象等都给人以精神的享受。

4. 民俗精神旅游资源的审美特征是什么？

答：民俗精神旅游资源具有民族性、地域性、时代性、多样性、参与性、奇趣性等审美特征。

项目小结

历史文化旅游资源是旅游审美客体的重要内容，积淀了前人的智慧、情感、理想和愿望，是人类宝贵的文化遗产。作为中国文化遗产的重要组成部分，历史文化旅游资源是我国悠久历史的明证。历史文化旅游资源具有强烈的社会性和明显的功利性，因而侧重于内容美，其最大的魅力在于内在的文化意蕴。本项目主要研究和介绍了历史文化旅游资源的审美特征与审美方法，并对古建筑、民俗风情等典型历史文化旅游资源加以赏析。学习本项目，还应了解中华优秀传统文化的价值，激发文化自豪感，坚定“文化自信”，并通过旅游行业工作，传播中国文化，讲好“中国故事”。

综合练习

头脑风暴

1. 中国古代建筑多用木材，而西方古代建筑多用石材，建筑材质的不同，既有地域的差异，也有中西方文化审美的差异。请举例谈谈自己的看法。

2. 中国南北地区的节日饮食习俗差异较大，请选择一个节日主题，通过具体例子分析原因。

实践运用

1. 登录“全景故宫”，在线游览故宫，选取故宫古建筑的一个场景（整体布局或局部细节）进行审美练习，并汇报交流审美心得。

2. 中国古代是农业大国，民间创作了丰富的农事生产谚语。请以小组为单位，调研本地区关于农事生产的谚语，配以图文，制作电子海报，开展农事民俗审美分析。

信息化资源

课程动画　拓展学习　双语园地　关键词点击　互动练习

项目五 开展艺术作品旅游资源审美

问题引入

艺术作品是重要的旅游资源，是旅游过程中必不可少的审美对象。随着旅游者文化素养的进一步提升，旅游者对艺术作品的赏析能力也已有较大提升。旅游者希望旅游服务人员有较高的介绍艺术作品的能力，能使自己获得较高的美感体验。什么是实用艺术作品？实用艺术作品审美有没有特征和方法？与旅游活动密切相关的文艺作品和工艺作品有哪些？它们有什么特征？该如何欣赏？如何才能更好地介绍它们？只有解决好这些问题，才能帮助旅游者获得高水平的审美享受。

学习目标

1. 了解实用艺术的一般审美特征和方法。

2. 掌握包括诗词、楹联、书法、绘画等在内的文艺作品和工艺品中瓷器、玉器、丝绸、刺绣、雕塑等的具体特征和欣赏方法。

3. 能综合运用艺术作品的审美方法体验并介绍艺术作品类旅游资源的美学特性和价值。

4. 贯彻落实党的二十大精神，增强使命责任担当，培育“工匠精神”，焕发劳动热情，厚植工匠文化，恪守职业道德，将辛勤劳动、诚实劳动、创造性劳动作为自觉行为。

任务导读

通过本项目的学习，完成以下任务：

任务一　掌握艺术作品旅游资源的审美特征与审美方法

任务二　开展文艺作品类旅游资源审美体验

任务三　开展工艺作品类旅游资源审美体验

任务一 掌握艺术作品旅游资源的审美特征与审美方法

案例导入

弹壳也能申遗

弹壳未来也可能会成为一个非物质文化遗产。它可能成为工艺品，出现在大家的视野里、收藏柜里。

报废的弹壳经过高温高压清洗、精抛等工艺加工成精品弹壳原料，然后采用手绘、着色、镂刻、蚀刻等工艺技术加工成别具匠心的主题工艺品。设计者意识到这种工艺品的罕见性，独创性地申请了非物质文化遗产。

问题与思考

1. 弹壳工艺品符合艺术作品的哪些审美特征？
2. 你可以为弹壳工艺品制作一份申遗申请书吗？

艺术作品旅游资源审美要素与特征

知识探究

一、造型艺术的审美特征与审美方法

造型艺术是指用一定的物质材料（如颜料、绢、布、纸、木、石、铜、胶卷、相纸等）和艺术手段（如构图、透视、用光等），通过塑造直观的静态的视觉形象来反映社会生活、表现审美意识和思想情感的一种再现性空间形象的艺术。造型艺术既可归属于表现艺术和再现艺术，又可归属于空间艺术、静态艺术、视觉艺术。造型艺术有狭义和广义之分：狭义的造型艺术专指绘画、雕塑和摄影；广义的造型艺术又称“美术”，包括绘画、雕塑、摄影、建筑、工艺美术、书法、篆刻、工业设计等。

造型艺术中的各门类艺术虽以不同的艺术语言体系来创造形象，但同时它们又都是视觉艺术、静态艺术和空间艺术，因而具有一些相通的审美特征与审美方法。

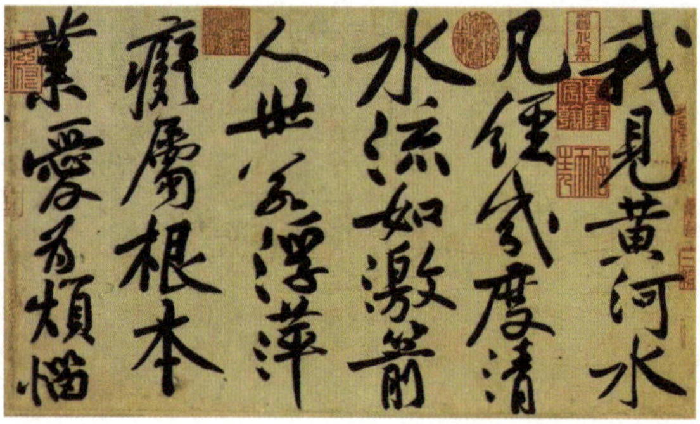
黄庭坚（北宋）行书《寒山子庞居士诗卷》（局部）

（一）直观形象性审美

直观形象性审美是指欣赏造型艺术具有的运用物质媒介展示物质实体艺术形象的美学特性。绘画、摄影、书法是在二维空间里展现具有虚幻立体感的形象；雕塑、建筑、工艺是在三维空间塑造具有物质实体性的形象。造型艺术所塑造的艺术形象，不论是绘画、雕塑还是摄影作品，都具有一定的形体，有的还能并列形体的诸多部分，多角度、完整、全面地展现物象的具象性、生动多样性和立体性，都是直接诉诸欣赏者的眼睛，凭借视觉感一目了然，无须借助其他任何中介物。它不仅表现在以现实生活中可视可触的事物为反映对象，也表现在它可以把现实生活中某些难以显现的无形事物转化为直观的具体视觉形象。

（二）瞬间性、静止性和永固性审美

造型艺术要反映客观现实生活，就必须找到恰当的表现方式，也就是在动和静的交叉

点上，抓住客观事物发展变化的某一瞬间形象，将它用物质材料和艺术语言固定下来，这就是造型艺术瞬间性的特点。绘画、雕塑都是以不变的物质材料为媒介塑造形象，不能描绘时间过程，只能摄取生活中可视的、相对静止的物体或物体变化运动中的某一可视的瞬间，其形象也只能在空间以静止的方式展示。因此，凝固的瞬间的形象，即成永恒的稳固，这是一切造型艺术的共同特征。所谓永固性，是指造型艺术的瞬间形象一旦被创作出来，也就同时被物质材料固定下来，可以供人们多次欣赏，甚至可以千百年流传下去。

对造型艺术形象的欣赏要思考艺术作品能否以静带动、寓静于动，抓住客观事物变化过程中能表现其精神实质的一瞬间，将它固定下来，从而产生动态的审美效果。优秀的绘画和雕塑可以化动为静、以静写动，莱辛把这种方法叫作“暗示”。如古罗马著名雕塑群《拉奥孔》表现拉奥孔和他的两个儿子被巨蟒缠绕以后的恐惧和痛苦，但作者选择拉奥孔的痛苦表情却不是到达临死终极时的狂呼乱叫，而是将哀号化为轻微的叹息这一瞬间。造型艺术必须善于从运动的事物中选择、提炼那包含着事物前因后果的静止瞬间，通过这一瞬间去表现人物的性格和事物运动的持续性。

（三）形式审美

形式美是指构成事物的物质材料的自然属性（形状、色彩、线条、声音等）及其组合规律所呈现出来的审美特性。造型艺术具有在艺术形象中凝结和聚合形式美的特性。形式美的法则多种多样，如对称、均衡、节奏、韵律、对比、比例、主从、尺度、明暗、虚实、多样统一等。它们可以分别运用于造型艺术的不同门类，在各门类的具体运用中，又凝聚成美的千姿百态。如北京故宫的造型、布局、色彩均具体而完美地体现了对称与均衡、尺度与比例、主体与陪体、节奏与韵律乃至多样统一等形式美法则，被称作“凝固的音乐”，使人感受到具有音乐般的节奏韵律。

这些高度凝聚的形式美主要表现在三个方面：一是物质材料的感性形式美；二是表现手段的美；三是运用形式美规则所产生的美。造型艺术的形式往往具有独立的审美价值，在一些抽象的绘画、图案或书法艺术中，主要就是形式美。如果形式本身不美，意蕴就无从表达。比如线条形式美的本质在于它的情感意味，线条的光滑滞涩、硬软坚柔、轻重缓急、清晰含混等品格，线的长短、粗细、疏密、干湿、曲直、快慢等节奏的变化，可以表现出画家无限丰富的情感内容。中国画线条的情感意味更强，如山水画中的披麻皴，由近于平行的线条组成，运动徐缓，绵延层叠，疏密相间，给人以宁静、和谐、深远的感觉。书法艺术用笔的轻重、快慢、偏正、曲直的形式美感构成书法艺术的点划美；字形、字与字间的欹正、疏密、大小呼应对比则是形式美规律中的均衡匀称的运用，从而构成书法艺术的结构美；书法整体布局的韵律感和节奏感，则形成书法艺术的章法美。

（四）空间造型性审美

造型性是指艺术家运用一定的物质材料，在特定的时空中塑造出欣赏者可以通过感官直接感受到的艺术形象。造型艺术可做到“以形写神”，即可通过形体塑造，充分发掘对象的神采、精神，表现其中蕴含的思想感情、时代精神等审美意蕴。空间造型性是这类艺术最基本的审美角度之一。

一般来说，绘画、摄影和雕塑中的浮雕是通过透视、色彩、明暗等手段，在平面上产生现实空间的假象，实际上只是一种“虚幻的空间”。中西方绘画运用不同的透视方法来营造这种虚幻的立体空间。中国画讲究“散点透视”的运用，使整个画面呈现出一个俯仰自得、回旋往复、空灵变幻的无限空间。西方的油画大多运用“焦点透视”，使其构图呈现的是一种静止的、有限的空间。建筑艺术是在三维空间中建造立体的、环绕着我们的空间，是“空间创造”的艺术。雕塑的空间是一个实体性“空间存在”的艺术。中国书法造型空间呈现布局形式体现出一种整体的美，体现出书法艺术空灵、含蓄的空间意识。

二、语言艺术的审美特征与审美方法

艺术作品旅游资源审美方法与体验

语言艺术即文学，是指以语言为物质媒介塑造形象或情境来表情达意、反映生活的艺术。文学是艺术大家族中唯一仅仅运用语言文字为物质材料来反映现实生活、表现艺术家的审美感受、审美情感、审美理想的艺术门类。

旅游资源中的碑额、楹联、题词、游记等，都可以归入语言艺术的范畴中。

（一）思想内容审美

在各类艺术中，语言艺术的形象最富有深刻的思想性。一方面，文学可以借助语言媒介，深入人类思想领域，进行深层发掘，打开人类思想最隐秘、最富有的宝库，以理性深度取胜；另一方面，文学家以语言的形式再现出来的思想，能比其他艺术媒介更容易、更明晰地唤起读者对社会思想的认同、回味、反思和批判，产生一种深入骨髓的时代感、历史感，从而引起读者心灵中爱与恨、善与恶、灵与肉、生与死、情与理等复杂多样的深刻冲突，更深入地认识人本身，获得最大的审美满足。

语言艺术的思想性，在我国古典文学诗词中体现得最为明显。孔子所说“诗言志”就是用来抒发志向与情怀的独具思想性的诗歌文体的重要特征。

（二）情感色彩审美

在文学作品中，思想性和情感性二者的关系极为密切。从一定意义上讲，文学作品的思想性总是被情感所包裹并通过艺术形象表现出来，只有将情感渗透到思想里的作品才能具有震撼心灵的艺术魅力，使读者在被打动的同时去深入领会作品蕴藏的思想内涵。任何文学作品都包含着作家的主观情感。文学的情感性越浓烈，越能感染读者，就越富有艺术魅力。文学作品的情感性也离不开思想性，因为这种情感往往在理性思想的指导下成为具有特定爱憎情感的倾向性。所谓倾向性，其实就是作家的爱憎褒贬体现在文学作品中的思想艺术属性。显然，文学作品中的思想性和情感性二者相互渗透、相互融会，成为一切文学作品不可缺少的要素。

（三）作品结构审美

文学作品的结构是对作品内容的组织和安排，是文学作品形式的构成因素之一。对题材进行适当的剪裁，分清主次，以形成明确的主题意蕴；对叙事作品中的人物、情节、环境关系进行总体安排，以构成完整的生活图画；对抒情作品的意象结构、节奏变化等进行总体考虑，以清晰地展示诗人的情感逻辑和线索，都属于文学结构的内容。结构与语言具有特殊的地位和作用，它们不仅是构成文学作品的重要艺术手段，而且本身也具有审美价值。任何文学作品都离不开结构，结构是构成文学作品有机整体的必不可少的重要手段，有极其重要的作用，甚至直接关系到整个作品的成败。

（四）作品语言审美

文学作品的语言美主要体现在文学语言的音乐美、修辞美、含蓄美三个方面。

语言具有的音乐美是指语言音调和谐，节奏鲜明，读起来朗朗上口，听起来悦耳动人，能给人以美的享受和强烈的感染。优秀的语言艺术作品，总是以各种各样的方式表现出语言的音乐美。诗歌是对音乐美要求最高的一种语言艺术。我国律诗既讲究押韵，又讲究平仄、对仗，诵之如行云流水，听之若金声玉震。作为文学语言符号系统重要组成部分的声音构成了语音系统的节奏美和音律美，文学作品中由节奏和音律组成的语音系统之美，即语音美，便是音乐美的核心。一般的语言总是通过言说而表现其功能的，言说和阅读都具有音响、节奏和旋律。文学语言在言说和阅读中显示其抑扬顿挫的音乐美的魅力，就是节奏美和音律美的充分释放。中国古典诗词以其严整的格律而极尽声韵节奏之美。在诗歌中，音调悦耳、节奏鲜明、旋律优美的语言美最富于意境。

修辞美是文学语言中富有表现力并带有一定规律性的表现程式的美，语言修辞美充分显示出文学语言的审美功能不仅在于它能够现实地反映客观世界，满足人们认识交流和情感体验的需要，更在于它能够以自身的特质创造出一个完整的艺术世界。

含蓄美则是把似乎无限的意味隐含或蕴蓄在有限的语言中，真实的意义被字面意义所掩隐，使读者从有限中体味无限。文学的含蓄性是对文学活动特殊的语言与意义状况的概括，是作品内部由于语言的特殊组合而包含的对意义阐释的多种可能性。富有含蓄美的语言含而不露，使人回味无穷。

资料链接

插花艺术

实用艺术是人类最古老的艺术种类，艺术作品旅游资源大多数属于实用艺术。实用艺术和人们的物质生活、精神生活关系密切。实用艺术通常有广义和狭义的区分，广义的实用艺术是指既能满足人们的实用需求，又能满足人们的审美需求，把技术与艺术融为一体的作品，一般包括建筑、园林、工艺、现代艺术设计。狭义的实用艺术通常指那些运用一定的艺术技巧和造型手段，对生活实用品或陈设装饰品加工的装饰艺术，如陶瓷工艺、染织工艺、玉器雕刻、家具工艺、装饰绘画、商业广告艺术等。在科学技术高度发达的当代社会，实用艺术发挥着越来越重要的作用。实用艺术的门类很多，主要包括建筑与园林艺术、工艺美术、服装艺术和书法艺术等。

案例分析

吴为山：用雕塑讲述中国故事

吴为山作品《马克思》

多年来，吴为山致力于中国文化精神在雕塑创作中的独特表达，致力于中西方文化艺术的交流与合作。他认为："中国写意艺术，源自天象地脉的造型意象，合于中国古代天人合一的大宇宙生命理论，表现为象、气、道逐层升华而又融通合一的动态审美。它的表现智慧和创作过程，它的思想性和形式特征，皆是东方精神的形象对应。它叙述和弘扬的是一个古老而弥新的民族之诗性追求。""中华民族从古到今，有太多可歌可泣的人和事，而讲故事的机会并非天天有，因此向世界讲好中国故事，要选择经典的故事，要讲文化的精髓。"吴为山认为，培养文化自信，首先要深入了解自己民族优秀的传统，尤其是中华美学精神。

资料来源：王肇鹏．吴为山：用雕塑讲述中国故事．(2020－12－25)[2024－05－01]．http：//cul.china.com.cn/2020－12/25/content_41406744.htm.

简析

"在全球化时代背景下，在包罗万象的艺术生态中，中国的美术家要找到支点，保持平衡，才能使经典艺术与当代创造有机融合，使中国美术在世界艺术史图景中立定文化坐标。"正是基于这样的考虑，吴为山在对中华美学精神、对中国传统雕塑艺术进行研究的基础上，提出"写意雕塑"的概念，使得中国的雕塑成就为世界所惊艳。

拓展练习

旅游纪念品

旅游纪念品，顾名思义，即游客在旅游过程中购买的精巧便携、富有地域特色和民族特色的工艺品、礼品，可让人铭记于心。有人比喻旅游纪念品是一张目的地的名片，这张名片典雅华丽，有收藏与鉴赏价值。

真正好的旅游纪念品应该是一件实用艺术的作品，兼具长久的生命力和吸引眼球的新鲜感，保持其"真"与"特"才是核心所在。所谓"真"就是本真，保持本土特色，使旅游纪念品具有鲜明的地域特征和文化特征。所谓旅游纪念品的"特"，就是具有特殊性、创新性和时尚感。此外，旅游纪念品还应具有一定的实用性，摆件只能供人观赏，唯有把文化移植到生活中，接地气，群众喜闻乐见，才能既有生命力又有新鲜感。

问题：

1. 旅游纪念品具有艺术性、实用性和旅游目的地纪念性的多重属性，在旅游纪念品开发的过程中，如何平衡这些属性？

2. 请结合你所熟悉的某个旅游目的地，为其设计一款旅游纪念品。

任务二　开展文艺作品类旅游资源审美体验

案例导入

孟姜女庙又名“贞女祠”，坐落于山海关城东门外6.5千米的望夫石村凤凰山上，面临渤海，背靠燕山。建筑包括山门、钟楼、前殿、后殿、振衣亭等，前、后殿为悬山顶，三楹四窗。前殿内塑孟姜女像，旁塑二童。到过山海关孟姜女庙的人，都对庙前“海水朝朝朝朝朝朝朝落，浮云长长长长长长长消”一联赞叹不已。这一楹联被誉为“天下第一奇联”。

孟姜女庙前殿的楹联

问题与思考

1. 你能用不同的方法诵读孟姜女庙的楹联吗？
2. 你可以从楹联、书法审美角度讲解孟姜女庙的楹联吗？

一、诗词和楹联审美体验

人文昌瑞——文学作品审美

（一）诗词审美体验

对于旅游诗词的鉴赏，严格来讲并没有一定的标准，鉴赏是一种“诗无达诂”的创造性活动，但是要做一个自觉的诗词鉴赏者，也需要掌握一些基本知识，以及前人所总结并且行之有效的鉴赏思路与方法。

鉴赏旅游诗词，需要具备基本的语言、文体等知识，要有与旅游诗词鉴赏相关的知识积累，必须了解诗词的基本形式特点，对诗词的体制、风格、发展历程有一个较为全面的把握。在欣赏诗词之始，要本着“知人论世”的原则，着重考察作者的生活经历、思想倾

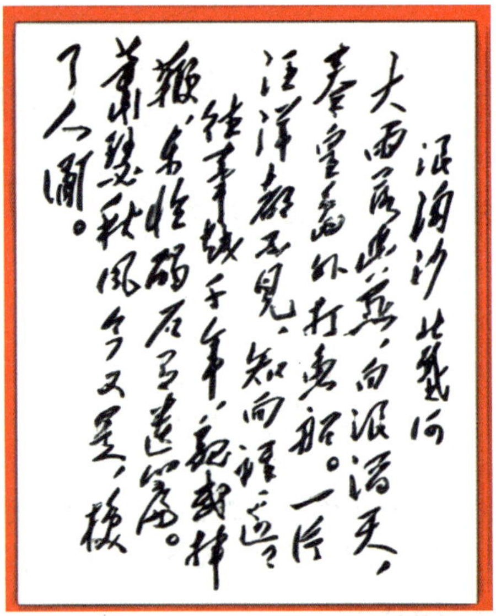

毛泽东 《浪淘沙·北戴河》

向、政治主张、志向追求、人生感悟、感情体验等。孟子说：“颂其诗，读其书，不知其人，可乎。是以论其世也。”“知人论世”，用今人的话说，就是评论古人的文学作品，一定要先了解时代背景和作者的身世处境。我们理解诗人的作品，当然首先要了解他的生平经历，了解他所经历的时代背景，这样才能够准确地理解诗词要表达的含义。对一首诗词的寄托之意的把握，不仅要结合时代背景和诗人的经历处境，而且最好能够找到诗人同时期的其他作品进行比照，切忌脱离作品、作家及时代的天马行空式的臆测。只有在“知人论世”的基础之上，才有可能产生情感共鸣，才能实现读者与作者、今人与古人的心灵沟通。

在鉴赏过程中，要从诗词的审美特征和艺术特性入手，采取恰当的欣赏方法，做到诗词特征与欣赏方法相结合，同时注意体会旅游诗词在情感、意境、想象和语言等方面的独特之处，要在欣赏中品味和感悟旅游诗词的审美特征，即强烈的抒情性、情感色彩和丰富的想象力，凝练而具有色彩美与音乐美的语言，多样的修辞技巧及意境美。

（二）楹联审美体验

欣赏名胜楹联要学会给楹联断句。名胜楹联与各类旅游景观相辅相成、相得益彰，是名胜景观的点睛之笔，是旅游者识景的一把钥匙。但许多旅游景点的楹联并没有标点，而且还有长联、超长联，如何分清上下联、如何断句是欣赏这些楹联的第一步。具体而言，一要分清上下联；二要抓住对联的领词；三要灵活利用反复词的位置。

旅游景区的楹联绝大部分是各朝各代遗留的，历史悠久，而且多和古代书法紧密结合在一起，了解一些书法方面的常识，将有利于读懂和欣赏楹联。另外，有些楹联中会运用一些相关典故，知道一些景点背景史料和有关文学知识能更好地理解和认识楹联深含的意蕴。

通过旅游景区自然和人文景观中的楹联名句赏析，可以品味和体悟其抑扬顿挫与朗朗上口的音乐美、摹山绘水与诗情画意的图画美、寓意深远与句绝意长的哲理美，以及书法美、色彩美、语言美等。旅游景观中的楹联有一个突出的特点，就是具有写景和抒情的功用，写景的可以托物言志，抒情的可以直抒胸臆，还有的楹联则将哲学思考融入其中。如洛阳白马寺天王殿联：“大肚能容，容天下难容之事；慈颜常笑，笑世间可笑之人。”此联抓住了弥勒佛的外形和精神特征，揭示出佛教的哲学思考：弥勒佛肚子如此之大，包容了人世间难忍难容之事；笑口常开，表示在佛的心里四大皆空，富贵名利皆不存在，而世人却为名为利忙忙碌碌，弥勒佛正在笑这些可笑之人。纵观全联，既有对弥勒佛形象的勾勒，令人忍俊不禁；又揭示出佛教的哲学思考，发人深省。从修辞来看，这副对联用了顶真的手法：上联后半句“容天下难容之事”的第一个字就是前一句“大肚能容”的最后一个字，下联后半句“笑世间可笑之人”的第一字正是“慈颜常笑”的最后一字，这样读来有一种连绵不断的气势。

二、书法艺术审美体验

翰逸神飞——书法艺术审美

中国书法是随着中国文字的产生而产生的。书法是以汉字为表现对象，以毛笔为表现工具的一种线条造型艺术。中国书法之美是世界上独一无二的，欣赏书法不仅需要掌握好书法艺术技法，还要知晓书法的历史和书法的常识。只有具备了这些知识和能力，我们才能更好地欣赏书法。书法艺术有四个要素，即骨力、气势、神采、风韵。对书法艺术的欣赏，往往是首先观察整篇布局、神采风韵，其次看行气章法，再次看字体结构，最后才评点画。

汉字的书写讲究圆润厚重、仪态活泼、变化多样。即使其墨痕细如游丝、轻若蝉翼，也使人感到有某种浑圆的体积和厚度。欣赏者应借助想象与联想，从汉字的笔画和点线结构中体味出相应的形体美、造型美和点线运动的动态美。

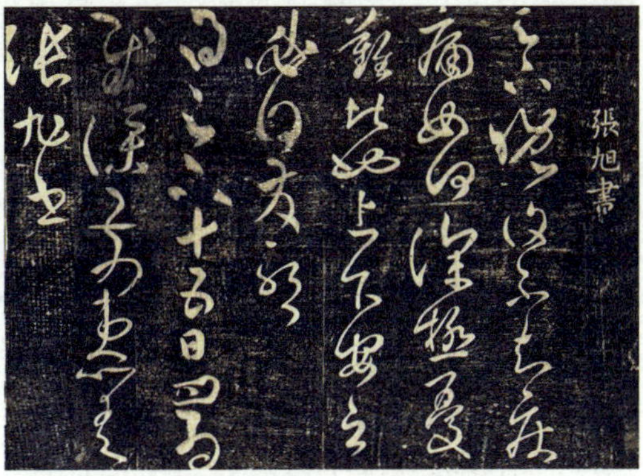

张旭（唐）草书《疾痛帖》（局部）

字的结体和点画就是书法的“形质”。形质的重要性就在于它在点画和结体中所表现出的骨力和笔势。各种字体要有各自不同的艺术处理方法。我们鉴赏一个字，主要看体势意态，看每个字的本身是否结构平稳、组织妥帖。如写篆书，必须运用藏锋，不许有露锋。运笔时沉着缓慢、不偏不倚，才能显得紧密圆浑。而写行草就不同了，可以参用各种笔法：时而中锋、时而侧锋、时而飞白、时而注墨，忽轻忽重、忽迟忽速，这样才能使字变化多端、生动流畅。当我们欣赏一篇篆书和一篇草书时，会产生截然不同的审美，这是由于笔法和线条有两种不同的表现。

三、绘画艺术审美体验

绘画的视觉空间特征决定了绘画欣赏的方式是看，因而提高绘画审美能力的唯一方法也是多看。欣赏绘画与认识的基本过程一样，也是一个由表及里的过程，即从表面征象的认识开始，然后向作品的内在含义发展。因此，对于欣赏者而言，欲获得欣赏的愉悦，达到欣赏的高层次，就需要掌握一定的绘画知识与审美方法。如了解背景知识，知晓绘画发展脉络，把握

顾恺之（东晋）《洛神赋图》（局部）

代表作品特征，学会剖析绘画作品，具体认知其内容细节，细致品赏其表现技法，探究和领悟其精神内涵，体验绘画作品的形式美和艺术语言美，等等。

中国画是一种高雅的艺术形式，欣赏者应该按以下要点欣赏中国画，体验中国画的魅力。

（一）了解中国绘画传统文化，把握时代特点

中国的绘画以山水和花鸟为主，讲究用墨和线条艺术，特别是在写意画中寄托了画家的情感，更给人以强烈的印象。中国绘画表现出来的这种偏重主观情感表达，强调写意性的特点，是与中国的文化传统、哲学思想和宇宙人生观紧密相连的。中国人自古以来主客体融合、天人合一的独特宇宙观念一直影响着中国绘画作品。中国绘画讲究虚实相生，意到笔不到，不强调光线、色彩、体积的描写，只讲究意趣的抒发和笔墨情趣的表现。中国画所呈现出的缥缈旷远、冷峻孤傲、空灵旷达等意境，正是艺术家的胸襟和情怀的象征。这种天人合一、感悟式的思维方式不仅在绘画领域，就是在中国文化的各个方面都有所体现。

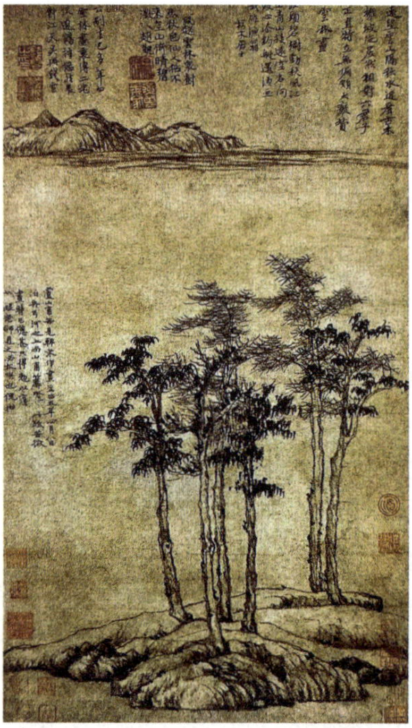
倪瓒（元末明初）《六君子图》

欣赏中国绘画，仅仅了解中国文化的发展变化及其对绘画的影响是不够的，还应当把握时代的特点。因此，在欣赏、评价中国绘画时，不能将某一时期、某一流派的评画标准作为衡量所有作品的尺度，而应当历史地、辩证地理解和欣赏不同时代、不同地域、不同流派、不同风格的作品。艺术是时代精神的体现。有了对古代绘画时代特色的宏观把握，再去鉴赏具体作品，心里就有了底。欣赏古代人物画，还需具备一定的历史知识，对画中表现的人物所在时代、活动情况及性格特点等，都要有大概的了解，然后才能对画做出评价。

（二）欣赏中国绘画的笔墨与技法

中国画主要采用特制的毛笔、墨、宣纸和颜料来进行作画，“笔墨”是中国画技法和理论中的重要术语。笔画粗细兼有，或浓或淡，集形状与色彩、体积与节律于一身，表现了人与宇宙隐秘冲动之间的整体性，使中国画表现出变化无穷的意趣。中国画主张以墨为主、以色为辅，强调笔情墨趣，需注意笔中有墨和墨中有笔，做到笔墨相间。

笔墨与画家的情感相结合，画家通过线条来表达自己的笔情墨趣。中国文人向来主张质朴自然、平淡天成，同时又强调留有空间，给人以再创造的余地，这都使得水墨画成为历代观赏者心目中最完美的中国画形式。

鉴赏中国画，对于它的技法要有所了解，如以线造型、以虚代实、墨分五色、书画同源、意在笔先等。中国画中的线条，是画家抽象和概括自然对象，并加入主观认识，从而创造出的一种表现艺术美的基本手段，线条成为中国画艺术形象最重要的组成部分。各种笔法、笔势、笔锋的变化，使中国画的线条呈现出千姿百态的面貌。三国时期画家曹不兴

以画佛像著称，他画的衣纹线条紧贴人体，就像湿衣下显露出身体轮廓一般，故有“曹衣出水”之说。晋代大画家顾恺之善用精细巧妙、遒劲连绵的线条，故后人称他笔下的线如“春蚕吐丝”。唐代“画圣”吴道子创造了一种起伏流畅、错落有致的线条，所画人物衣袖、飘带均有迎风飞舞的动势感，故被称为“吴带当风”。

（三）欣赏中国绘画将诗、书、画、印完美结合的特色

中国画将绘画、诗文、书法、篆刻四者有机地结合在一起，形成了中国画独特的内容美和形式美。画中题诗或是画家对画中景物的描写，或抒发作画时的心境，或增加画趣，或品论画艺。书画相通，有些画家本来就是书法家，以书入画，更富神采。画印同辉，印是画的组成部分，尤其是通幅水墨画，一方红印盖在画上，显得十分醒目，增加了画的艺术效果。印章的雕工、印文内容、印章位置，都是我们评价的重要方面。中国画家追求诗、书、画、印四绝的和谐共存，吴昌硕、齐白石等就是这方面的名家高手，创作了许多优秀作品。

（四）欣赏中国绘画的布局留虚

布局，实际上就是我们通常所说的构图。中国画在构图方法上不受焦点透视的束缚，多采用散点透视法，使视野宽广辽阔；构图灵活自由，画中的物象可以随意列置，冲破了时间与空间的局限。如北宋画家张择端的著名风俗画长卷《清明上河图》，以散点透视法把汴河两岸数十里的繁华景象呈现在一个完整的画面中，以全景方式展现了北宋都城汴京从城郊农村到城内街市的热闹情景。

中国画的构图十分讲究“留白”或留虚，因为国画传统上是没有底色的，于是留白就很多。留白讲究的是疏、密、聚、散。在留白的地方，有的以书法、诗词、印章等来补白，也有的就让其空白，这些都与画家的安排有关。“计白当黑”是中国绘画构图中的一个重要技法，是画家的一种绘画语言。如齐白石画虾，他总是在几只活灵活现的虾周围留出大片空白，使人感到虾在水中自由游玩。马志远的山水画也常常留有大片空白，表示茫茫水天。

资料链接

旅游演艺活动审美

旅游演艺是将演艺与旅游结合在一起的一种新型文化活动，属于广义的艺术作品旅游资源审美，具有场景美、故事美、舞蹈美等多种文艺美特色，同时又与旅游活动密切结合，是文旅融合发展的产物。

旅游演艺起源于20世纪80年代，其特点为：旅游演艺主题明确，突出地方文化特色；注重娱乐性，强调旅游者欣赏性与参与性的结合；商业特性明显，能产生巨大溢出效益；周期性、区域性和季节性突出。

旅游演艺一般可分为三种主要类型。一是实景旅游演出。实景模式的旅游演出是以旅游地山水实景为依托打造实景演出产品，其代表作是梅帅元的“山水”系列大型

实景演出。实景类旅游演出主要特点是将民俗文化和著名山水旅游景点紧密结合，以当地政府投入为主、多元参与合作，以超常规模化表演为特征的旅游演出。二是主题公园旅游演出。主题公园模式旅游演出主要是在主题公园内打造演出剧目，使演出与游园优势互补的复合型旅游演出项目。主题公园模式旅游演出是高附加值复合型旅游演艺产品。如杭州宋城集团打造的《宋城千古情》就是典型的主题公园旅游演出。三是剧场表演旅游演出。这类演出是以著名旅游中心区为依托，打造舞台化旅游特色演出精品。这一模式在国内成功运行多年，如云南昆明的《云南映像》等。此模式主要是通过社会资本或专业演出单位组建特色演艺团队，创排旅游演艺品牌节目，使之成为旅游消费者完成日间游览后的另一种精神享受和文化观摩，以增加旅游产品的人文内涵和吸引力，是近年来演艺业与旅游业有效合作的典型模式。随着旅游业的发展，未来旅游演艺将呈现以沉浸式旅游演艺为主流、旅游演艺产品加速差异化、与人工智能融合等趋势，表现出越加多彩的旅游审美特色。

实景旅游演出“印象·刘三姐”

案例分析

扬州瘦西湖二十四桥景区有玲珑花界、熙春台、小李将军画本、望春楼、二十四桥等景点，是根据中国历史档案馆所藏图志、《扬州画舫录》等典籍以及清代袁耀《邗上八景》“春台明月”图画设计建构的，于 1990 年复建成功。建造者特地在熙春台前立了一块诗碑，这块诗碑刻有毛泽东手书杜牧《寄扬州韩绰判官》。

毛泽东手迹

简析

这块诗碑是二十四桥景区的画龙点睛之笔，是游客到此必定欣赏并拍照留念的地方。这块诗碑把一个名人的一首名诗和一代伟人的书法结合起来，内容与景区契合，诗作者与扬州的故事能增添游客的游兴，一代伟人的书法更提升了景区品位。

拓展练习

汉学堂是扬州个园南部住宅的主厅，是黄家正式的礼仪接待场所。由于园主人黄至筠之子推崇汉学，所以命名为汉学堂。梁柱全部取材柏木，是扬州最大的柏木厅。中堂联“咬定几句有用书可忘饮食，养成数杆新生竹直似儿孙”为郑板桥所撰，与楹联中间所悬竹石图都为后人仿郑板桥作品。

个园汉学堂

问题：

1. 古代名人书画仿品多，如何看待仿品？
2. 请从书法、绘画、楹联审美角度讲解汉学堂。

任务三　开展工艺作品类旅游资源审美体验

案例导入

某日，导游小王带领客人参观北京故宫博物院，在珍宝馆玉雕《大禹治水图玉山》前，小王介绍道：“玉雕《大禹治水图玉山》，为故宫博物院镇馆之宝，描绘了传说中夏禹开山引洪、兴修水利的情景。玉雕高 224 厘米、宽 96 厘米、重 5 000 千克，采自新疆和田密勒塔山。乾隆下令运料进京，动用几百匹马和近千人，行程万里，耗时三年有余才抵达北京。内务府画匠、玉工以宋朝《大禹治水图》为蓝本进行设计，并制成蜡模，然后发送到扬州进行雕琢，历经六年完成。后来，乾隆命玉工朱永泰，将所撰《题密勒塔山大禹治水图》诗一首及注释共 1 500 余字与印章刻于玉山正反面，又费时一年，至此完工，被安放在紫禁城乐寿堂内。”这时有客人问道：“乾隆为什么不在北京雕琢呢？”

问题与思考

1. 如果你是小王，你会如何回答？
2. 请从审美角度为玉雕重新设计一份导游词。

一、瓷器审美体验

（一）商周原始瓷器

穷工极态——器物作品审美

商周原始瓷器又叫原始瓷器，以高岭土为原料，经高温烧制而成。其性质表现为陶与瓷之间，是瓷器产生的最初阶段。从商代遗址中出土的大量瓷片来看，其造型器物有尊、罍、钵和罐等。釉色以青绿色釉和黄绿色釉为主，也有少量的绿色和淡黄色釉等。花纹装饰早期多为方格纹、篮纹、弦纹，还有少量S纹、人字纹、锯齿纹，这显然是在当时陶器的基础上发展起来的。后期多为方格纹、弦纹、云雷纹、水波纹，这明显是受青铜器上纹饰的影响。原始青瓷烧结程度较好，釉与胎结合紧密，没有脱釉现象，釉色深浅不同，釉薄而均匀，大多数有流釉痕迹，渗水性很小。

大禹治水图玉山（清）

（二）宋代名窑瓷器

1. 汝窑

汝窑瓷器因产于河南临汝县（汝州）而得名。宋代汝瓷，瓷质坚硬细腻，瓷胎多为深灰色、烟灰色、香灰色，并施护胎釉以达到青釉的呈色效果。从釉色上可鉴别其早、中、晚期和民窑产品。宋代早、中期釉色多为豆青色，釉层光亮莹润。宋代晚期民窑器釉色光亮莹润，多为天青、豆青、豆绿、葱绿、天蓝等。官窑器胎质坚硬细密，呈香灰色，底为满釉，釉色有天青、粉青、卵青、天蓝、月白等。金代釉色为豆青、梅子青，胎体粗笨。元代釉不到底，盘山和底足全部露色，釉色深绿，有的泛黄，制作粗糙。汝瓷的造型多种多样，内容题材多花草、云山、游鱼等，图案主要有“莲生贵子”“秋菊”“缠枝牡丹”“盛夏竹叶”等。

汝窑青瓷椭圆小洗（宋）

2. 官窑

宋代官窑由官府直接营建，分北宋官窑和南宋官窑。北宋官窑在北宋末年宋徽宗时才开始烧造，具体的窑址至今没有发现。宋高宗南渡后，在临安（今杭州）另设新窑。两窑烧制的瓷器胎、釉特征非常一致，难分彼此，均为薄胎；呈黑灰等色；釉层丰厚，有粉青、米黄、青灰等色；釉面开片，器物口沿和底足露胎，有“紫口铁足”之称。“紫口铁足”是指青瓷胎料中含铁量高达3.5%～5%，致使制品的口缘釉薄处露灰或灰紫色，而底端刮釉露胎处呈黑褐色或深灰色。官窑的器形除常见的盘、碟、洗等之外，仿商、周、秦、汉古铜器中的各式瓶、炉样式也很多。

3. 哥窑

相传宋代龙泉章氏兄弟各主窑事，哥者称哥窑，为宋代名窑之一。哥窑口缘釉薄露胎，胎呈黄褐色，其足部不挂釉，呈铁黑色，亦有米白、蛋白、粉青、灰、灰绿、奶酪黄等。哥瓷釉比较厚，最厚处与胎的厚度相等，这是区别其他青釉瓷的依据。哥瓷以开片纹而著称，多数开片呈同纹冰裂状，少数裂成很细的小块，由于开片大小不同，深浅层次不同，胎体露出的部位因氧化或受

哥窑青釉鱼耳炉（宋）

污染程度也不尽相同，致使开片纹路呈色不一。哥窑瓷器釉面大开片纹路呈铁黑色，称“铁线”，小开片纹路呈金黄色，称“金丝”。“金丝铁线”使平静的釉面产生韵律美。宋代哥窑瓷器以盘、碗、瓶、洗等为主。

4. 定窑

定窑窑址在今河北省曲阳县涧滋村、野北村及东西燕川村，在宋代属定州（今河北省定州市）。器型在唐代以碗为主，宋代则以碗、盘、瓶、碟、盒和枕为多。胎薄而轻，质坚硬，色洁白，不太透明。定窑由上叠压复烧，口沿多不施釉，称为“芒口”，这是定窑产品的特征之一。北宋早、中期纹饰以刻花为主，常见的有菊花纹、莲瓣纹，也有小虫图案，并出现龙纹刻花大盘。北宋晚期定瓷刻花更加洗练，题材以萱草为大宗，有荷莲、石榴、牡丹、莲瓣、菊瓣、双鱼、蟠螭纹和龙纹等。定瓷的另一特征是印花瓷，构图严谨，层次分明，富丽雅致。定瓷在五代时已开始有款识、纪年、作者名款。

5. 钧瓷

钧瓷主要产于禹县钧台，宋初于此设窑烧造，故名钧窑，宋代晚期，这里成为专为宫廷烧制官瓷的基地。钧窑之独特风格是通过窑变，专造不同色釉的彩瓷，其色彩之多，不可枚举。著名者有玫瑰紫、海棠红、茄皮紫、梅子色、深紫米色、天蓝色、胭脂红、朱砂红、葱翠青、猪肝红、鸡血红、火里红、黑色，相传以红若胭脂者为最佳，葱翠青与黑色次之。钧瓷创烧于唐代，五代的窑变效果虽不如宋代，但打破了长期以来瓷业以青瓷为主的单色釉的局面，它的窑变釉为宋代钧窑窑变的发展打下了基础。鉴赏钧瓷首先要观其窑变，其色釉细润，青如雨过天晴、蓝如碧海蓝天、红如鸡血鲜红，整个彩色艺术完全是一种自然形态。钧瓷没有任何花纹装饰，以自然窑变来表现其端庄肃穆，有一种内在的含蓄美和时代艺术魅力。

钧窑花盆（宋）

（三）明清青花瓷器

1. 明代青花瓷器

青花瓷经过唐宋长达三百多年的探索实践，元时终于在江西景德镇烧制成功，从此成了景德镇陶瓷业中的支柱产业。从用料上看，明代青花瓷在洪武时期，青花发灰，呈色青淡，主要用国产青料，部分用元代留下来的进口青料。永乐、宣德时期，采用的青料，一是进口料，发色鲜艳、泛光，有黑色斑锈，含氧化铁较多；二是国产料，青花为青蓝色，比较温和，多用于民窑产品；三是将进口料与国产料合用，进口料易晕散、流淌，多用于画庭园婴戏图，而

青花凤首扁壶（元）

画人物则多用国产青料，层次分明，艺术效果好。正统、景泰、天顺时期，以国产青料为主，泛色青淡，部分灰暗，但也有进口青料。成化、弘治、正德时期，主要用平等青料，发色淡雅幽青。因此，成化时出现淡描图案，给人以清秀淡雅之感，也有国产料和含铁高锰低的青料混合使用。嘉靖、隆庆、万历时期，主要用回青，发色浓郁华丽，最浓的回青蓝得发紫。天启、崇祯时期，用国产青料，又名石子青，色呈青灰，个别好的为青翠色。从胎质上看，明代青花瓷胎洁白纯净。

梅瓶（清）

2. 清代青花瓷器

从青花瓷的颜料上看，清代品种较多，有石子青、回青、云南珠明料等，色调艳丽，层次较多，浓淡、深浅、明暗分明。宝石蓝、翠毛蓝是康熙时期的代表作。青花瓷的胎釉，康熙早期瓷胎疏松，釉色白中闪青，含氧化铁；晚期瓷胎坚硬，瓷质细白，如糯米粉，釉为浆白釉，釉面光亮，呈橘皮纹。从造型工艺上看，康熙时期青花瓷达到了前所未有的高度。后期点蓝用绘画皴法的披麻皴。绘画题材前期有山水、人物、龙凤、花鸟鱼虫、走兽等；后期题材广阔，包罗万象。康熙中晚期出现粉彩、珐琅彩，特别是晚期，青花瓷的绘画用笔纤细，人物景致的布局缩小。民窑瓷画不受官窑限制，笔触酣畅，画意生动，具有典型的时代特色。

康熙后期至雍正时期，是清代青花瓷烧造顶峰，从此之后逐渐衰退。雍正时期的青花瓷纹饰继承了康熙后期始烧的青花瓷纹饰，偏重于图案化，纹饰有仿明代的云龙、云凤、云鹤、折枝花果、缠枝花卉、花托八宝、贯套纹等，线条纤细。

乾隆时期青花瓷形式多样，无所不包，同时还出现新奇的器物，特别是小件文具和玩赏品，精美纤巧，令人爱不释手。青花五孔双活环瓶是此时的杰作，无搭釉，双环活络。综观这一时期青花瓷器造型，端庄规整，无论大小器物制作均甚精致，但浑厚不及康熙时期，秀美不如雍正时期。

二、玉器审美体验

（一）古代玉器审美

玉器欣赏有两个层次：一是欣赏石；二是欣赏工艺。石之美决定了它的高贵身份，工艺美决定了它的艺术性，石之美和工艺美都可能使之成为有特殊价值的物品，被当作珍宝收藏。例如，在欣赏玉龙、玉璧、玉琮、玉具剑等中国古代玉器时，就要从其造型特征、年代分布和象征寓意等方面体验玉器的质料美、色彩美、造型美、装饰美等。尤其需要指出的是“玉不琢不成器”，玉器审美需要特别关注雕工的水平，高水平玉雕所体现的雕刻者的专注、精准、创新，正是“工匠”精神的体现。

1. 玉龙

龙是人们幻想中的动物，玉龙始见于红山文化，以后历代延续不绝，既有单独造型的，也有作为装饰纹样的，时代特征鲜明，象征着等级、权位、吉祥等。

2. 玉璧

玉璧形状为扁平圆形，中间有一圆孔。玉璧是新石器时代良渚文化的代表器物之一，在良渚文化的墓葬和遗址中常有发现。璧是古代先民祭天的礼器。璧的延续时间很长，历经商周、春秋战国，在汉代还大量存在，而且随着工艺的进步，纹饰越来越精美，但祭天的功能逐渐减退。

3. 玉琮

玉琮形制为内圆外方中空的方柱体，是新石器时代良渚文化的主要代表器物。玉琮的四面，一般以每面环的折角为中线，雕琢神人兽面复合的神像纹。我国古代有“天圆地方”之说，而琮又是内圆外方中空的方柱体，因此，琮应该是古代先民祀地的礼器。神人兽面应是他们所崇拜的神灵形象。玉琮在商周时代之后逐渐减少。

玉琮（周）

4. 玉具剑

玉具剑是用玉装饰的剑。完整的玉剑饰有剑首、剑格（均饰于剑身）、剑身、剑珌（均饰于剑鞘）。玉具剑是王侯贵族身份地位的象征，流行于东周和两汉。

（二）现代玉器审美

1. 北京玉雕

北京玉雕的技艺源远流长，在制作上量料取材，因材施艺，尤以俏色见长。识别北京玉雕时，一般从玉雕的质地、色泽、雕工和纹理入手。北京玉雕与南派玉雕的区别为：首先，北京玉雕的质地坚硬、晶莹细腻，而南派玉雕用的一般是软玉；其次，北京玉雕色彩绚丽，玲珑剔透，南派玉雕色彩柔和；最后，北京玉雕的雕刻十分注重造型，具有宫廷艺术风格，而南派玉雕一般造型比较随意，风格比较粗犷。

2. 海派玉雕

海派玉雕是以上海为中心地区的玉石雕刻艺术风格的派系，形成于19世纪末20世纪初，在当下玉雕艺术中有很大的影响力。海派玉雕的真正贡献在于“海纳”和“精作”。它的“海纳”包容万象——绘画、雕塑、书法、石刻、皮影、剪纸、当代抽象艺术，只要是美的、好的，都可以加以吸收利用。海派玉雕的“精作”更让人惊异，料色的应用、异想、巧作和精制独具匠心；题材的传承、转化、创新和出挑非常丰富。

炉瓶器皿类是海派玉雕最具标志性的创作。海派风格的炉瓶器皿以稳重典雅的造型、古朴精美的纹饰、富有浓厚的青铜器趣味，在中国玉雕行业中享有盛誉。三脚香炉、四喜炉、五亭炉、天鸡瓶、端炉、羊尊、犀牛尊、百佛炉等都是海派玉雕久负盛名的代表作品。今天的海派玉雕善于运用各类玉石的天然形状和不同色泽，因料制宜、因材施艺，造型挺秀，形成了俊俏飘逸的“海派”艺术风格。

3. 扬州玉雕

扬州玉器分炉瓶、人物、花鸟、走兽、仿古、山子雕六个类别，品种齐全、花色繁多。当今的扬州琢玉艺师，全面继承了传统的扬州玉雕优秀技艺，锐意创新，在实践中遵循“量料取材、因材施艺”的琢磨工艺规律，结合时代的要求，不断提高“相玉”能力及雕琢技艺。今天的扬州玉雕构图新颖、造型优美、做工精致。其中，尤以“山子雕”及“练子活”技艺独具一格，显示了扬州玉雕艺人精湛的技艺。

4. 南阳玉雕

南阳玉雕以技巧灵活及色泽显贵著称于世。南阳玉雕用精选的独山玉制作的五环炉、花熏，吸收了古代青铜器和其他工艺品的特色，造型古朴端庄，技艺巧夺天工。南阳玉雕选用原料非常丰富，除独山玉外，还有辽宁岫玉、缅甸翠玉、阿富汗白玉、加拿大碧玉、俄罗斯白玉，以及珊瑚、玛瑙、芙蓉石、水晶石、紫晶石、红蓝宝石等150多个玉种。

三、名锦审美体验

（一）蜀锦

精美绝伦——织造工艺审美

蜀锦原指汉代至三国蜀郡（今四川成都）所织造的锦，大多以经向彩条为基础起彩，并彩条添花，其图案繁华、织纹精细、配色典雅、独具一格，是一种具有民族特色和地方风格的多彩织锦。蜀锦因其历史悠久、工艺独特，有“中国三大名锦之首”的美誉。

蜀锦质地坚韧而丰满，纹样风格秀丽，配色典雅不俗，如唐代蜀锦的图案有格子花、纹莲花、龟甲花、联珠、对禽、对兽等，十分丰富。在唐末，又增加了天下乐、长安竹、狮团等图案。在宋元时期，发展了纬起花的纬锦，其纹样图案有庆丰年锦、灯花锦、盘球、翠池狮子、云雀、瑞草云鹤、百花孔雀、如意牡丹等。在明代末年，蜀锦受到摧残，到清代又恢复了生产，此时的纹样图案有梅、竹、牡丹、葡萄、石榴等。蜀锦的品种繁多，传统品种有雨丝锦、方方锦、铺地锦、散花锦、浣花锦、民族锦、彩晕锦等。蜀锦的织造需要有一丝不苟的态度和精益求精的精神，这是“工匠精神”很好的体现，也是当代旅游从业者所要学习的工作态度和精神品质。

蜀锦

（二）宋锦

宋锦是产于苏州等江南地区的一种质地较薄、组织细密的织物，大多用于装裱书画和包装经卷，也有作为华丽服装的用料。明清时以苏州生产最盛、质量最佳，所产灯笼锦、八答晕锦、落花流水锦闻名全国。宋锦色彩丰富，层次分明，不用强烈的对比色，而以几种明暗层次相近的颜色作渲晕。各种颜色的巧妙配合，形成宋锦庄严美观、渲晕相宜、繁而不乱、典雅和谐、古色古香的风格。

（三）云锦

云锦用料考究，织工精细，图案色彩典雅富丽，宛如天上彩云。现代只有南京生产云锦，常称为“南京云锦”。南京云锦是南京传统的提花丝织工艺品，是南京工艺“三宝”之首。南京云锦配色多达18种，运用“色晕”层层推出主花，富丽典雅、质地坚实、花纹浑厚优美、色彩浓艳庄重，使用大量金线，形成了金碧辉煌的独特风格。

南京云锦

现代云锦继承了明、清时期的传统风格并有所发展，传统品种有妆花、库锦、库缎等几大类。库锦、库缎等以清代织成后输入内务府“缎匹库”而得名，沿用至今。妆花类织物是代表云锦技艺特色和风格的品种，图案布局严谨庄重，纹样造型简练概括，多为大型饱满花纹作四方连续排列，亦有彻幅通匹为一单独纹样的大型妆花织物。常以金线勾边或金、银线装饰花纹，经线白色相间或色晕过渡，以纬管小梭挖花装彩，织品典丽浑厚、金彩辉映，是云锦区别于蜀锦、宋锦等其他织锦的重要特点。

四、刺绣审美体验

（一）苏绣

苏绣是以苏州为中心的江苏地区刺绣品的总称。苏绣因其工整、细腻、雅致、清新的传统艺术特色名列四大名绣之首。明清时期是苏绣发展史上一个重要的年代，在图案、针法、色彩、原料等方面已形成了独特的风格。在技艺上，针法之丰富、品种之繁多，令人吃惊，同时还出现了双面绣的绣品。在品种上，有服装、扇袋、被面、靠垫、鞋面、名片袋、荷包、床挂件、眼镜套等几十种之多。从欣赏的角度来看，苏绣作品大多以套针为主，绣线套接不露针迹，常用三四种同类色线或邻近色相配，套绣出晕染自如的色彩效果。同时，在表现物象时善留“水路”，即在物象的深浅变化中，空留一线，使层次分明、花样轮廓齐整。因此，人们在评价苏绣时往往以“平、齐、细、密、匀、顺、和、光”八个字概括。

苏绣

苏绣主要有花鸟、山水、仕女图、猫蝶图、双面绣金鱼等题材。后来出现了仿真绣，以油画、照片、水彩等为绣稿，增强了苏绣艺术的表现力。《猫戏图》《鱼虾图》等是苏绣的代表作品。特别是近年来出现的双面绣，两面有同有异，如猫的眼睛，两面颜色不一样，引人入胜，是苏绣的精品。

（二）湘绣

湘绣是以湖南长沙为中心，以绣实用品为特长的刺绣产品的总称。湘绣的特点是用丝绒线绣花，将丝绒线在溶液中进行处理，防止起毛，这种绣品当地称作“羊毛细绣”。湘绣多以国画为题材，形态生动逼真，曾有“绣花花生香，绣鸟能听声，绣虎能奔跑，绣人能传神”的美誉。

湘绣动物的绣制比较生动，狮、虎、松鼠是湘绣的传统题材，特别是对虎的表现十分到位，刺绣界有“苏猫湘虎”之说。为了表现猛虎皮毛的质感，湘绣艺人在毛针的基础上创造了胡毛针。总之，湘绣以写实居多，优美质朴，色彩鲜艳明快，以中国画为底，衬上相应的云雾山水、亭台楼阁、飞禽走兽，风格豪放。

（三）粤绣

粤绣包括广州及与其邻近的南海、番禺、顺德等县的广绣和潮州的潮绣。粤绣的品种很多，除了条屏、挂屏、屏风、座屏等艺术欣赏品外，绝大部分是被面、枕套、靠垫、头巾、披肩、睡衣、绣花鞋、戏剧服装、床帷、台帷、寺庙佛堂的装饰品等。常以凤凰、牡丹、松鹤、猿、鹿、鸡、鹅作为题材。明代出现用孔雀毛编成线缕绣出精美的绣品，绣孔雀也就成了粤绣的代表。在艺术上，粤绣构图繁密热闹，色彩富丽夺目，施针简约，绣线较粗且松，针脚长短参差，针纹重叠微凸。在色彩上，和苏绣的典雅完全不同，粤绣色彩对比强烈，以红、橙、黄、绿、青、蓝、紫七种原色为主，并配以素雅的色彩，具有艳而不俗的效果。

粤绣

（四）蜀绣

蜀绣指以成都为代表的四川刺绣，其产地主要集中在成都、重庆等地。蜀绣的发展主要是在清后期。四川沈坤为发展实业，成立了四川省劝工总局，内设刺绣科，汇集了当时有名的画家参与刺绣稿的设计，极大地增强了蜀绣刺绣艺术的表现力，提高了蜀绣的艺术价值。蜀绣构图简练，大都采用方格、花条等传统的民族图案，富有装饰性；色彩丰富鲜艳，针法严谨，虚实适宜，立体感强。蜀绣的绣稿特点是结构简练，对花鸟、山水、草虫等自然画面或形象都加以提炼，突出主题。所绣对象有花蝶、鲤鱼、熊猫等。

五、雕塑审美体验

雕塑是具有三维立体空间的造型艺术，能通过刻画事物的姿态等来表现对象的精神气质，突出主题思想。在欣赏雕塑作品之始，要了解作品的历史背景，艺术家的经历和创作意图，以及艺术风格流派。仅就雕塑的艺术风格来说，西方雕塑风格写实，注重形似，特别强调人体结构的准确；而东方雕塑偏重写意，强调“神似”，表现手法较为夸张。现代雕塑的共同特征是注重个人的主观感受，以主观意志为中心，在表现手法上更为抽象和概括，作品具有较强的象征性。随着时代的进步和科

玉雕《奔马》

技的发展，雕塑的内容、形式、材料、技法，都有很大的变革和创新。

（一）雕塑材质的审美效应与光影空间效应相映衬

雕塑所使用的物质材料，如金属、玉石、玛瑙等，本身就有自然天成的审美价值。石材是雕刻历史上使用最广泛和最久远的材料，它给人以坚硬、质朴、浑厚的质感美。青铜抛光后所产生的典雅和华贵，是由材料特性所呈现的材质美。不同的材料有不同的质感，大理石细腻润滑、花岗岩粗糙坚硬、玉石晶莹剔透、青铜古朴淳厚、木料质朴，会产生不同的审美效应。

（二）单纯性的造型与象征性的寓意相统一

雕塑可以在不同距离、不同光照、不同背景、不同视角的情况下，展现出“多面”的造型美。例如，雕塑《维纳斯》，丰腴的身姿典雅端庄，健康而优美，安详的神情使人感到亲切，体现了古希腊时期人们对健、力、美相结合的追求。不同时代的雕塑，都有不同时代造型美的追求和展现。由于受物质材料和表现空间的限制，雕塑只能以单纯的形象概括地反映生活。雕塑是静止的、固定的，只能表现人物动作或事物发展过程的某一瞬间。正如罗丹所说的那样，雕塑要表现运动，就要抓住事物发展过程中“从一个姿态向另一个姿态的转变”。这就决定了雕塑艺术在取材和造型上，只能以单纯取胜。雕塑艺术家要善于选择和概括客观事物最有形态特征和最能体现其精神实质的瞬间形象，以小见大、以少见多，寓无限于有限之中，寄丰富于单纯之中，从而产生单纯与丰富相统一的艺术效果。因此，雕塑家在创造雕塑造型的过程中，对形体的塑造只能是单纯、概括和凝练的。例如，中国汉代霍去病墓前的石雕“卧马”“伏虎”，就是依照石块天然的形态，巧妙地设计出形体造型，简练而概括地创造出粗犷雄健的马和虎的形象的。雕塑形式的单纯性，决定了它在审美意蕴表现上的象征性特点。如中国商周时期的青铜器上有一种饕餮纹，是象征性极强的古代雕塑。饕餮是古代传说中贪食的怪兽，把它的形象以浮雕形式雕刻在青铜器上，象征着恐怖和神秘的魔力。雕塑的象征性艺术表现，使其单纯的造型具有概括、宽泛、深刻而多义的艺术意蕴。

石雕《马踏匈奴》

大足石刻《养鸡女》

（三）“以形写神”的表现手法

“以形写神”是雕塑的常用表现方法。形，是一个外在的东西，具有物理特性；神，是通过形显现出来的精神特性。中国古代雕塑不求形似，但求神似，强调传神，把神似作为创作的第一要旨，注重内在精神活动，不太注重外在形体的准确塑造，使作品通过情感化的、开放性的空间处理而具有明显的写意艺术效果。例如，敦煌、龙门的佛教造像以及汉唐的陶俑，都没有把重点放在形体比例的准确塑造之上，而是在大体真实的基础上把塑造的重点放在表达内在精神的面部表情与情感化的动态姿势之上。所以，中国古代雕塑以其含蓄美、内在美，给人更多品味的余韵。中国古代雕塑处理空间问题，也不像西方古典雕塑那样依据精确的体积和比例概念来真实地模拟现实，而是在大体真实的基础上极力表现其对情感意趣的追求，为“传神”塑造一个情感化的、开放性的空间。因此，中国古代雕塑常常采取“托物言志”“借景抒情”的艺术手法，把作者的审美情趣与审美理想寄托在艺术形象上，或是“去粗取精，突出重点”，甚至用“夸张变形”的艺术手法，强化作品的主题，突出作品的艺术感染力，以达到“神似”的写意艺术效果。所以，欣赏中国雕塑艺术，必须抓住其追求神韵、抒情写意、以“神”取胜的特征，使用我们民族自己的艺术标准和审美习惯，来感受雕塑艺术品所传达的人的生命力、精神状态等形而上的内涵。

党的二十大报告指出：“坚守中华文化立场，提炼展示中华文明的精神标识和文化精髓，加快构建中国话语和中国叙事体系，讲好中国故事、传播好中国声音，展现可信、可爱、可敬的中国形象。”“深化文明交流互鉴，推动中华文化更好走向世界。”作为旅游从业者，我们要主动承担社会责任，向世界更好地传播蕴含在工艺作品里的优秀中国传统文化，推进文化和旅游深度融合发展。

资料链接

1. 中国瓷器

中国是著名的陶瓷古国，在世界上享有“瓷器之国”的美称。瓷器脱胎于陶器，它有着源远流长的历史、丰富多彩的品种和精湛的制瓷工艺技巧。我国历史上最早出现的瓷器是青瓷，青瓷是从陶器发展而来的。我国由陶向瓷的演变在汉代完成。瓷器是中华民族智慧的结晶，是传统文化的组成部分。我国瓷器的产生与发展经历了“三次浪潮”：陶器向原始瓷器发展的时期，历史上称为瓷器的“第一次浪潮”（商代至东汉晚期）或原始瓷器时期；从汉代后期到清代，是中国古代瓷器史上的“第二次浪潮”，是瓷器的正式出现时期，也是瓷器发展的成熟期，出现了大批的优秀制品及名窑，如青瓷、白瓷、彩瓷和宋代五大名窑（钧窑、汝窑、官窑、哥窑、定窑）；近现代时期则是瓷器史上的“第三次浪潮”。中国古代瓷器大体可分为原始瓷器、青瓷、黑瓷、白瓷、彩瓷。

2. 中国丝绸及其品种

丝绸是以蚕丝做原料的纺织品。中国是世界上最早生产丝绸的国家，是养蚕制丝的发源地。丝织物种类很多，由于织造工艺不同，各个种类有不同的结构和特点。

古代丝织物中具有代表性的有纱、绮、绫、罗、缎、锦、绛等几大种类，而每一大类中又有许多品种。纱是最早出现的丝织物品种之一。古代的纱，根据其本身组织可分为两种：一种是表面有均匀分布的方孔，经纬密度很小的平纹薄形丝织物，唐以前叫方孔纱；另一种是和罗同属于纱罗组织，以两根经线为一组（一地经、一绞经）起绞而成的、密度较小的织物。绮是指平纹地起斜纹花的提花织物。绫是斜纹地起斜纹花的丝织物，是在绮的基础上发展起来的。罗是质地轻薄、经纱互相绞缠后呈网状孔的丝织物。缎是指地纹全部或大部采用缎纹组织的丝织物。锦是指用联合组织或复杂组织织造的重经或重纬的多彩提花丝织物。古代锦的品种繁多，蜀锦、宋锦和云锦比较有名。缂是以蚕丝为经线、各色熟丝为纬线，用结织技术织成的一种高级显花织物。

3. 非物质文化遗产

按照《中华人民共和国非物质文化遗产法》的规定，非物质文化遗产，是指各族人民世代相传并视为其文化遗产组成部分的各种传统文化表现形式，以及与传统文化表现形式相关的实物和场所。非物质文化遗产包括：传统口头文学以及作为其载体的语言；传统美术、书法、音乐、舞蹈、戏剧、曲艺和杂技；传统技艺、医药和历法；传统礼仪、节庆等民俗；传统体育和游艺；其他非物质文化遗产。许多工艺作品类旅游资源被纳入了各级非物质文化遗产名录，如龙泉青瓷烧制技艺、土家族织锦技艺等就被纳入了国家级非遗名录。

案例分析

扬州双博馆有一间国宝馆，在 300 平方米的展示空间内陈列了一件镇馆之宝——元代霁蓝釉白龙纹梅瓶。梅瓶曾经的主人是扬州轻工机械厂的退休工人朱立恒先生，这件国宝本是他家祖传之物。1976 年地震，由于震情紧张，因担心梅瓶在地震中遭到破坏，朱立恒瞒着妈妈和哥哥来到文物商店，当时收购人粗略验瓶后开价 16 元，最后以 18 元成交。1978 年这件霁蓝釉白龙纹梅瓶在北京首次亮相，引发了国内众多博物馆的关注。北京、上海、南京等地博物馆纷纷向扬州文物商店表达了想收藏此瓶的愿望。扬州博物馆在当地政府的支持下，以3 000元价格购得了这只宝瓶。扬州博物馆邀请北京故宫博物院的冯先铭先生、南京博物院王志敏先生两位古陶瓷专家鉴定，一致确定此瓶为江西景德镇窑元代蓝釉瓷器精品。最终，霁蓝釉白龙纹梅瓶被国家文物鉴定委员会评定为国宝级文物。香港一位收藏家后来欲以 3.4 亿元人民币收购，未能如愿。

霁蓝釉白龙纹梅瓶（元）

扬州博物馆副研究员周长源认为，霁蓝釉白龙纹梅瓶之美，在于其艺术美、生活美和技术美。

艺术美：霁蓝釉白龙纹梅瓶是典型的元代梅瓶样式。从造型上看，它将丰肩修腹的弧线斜收至胫部时，又以弧线外撇至底边。这样的梅瓶肩部显得更加丰满，而且整体感觉修长美丽，具有极强的艺术美。

生活美：梅瓶出现于宋代，初名经瓶，后在民国时期，许之衡所撰《饮流斋说瓷》中称：口径之小，仅与梅之瘦骨相称，故名梅瓶也。此后约定俗成，便将这种小口、丰肩的瓷瓶称为梅瓶。

技术美：霁蓝器是元代出现的新品种。霁蓝釉是一种添加了钴土矿料的高温石灰碱釉，生坯施釉，在 1 280℃～1 300℃的温度下一次烧成。据文献记载，当时霁蓝器的废品率较高。烧制这种产品的时候，窑温要控制得当。温度低了，釉色发黑，温度稍高就会出现流釉现象。烧制如此完美的大件梅瓶，需将瓷坯置于最好的窑位。元代霁蓝釉白龙纹梅瓶代表了元代景德镇同类器物烧造的最高水准，令人惊叹。

简析

旅游活动中经常会见到价值连城的艺术珍宝，很多导游往往热衷于介绍它们的价值如何之高及它们背后的故事，但对它们真正的艺术价值却介绍得较少。优秀的导游应该能够从多个角度介绍这些珍宝之美。

拓展练习

纯雕漆《溪山清远》漆砂砚

纯雕漆《溪山清远》漆砂砚集雕漆、金丝楠木雕、漆砂三大工艺于一体，出自传统而有所创新，为当今漆砚世界不可多得之精品。其由江苏省工艺美术名人、高级工艺美术师曹启彦设计，并由数名高级技师精心制作而成。

红雕漆砚盖内容选自郑板桥的兰花图案，清新淡雅。工艺采用扬州漆器传统的雕漆工艺。砚身雕刻材料选取金丝楠木，木质细腻、色泽雅致，具有永不变形、不开裂的优良特性。砚身主体画面展现了一派山野幽居的景致：山峰高耸入云，山口林木葱郁，高山深壑，苍松古树，瀑布飞流，小桥连着小径，山间民居在苍松掩映中若隐若现，山峰环抱，拥出一池深潭。

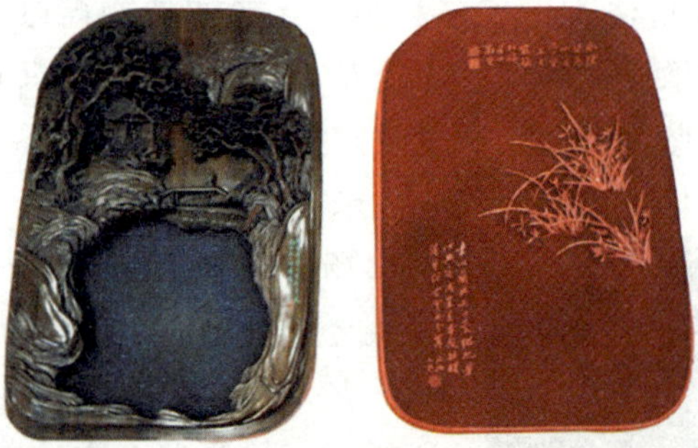

漆砂砚

资料来源：扬州工艺美术行业协会．纯漆雕“溪山清远”漆砂砚．(2013－10－12)［2024－05－01］. http：//www.360doc.com/content/13/1013/16/11548039_321162248.shtml.

问题：

1. 你觉得这件作品美在何处？
2. 请谈一谈这件作品的图案、技法等与作品的实用功能是怎样结合的。

课程思政重点

学习工匠精神

党的二十大报告提出：“提高全社会文明程度”“在全社会弘扬劳动精神、奋斗精神、奉献精神、创造精神、勤俭节约精神，培育时代新风新貌”。

艺术作品的创作需要具有一丝不苟的工作态度和对产品精益求精的精神，这就是“工匠精神”。在进行艺术作品审美的过程中，一方面要了解和欣赏凝集在作品中的“工匠精神”，另一方面要学习这种精神，在开展旅游管理与服务的过程中，高标准、严要求，不断促使自己进步。

工匠精神是职业道德、职业能力、职业品质的体现，是从业者的一种职业价值取向和行为表现。工匠精神对于个人，是干一行、爱一行、专一行、精一行，务实肯干、坚持不懈、精雕细琢的敬业精神；对于企业，是守专长、制精品、创技术、建标准，持之以恒、精益求精、开拓创新的企业文化；对于社会，是讲合作、守契约、重诚信、促和谐，分工合作、协作共赢、完美向上的社会风气。

任何高超手艺的获得都基于一个前提，即对职业的热爱。正如孔子所言：“知之者不如好之者，好之者不如乐之者。”“知之者”是学习的最低层次，知道其是怎么回事，懂得应该学、如何学，用理智控制行动。这种学习方式可以达到一定目的，但往往缺乏情感的认同。“好之者”则不同，因为喜爱，所以义无反顾，乐此不疲，学习不会点到为止，而是在问题的“引导”下层层深入钻研，往往有丰硕的成果。学习的最高境界自然是“乐之者”，由学习而带来快乐和满足，产生幸福感，并进一步推动学习的深入。如此循环往复，不断有新的乐趣和新的境界。工匠精神的首要表现，就是这种职业的幸福感和满足感。

工匠精神强调认真。认真是一种强大的精神力量。做任何事情，只要有一丝不苟、严肃认真的态度，精益求精的精神，就一定能把事业不断向前推进。《诗经·卫风·淇奥》中写道：“如切如磋，如琢如磨。”诗中以工匠加工器物为喻体，正说明工匠在制作器物时的一丝不苟和精益求精。对此，朱熹说得很明白：言治骨角者，既切之而复磋之，治玉石者，既琢之而复磨之，治之已精，而益求其精也。这是我国古代工匠精神的内涵，这种精神一直为中国工匠所认同和发扬。

当今社会的“工匠精神”可以从六个维度加以界定，即：专注、标准、精准、创新、完美、人本。其中，专注是工匠精神的关键，标准是工匠精神的基石，精准是工匠精神的宗旨，创新是工匠精神的灵魂，完美是工匠精神的境界，人本是工匠精神的核心。作为旅游从业者，要贯彻落实党的二十大精神，增强使命责任担当，培养这种“工匠精神”，为行业发展做出应有的贡献。

巩固提升

答疑解惑

1. 什么是实用艺术作品？

答：广义的实用艺术是指既能满足人们的实用需求，又能满足人们的审美需求，把技术与艺术融为一体的作品，一般包括建筑、园林、工艺、现代艺术设计。狭义的实用艺术通常指那些运用一定的艺术技巧和造型手段，对生活实用品或陈设装饰品进行加工的装饰艺术，如陶瓷工艺、染织工艺、玉器雕刻、家具工艺、装饰绘画、商业广告艺术等。

2. 实用艺术作品具有哪些美学特征？

答：实用艺术是实用性与审美性的结合，在内容表现上是抽象性、象征性和注重形式感、形式美相结合，在形象上是造型美、色彩美、装饰美与制作上的材料美、技术美相结合。

项目小结

本项目在介绍实用艺术一般审美特征和审美方法的基础上，结合现代旅游资源的审美特点和旅游审美活动的心理过程，重点抓住与旅游活动密切相关的文艺作品中的诗词、楹联、书法、绘画和工艺作品中的瓷器、玉器、丝绸、刺绣、雕塑等旅游资源进行系统阐述，深层次探讨艺术作品旅游资源的审美价值。通过项目学习，培养“工匠精神”，更加热情积极、精益求精地对待旅游行业工作。

综合练习

头脑风暴

1. 运用艺术作品的审美方法，尝试欣赏王羲之的书法作品《兰亭集序》和王希孟的绘画作品《千里江山图》，谈谈两幅作品分别体现了怎样的美学特征，并探讨书法和绘画这两种艺术形式之间的关系。

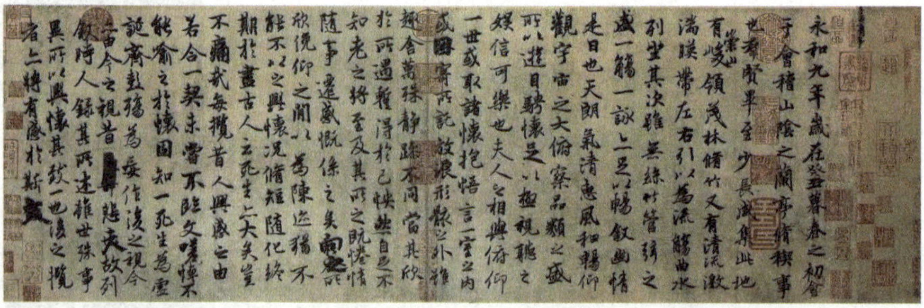

冯承素（唐）临《兰亭集序》

王希孟（北宋）《千里江山图》（局部）

2. 旅游楹联中风景名胜联包括寺观联、祠庙联、官署联、山水名胜联等多个种类，下列几副楹联各属于哪一类？分别出自哪个旅游景区？试从审美角度做对比赏析。

第一联：

风声水声虫声鸟声梵呗声，总合三百六十击钟鼓声，无声不寂。

月色山色草色树色云霞色，更兼四万八千丈峰峦色，有色皆空。

第二联：

海水朝，朝朝朝，朝朝朝落。

浮云长，长长长，长长长消。

第三联：

笑古笑今，笑东笑西，笑南笑北，笑来笑去，笑自己原无知无识。

观事观物，观天观地，观日观月，观来观去，观他人总有高有低。

第四联：

奇山列远天，薄雾蒙嘉树，堤岸缀新花，雨纱横白鹭。

秀水流长韵，轻舟荡碧罗，昼晴传巧笑，神女浴清波。

3. 中国丝绸以三大名锦著称，中国刺绣以四大名绣扬名。请指出下列图片中哪些是丝绸、哪些是刺绣，并说出其各属于哪种丝绸、哪种刺绣，相互之间有何异同。

图 1

图 2

图 3

图 4

实践运用

1. 分小组调研你所在城市的景区有哪些经典的楹联、绘画、书法等文艺作品类旅游资源，归类总结，并向同学们介绍其美学价值和美学特点。

2. 调研你所在城市或你感兴趣的旅游目的地的工艺作品类旅游资源，并对其美学价值加以介绍，同时分析其市场开发的现状，给出进一步发展的科学建议。

信息化资源

课程动画　拓展学习　双语园地　关键词点击　互动练习

项目六 开展社会生活旅游资源审美

问题引入

社会生活旅游资源是指以一定的空间为载体、具有旅游吸引力，可为旅游者感知和体验的人类所创造的，与当代人的日常生产生活密切相关的理念、事物、现象、环境、场所、状态、氛围与活动等。如生活理念、生活艺术、生活氛围、生活场所、生活要素、生活场景等，是一种新型的资源。从旅游美学的角度而言，本书所指的社会生活旅游资源是特指现代社会生活的相关资源，主要包括现代城市风貌、现代乡村风貌以及康养旅游、研学旅行、红色旅游等旅游新业态资源，通常具有时代性、参与性、主客共享性等特点。无论对于哲学而言还是美学而论，忘记了生活世界，就会被生活世界所遗忘。中国旅游研究院院长戴斌认为“最美的风景是人”，“景观之上是生活”，“寻常生活客自来”。社会生活旅游资源审美是旅游资源审美的重要组成部分。著名美学家叶朗先生曾经指出：“旅游涉及审美的一切领域和审美的一切形态。”对社会生活旅游资源的欣赏，从本质上讲，就是一种审美活动。本项目将对社会生活旅游资源审美做深入探讨。

学习目标

1. 理解社会生活旅游资源的审美特征。

2. 能科学地运用社会生活旅游资源的审美方法。

3. 能深入认识城市与乡村景观、旅游新业态类资源的审美构成和主要特征。

4. 贯彻落实党的二十大精神，理解、认同、践行“实施乡村振兴战略”“建设中华民族现代文明”等理念。

任务导读

通过本项目的学习，完成以下任务：

任务一　掌握社会生活旅游资源的审美特征与审美方法

任务二　开展城乡风貌旅游资源审美体验

任务三　开展新业态类旅游资源审美体验

任务一 掌握社会生活旅游资源的审美特征与审美方法

案例导入

烧烤，是夏日夜宵中的主角，也是舌尖上的难忘味道，它给我们带来的，不仅是大口吃肉、大口喝酒的快意感受，更是充满烟火气的生活气氛。中国的烧烤遍布大江南北，各有特色。淄博烧烤历史悠久，在淄博陶瓷琉璃博物馆里，陈列着几千年前当地用于烤炙食物的陶琉容器。历史上兴盛的制陶业，帮助齐国渔盐冶铁，称霸诸侯。2022 年度全国十大考古新发现之一的临淄赵家徐姚遗址就在淄博境内，将当地烧烤食物的历史推至距今约 13 000 年。淄博烧烤，因需用一方小烤炉亲手烤制菜品和小饼卷肉而闻名，从鸡鸭鱼羊，到蔬菜菌菇，皆可烧烤。2023 年淄博烧烤火爆出圈，数据显示，仅 3 月份，淄博就接待外地游客 480 多万人次，同比增长 134%，旅游收入增长了 60%。为方便广大游客奔赴“烤场”，铁路部门甚至专门在济南与淄博之间开通了“烧烤专列”。

问题与思考

社会生活的旅游审美魅力体现在哪里？

一、社会生活旅游资源的审美特征

（一）时代性

社会在不断发展，时代在不断进步，与之相伴相生的生产关系、社会制度也处在不断的新旧更替中，推动社会前进的新生力量层出不穷。人类社会的发展是一个世代累积的过程，历史古迹、古老建筑、地下文物是人们留下的过往岁月的印记；代代相传的礼仪规范、风俗节庆、道德观念、生活方式则是人们精神与智慧的结晶，并随着时间的推移和流逝，呈现出新的变化和特点，审美的价值也就更加深邃与丰富。社会生活旅游资源的审美既具有共时性的阶段特点，带有时代的色彩；又具有历时性的继承发展特征，是文化传承的产物，带有历史的印记。

社会生活旅游资源审美要素与特征

（二）地域性

任何社会生活总是形成于一定的地理区域范围之内，要受到这一地区众多因素的影响，如地理条件、气候条件、人口分布等。在这些条件的作用和制约下，人们往往扬长避短，最大限度地发挥当地优势，尽力创造一个相对舒适的生产生活环境，因此也就形成了各个地域不同的社会文化生活。所谓“百里不同风，千里不同俗”，一个地区在长期的历史发展过程中会形成相对固定的生活方式和风俗习惯，同时也会有较为固定的物产。当地人对生活中的事物习以为常，但外来的旅游者往往对其充满了新奇之感。比如长居内陆的人对各种海产品觉得很新奇；南方人对北方的冰雪风光常常惊叹不已；走进少数民族居住的村寨，旅游者往往对村民的日常服饰、用具都会感到十分好奇，临走时还会买很多纪念品留念。可以说，地方特色正是地区旅游产业资源开发和发展的根本立足点。

（三）文化性

如果说自然景观主要是以外在形式美使人获得审美享受，那么社会生活旅游资源则是以其丰富的内在文化性给人精神上的愉悦。在自然美中，真和善的东西往往较为隐晦，难以直接把握，而社会生活美与人类社会息息相关，直接体现着真与善的内容，显示出人的本质力量。一方面，社会生活以各种千丝万缕的现代社会关系为基础，体现着不以人的意志为转移的社会发展规律的必然性；另一方面，社会生活美又通过人们的具体行为表现出来，而具体行为又总是受人的思想意识的支配，表现出主体的自觉性、主动性和创造性。我国现代的节日生活，如春节、端午节、中秋节等，已不仅仅是单纯的传统民族节庆，更多地蕴含着一个民族的文化心理、风俗习惯及审美共性，同时，也在时代的发展过程中，被赋予了新的文化内涵。

（四）参与性

旅游者是旅游活动的参与者和合作者，旅游者必须通过旅游的实践才能感受到旅游所带来的愉快感受，感悟到旅游资源之美。社会生活旅游资源审美的参与度较其他旅游资源而言，范围更广、深度更深，且时代性突出。由于社会生活旅游资源是与旅游目的地当代人的日常生产、生活密切相关的理念、事物、现象、环境、场所、状态、氛围与活动，因此既有参与的可能性，也有深入体验的必要性，以提升旅游的审美体验感。

（五）共享性

社会生活旅游开展过程中，由于原先居民生活的场所也成为旅游者参观游玩的目的地，社会生活旅游资源不再仅仅服务于当地居民，而且也服务于旅游者，主客共享是社会生活旅游资源的重要特征之一。需要注意的是这种主客共享，较以往旅游对当地居民的影响更大，游客旅游体验的好坏，与居民的旅游意识与文明素质息息相关，因此要特别注意树立整个区域的居民既是服务者、参与者，也是受益者的意识，并且在政策、经济等层面要有所体现，让当地居民感受到实实在在的收益，避免因共享而造成的主客之间的矛盾。

二、社会生活旅游资源的审美方法

在旅游审美活动中，社会生活审美活动由于其丰富性、独特性、真实性常常受到旅游者的青睐。旅游者在欣赏了旅游景区的自然风光后，还会希望更进一步了解当地的风土人情，感受异乡独特的文化气息。社会生活旅游资源不同于自然风光景观资源，它的多样性渗透于旅游活动的方方面面，旅游者可能在无意间已经浸润其中；它的文化性又使得其内容大于形式。因此，走马观花、浮光掠影式的游览只能在形式上对其有一个粗略了解，很难真正把握其中深层次的文化内涵与精神。在以社会生活为主要对象的旅游审美活动中，应当在准备审美背景知识、调整审美心态、参与审美体验、领悟审美价值这四方面加以重视，遵循恰当的审美方法，这样才能真正领略到社会生活旅游资源的独特魅力。

（一）社会生活审美准备

社会生活旅游资源审美方法与体验

1. 准备审美背景知识

旅游目的地对于大多数旅游者来说都是新鲜而陌生的，尽管现代社会信息发达，人们可以通过电视、互联网了解世界各地的奇闻逸事，但是这些信息多是零散的、不成系统的。因此，我们在开始旅游活动前，应当事先进行一些审美背景知识的准备，对即将到达的目的地的社会环境有大致了解，如气候状况、饮食习惯、礼仪规范、风俗禁忌、语言等。这些准备既可以帮助我们更好地在旅游活动中有意识地对其特色之处进行重点审美，也可以使我们遵循当地的风俗习惯，不会在无意中做出冒犯或伤害他人的举动。在以国外为目的地的旅游活动中，审美背景的准备工作尤其重要。例如，在泰国，参观大皇宫和各类寺庙时，需穿着较为正式的服装；泰国人认为头是高贵的，绝不能随便摸孩子的头部等。

2. 调整审美心态

人们对于自己长期居住的地方大都十分熟悉，无论是天气变化、吃穿住行，早已形成了一定的习惯和思维模式，但到了一个完全陌生的环境中，会很容易感觉出不同甚至不习惯。这就需要我们在旅游过程中适当调整自己的心理状态，以审美的眼光看待周围的事物，在尊重他人习俗的前提下，以开放的、接纳的审美心态用心感受当地的风土人情。正所谓“入乡随俗”，旅游者应当对旅游地居民的语言、服饰、饮食、礼仪、习俗、禁忌等表现出应有的尊重和理解，在自己可以接受的情况下，体验当地的生活方式，切不可随意评论。尤其是在我国少数民族地区开展旅游活动时，要树立民族团结的意识，要清楚地认识到只有同心同德，携手并肩，中华民族才能焕发出磅礴的力量。

（二）社会生活审美参与

1. 参与审美体验

亲身参与当地社会生活是最直接，也是最有效地获得审美体验的途径。在旅游活动中，旅游者在具备了一定的审美知识背景后，调整好审美心态，以乐观、开放的心态投入到旅游活动的各个环节中，积极深入体悟当地人的生活，参与各种旅游体验活动，不但可以最大限度地获得知识与信息，还能切身体验到当地独具特色的生活习惯和人情风物，留下美好而难忘的回忆。例如，在内蒙古地区旅游，可以拜访当地牧民，到他们家里做客。在云南昆明，可以逛校场中路、篆新农贸市场、弥勒寺公园、南强街夜市、文明街福照楼和东方书店，参与当地人的生活。

2. 领悟审美精神

在旅游活动过程中，旅游者会接触到形态各异、丰富多样的传统艺术、世间百态、人间烟火，从人文精神方面获得文化的领悟。旅游者需要通过这些异于常住地的日常生活，深入感知和理解生活理念、生活艺术、生活氛围、生活场所、生活要素、生活场景中蕴含的特殊精神内涵和独有的文化情趣。随着心理领悟和文化领悟的步步深入，旅游者最终达到对社会生活审美精神的人生领悟，也就是通过体验和感受不同的社会生活状态，充分领略生活的精彩，激发积极乐观、蓬勃向上的生活态度，以健康的人生观、价值观面对实际生活中的欢乐与痛苦，追求理想生活，探索人生意义，寻求生活的真谛，以更加开阔的心胸和气度处理各种问题，使自己的生活更加充实、快乐。

昆明校场中路蓝花楹盛开

资料链接

社会生活旅游资源审美新方式——城市漫游

“Citywalk”即“城市漫游”悄然兴起，作为与走马观花式的“特种兵旅游”相对的新型旅行方式，Citywalk 得到了以青年群体为代表的新生代旅游者的青睐。城市漫游是一种以漫步为方式，深度探索城市的休闲行为，表征着旅游者对目的地体验诉求的新转变。了解城市漫游的行为特征及导致行为产生的心理动因，并通过科学的策略实施，引导其良性发展，对提升城市旅游目的地吸引力、丰富旅游方式、优化产品结构、助力旅游业多元化高质量发展具有重要意义。

城市漫游不同于传统旅游方式的出游目标明确、游程安排周密；与以汽车为主要交通方式的“自驾游”在出游的空间距离和行进轨迹上也存在明显区别；也不同于“压马路”“散步”“遛弯”的完全随意和无目的性，呈现出了一种特有的行为特征。

1. 目标的非预设性

城市漫游的出游目标往往是非预设的，“探索”是出游的主题。在漫游前并没有明确的指向性，不存在必须到此一游的节点，也不需要提前进行详尽旅游攻略的制定。漫游中，出游目标往往会自然生成，被博物馆吸引，便产生探秘城市历史人文的兴趣；在街角公园流连，就可能被激发了解城市自然生态的动机等。但“非预设性”的目标，并不是完全没有目标，了解城市、感知城市、融入城市，是探索城市的初衷。

2. 游程的非既定性

城市漫游的轨迹和行进节奏不是确定的，“随性”是出游的主基调。城市由于设计理念和生活方式的不同往往呈现出不同肌理，而漫游以步行丈量城市，相较车行而言，对城市的洞察更加细微深入，出游者在“慢”下来的过程中，可以根据自身的兴趣自由调节游览的轨迹和节奏，不需要为赶场而奔忙，使得出游过程更听从内心的召唤，“随性”而行的过程也是静下心来倾听自身诉求的过程。

3. 空间的非传统性

城市漫游是一种线性的出游过程，但其串联起的空间节点往往是非传统的，呈现出“多元”化特征。人类学家项飚指出现代社会发展的趋势之一是“消灭附近”，街头巷尾的城市空间却被漫游者重新发现，城市漫游者踏入了上海的武康大楼、重庆的白象居、南京的新门西街区。城市漫游者无须交出一份“去过哪些知名景点”的答卷，而是在多元化的城市空间中去探寻身边的美好、附近的魅力。

4. 活动的非限制性

城市漫游的过程也是城市生活的“参与”过程，并不局限在传统意义的“旅游项目”体验。传统旅游活动往往是地域文化提炼、改造后的产物，会有“舞台化”的特征。城市漫游追求“原真性”活动的体验，是打破旅游与生活之间舞台上下的过程。当地原住民热爱的小吃铺、乘凉的城门洞下都是漫游者的目的地，百姓的健身广场舞、自娱自乐的弹唱也会吸引漫游者的加入。旅游活动与日常行为的界限在城市漫游的过程中被消解，“参与”的目的是“融入”，由旁观者成为城市中的一员。

资料来源：卢凤萍，张骏．城市漫游的特征、动因及发展策略分析．中国旅游报，2023-08-11.

案例分析

成都100个生活美学新场景，约你打卡！

2022年6月23日，成都市文化广电旅游局主办了“向往的生活在成都——最成都·生活美学新场景”发布暨暑期游启动仪式，围绕“发现新场景、发展新旅游、培育新消费”，采取直播、推介、发布形式，全方位、多角度展示了成都暑期游的新场景、新线路、新活动。活动现场发布的“最成都·生活美学新场景”名单，涉及“吃、住、行、游、购、娱”等方面，分为“心选·美食”“心选·好宿”“心选·好游”“心选·好购”“心选·运动”五大类别，每个类别20个点位，构成100个新场景名单。

在这100个“最成都·生活美学新场景”中，大家可以选择前往三鱼萌狮文化村，打卡“三鱼”石刻、星空观景台，体验不一般的东部新区之旅；或置身守拙民宿，静看成都乡野田园风光，感受夏日时光的点滴美好；抑或是来到温江龙腾梵谷庄园，用舌尖开启一场热辣鲜香的美食之旅……《成都市“十四五”旅游名城和音乐之都建设规划》中指出，

成都宽窄巷子

成都将依托古蜀、三国、诗歌、大熊猫、世界遗产、时尚创意、安逸休闲等天府文化，大力提升成都作为巴蜀文化旅游走廊极核城市和全省文旅经济发展核心区的能级。到 2025 年，基本建成世界旅游名城，建成具有全球影响力的国际旅游集散地和目的地、文旅深度融合的全域旅游示范城市、共建共享的大众旅游幸福城市。为贯彻落实成都市委市政府《关于实施幸福美好生活十大工程的意见》，在“十四五”期间，成都将每年推出 100 个，共计推出不少于 400 个新场景。成都市文化广电旅游局重点围绕环城生态公园、锦江公园、一环路市井生活圈“三大工程”改造提升，依托文化、体育、商业等资源，推广近年来成都市一批新兴的、小而美的文旅网红打卡美学新场景。

资料来源：彭惊．成都 100 个生活美学新场景，约你打卡！.（2022－06－24）［2024－05－01］. https：//www. thepaper. cn/newsDetail_forward_18719265.

简析

成都作为我国西南地区重要旅游城市，利用其独特的天府文化，把旅游与社会生活相结合，发布“最成都·生活美学新场景”，围绕“发现新场景、发展新旅游、培育新消费”开展“向往的生活在成都”活动，强调旅游活动中的吃住行游购娱与社会生活融合，各种活泼的、有趣味、有境界的生活美，使旅游者的情绪状态得到恢复，获得精神上的愉快感受。

拓展练习

哈尔滨中央大街旅游体验

哈尔滨中央大街地处哈尔滨最繁华、最具商业价值的核心地带。主街全长 1 450 米，街区汇聚了国内外知名品牌 728 个、大型商业中心 12 个、门店 1 100 余家。2023 年底，哈尔滨人气高涨，冰雪旅游热度爆棚，中央大街以“百年老街迎亚冬，冰雪盛宴庆新年”为主题，陆续推出中央大街冰雪艺术节、冰雪主题快闪中心、冰雪时尚秀场、温暖小屋爱心热饮等主题活动，开放包容的多元文化与冰雪魅力相融合，充分释放百年老街冰雪旅游消费潜力，擦亮冬季旅游名片，到哈尔滨的旅游者都会到中央大街去逛逛。

问题：

哈尔滨中央大街旅游过程中的生活之美体现在哪里？

任务二　开展城乡风貌旅游资源审美体验

案例导入

诗意的乡村——苏州城乡一体化建设审美趋向

位于江南水乡的首批“中国历史文化名城”之一的苏州，拥有多种景观特色。具体地说，在苏州的老城区，尤其是保护和整治工作做得较好的几处历史街区（如观前街地区、平江街区等），仍然保留着典型的江南水乡的风貌，并有着传统的吴文化特色；而在新区以及新加坡工业园，体现出来的是现代化、时尚化的景观特色，置身其中，没有人会觉得自己正在一个拥有几千年历史的古城中做客。苏州这座城市通过严格的功能分区而拥有了多种截然不同的景观特色，共同构成了内容丰富的旅游景观。

问题与思考

如何实现城市旅游的多元性和吸引力的提升？

精彩纷呈——城市旅游审美

知识探究

一、现代城市风貌审美主要类型与美学特质

在旅游活动中，城市往往是旅游区的中心或枢纽。了解城市发展的历史，有益于对城市景观进行全面的认识。现代城市旅游景观的核心就是旅游者在观赏中能够体验到的城市整体社会文化氛围。现代城市风貌是一个系统结构，是由城市的环境景观、商业景观、文化景观等子系统有机组合而成的，其中现代城市建筑、现代城市休闲空间、现代城市的历史街区、现代城市居民日常生活空间都成为重要旅游资源。

（一）现代城市建筑审美

现代城市建筑是现代城市风貌的主体之一，可单独成景，也可与道路、绿化、公共设施、雕塑、公共装饰物与城市地理地貌相融整体构景。不同的城市因地理位置、地貌与生态、历史发展进程、经济文化的性质等方面的不同，而表现出不同的环境构成与组合，体现出不同的布局与形态，形成各不相同的城市建筑景观。

1. 优秀现代建筑代表——上海中心大厦

上海中心大厦，这座位于上海浦东陆家嘴金融贸易区的地标式摩天大楼，以其独特的建筑形态和审美特点，成为上海乃至全球建筑界的一颗璀璨明珠。大厦高632米，集办公、酒店、会展、商业、观光等多功能于一体。设计灵感来源于蜿蜒的黄浦江和上海的城市肌理，其螺旋上升的建筑线条不仅象征着超脱时间与空间，也体现了中国诗词、戏剧中常见的回环往复的表现形式。大厦采用不对称形体、锥形建筑轮廓和圆角设计，这些设计策略不仅有利于抵御台风，也赋予了大厦独特的美学效果。双层透明幕墙系统不仅减少了能源消耗，也在视觉上形成了独特的效果，外幕墙的平面形状沿高度旋转收缩上升，创造了形态柔和、螺旋上升的建筑形态，赋予了整个塔楼标志性的造型。大厦内部设计

上海中心大厦

了多功能社区，创新的空中花园提供了全新的超高层建筑生活和工作体验。此外，上海中心大厦还采用了各种绿色技术和策略，展现了对城市环境的保护，如节水措施、高效建筑管理系统等。大厦的灯光设计围绕上海创新精神的主题，为建筑本身增光添彩。在结构技术上，大厦采用抗侧力结构体系，使用混凝土巨型柱，体现了建筑技术科学性和美学性的结合。上海中心大厦以其独特的设计和审美特点，不仅成为上海的地标，也是现代建筑美学和技术创新的典范。

2. 场所精神的体现——江宁织造博物馆

在南京市中心原址重建的“江宁织造博物馆”是现代城市建筑的优秀代表，它是中国工程院院士、国家最高科学技术奖获得者——吴良镛先生献给家乡南京的收山之作。这座位于南京大行宫历史街区繁华地段的博物馆，虽建于江宁织造府原址之上，但基本是重新设计、重新修建的，在百余年的人世变幻、风雨侵蚀下已无可供凭借的历史遗留。整座博物馆的设计是“外壳”与“内核”相结合的“核桃形式”，灰黑色的建筑外立面以大面积的钛合金为装饰，流线型的设计充满了现代感，而入口处则是一座中式园林的木门，封闭于现代玻璃钢柱之内，四周雕刻着细腻典雅的花纹。走进木门，现代都市车水马龙的街景立刻转换成明清时期的私家园林，四处是亭台楼阁、门栏窗隔、水磨裙墙、白玉台矶和石板小径。从内部往四周观望，只见流水淙淙、假山耸立，隐喻着江宁织造府悠久的文脉；外立面则是高耸的现代楼宇，与周边南京市图书馆、江苏省美术馆等后现代主义的建筑相得益彰。博物馆还在外立面上镶嵌了金属丝，夜晚降临，打上灯光，便会呈现出一幅幅美丽的云锦饰面，从而与江宁织造府负责督造江南丝织品的主题相呼应。“外壳”与“内核”两者无间的结合，构成了“新”与“旧”的对话，“传统”与“现代”的交流，就像现代都市中充满了古趣的一方“盆景”，成就了一种“历史片段的植入”，彰显出“我应该站在这里”的文化落位感，不但得到了旅游者的青睐，也成为长江路上的标志性城市景观，被原住民所认同。当代城市需要的正是这种在文化传承基础上的创新，而不是把开发项目当作大小不同的一座座孤岛来设计，忽视所在环境与“场所精神”。

江宁织造博物馆

（二）现代城市休闲空间审美

现代城市休闲空间是现代城市为人们建设的休闲、娱乐的生活空间，它不仅为人们提供生活的需求，也为人民追求文化精神生活提供了保障。休闲是人类本能的追求，休闲活动在人们的生活中随处都在，休闲活动作为一种使人们获得更多幸福感的活动，必将促进人们身心健康和社会的和谐。

随着城市功能进一步从以生产为主演变为以服务消费为主，生产空间将逐渐边缘化、郊区化，制造产业逐渐向城市边缘地带转移，而公共休闲空间及与之相关的信息空间、服务空间、消费空间则趋向城市的中心和城市的社区，休闲产业占据城市的中心位置。城市休闲空间主要反映城市居民的居住条件和城市绿化环境，包括市区人均居住面积、城市（建成区）绿化覆盖率、城市园林绿地面积、城市人均公园绿地面积和公园数量等。城市是否具有丰富的休闲设施和空间，是否具有适宜的休闲环境和风味，体现了城市发展的水平高低和成熟进步的程度。

1. 北京后海

后海是什刹海的一个组成部分，东起地安门外大街，西至新街口大街，南起平安大街，北至北二环，距天安门仅有四五站地，与著名的北海一水相连，与景山、故宫遥遥相对。说是“海”，其实是一个巨大的人工湖，总面积 1.467 平方千米，其中水域面积 0.34 平方千米，绿地面积 0.115 平方千米。

北京后海

后海是 13 世纪元大都规划设计的基本项目之一，距今已经 700 多年，当时是漕运的终点，被称为“北京古海港”，那时沿岸处处是酒楼歌台、商肆作坊，是大都城繁华的商业区。据说，后海的水域连着故宫的龙脉，是风水宝地。所以，历代的高僧们在这里修建寺庙，而王公大臣们则在岸边选址筑府造园，名人们也纷纷迁居湖畔。这里寺庙林立，素有“九庵一庙”之称。这里的街巷众多，著名的有大小金丝胡同，南、北官方胡同和鸦儿胡同、白米斜街、烟袋斜街、南锣鼓巷等。这里的建筑是典型的北京传统建筑，年代久远，有 40 余处文物保护单位，著名的有恭亲王府、醇亲王府、宋庆龄故居、郭沫若故居等。

如今后海成了本地人和外地人流连之处，吸引人们打卡的不仅是各色酒吧，还有那些藏匿在胡同中的小吃，随处散发的爆肚、卤煮味道，流窜着诱人的豆汁酸……如九门小吃、地安门小吃店、方砖胡同包子铺、鼓楼褡裢火烧铺、宝钞胡同大馅饺子铺、鼓楼老西安餐厅、南锣鼓巷小吃一条街，还有百年老店“烤肉季”和“爆肚张”，成为重要的打卡地。

2. 洪崖洞

洪崖洞，原名洪崖门，是古重庆城门之一，位于重庆市渝中区嘉陵江滨江路 88 号。2003 年，重庆小天鹅集团投资 3.85 亿元对洪崖洞片区进行旧城拆迁改造，于 2006 年 9 月竣工开业，是兼具观光旅游、休闲度假等功能的旅游区。

洪崖洞夜景

洪崖洞民俗风貌区长约 50 米，总占地面积 3.15 万平方米，建筑面积 4.6 万平方米，以具有巴渝传统建筑特色的“吊脚楼”风貌为主体，依山就势，沿江而建，房屋构架简单，开间灵活、形无定式，通过分层筑台、吊脚、错叠、临崖等山地建筑手法，把餐饮、娱乐、休闲、保健、酒店和特色文化购物等六大业态整合在一起，形成了“一态、三绝、四街、八景”的经营形态，体现了巴渝文化休闲业态。“一态”指的是文化休闲业态。“三绝”指的是吊脚楼、集镇老街、巴文化；“四街”指洪崖洞的四条街：动感酒吧街、巴渝风情街、盛宴街美食街、城市阳台异域风情街。四条大街分别融汇了时尚元素，主题迥异、特色鲜明，成为重庆娱乐生活、夜生活的标向。“八景”指的是洪崖滴翠、两江汇流、吊脚楼群、洪崖群雕、城市阳台、巴文化柱、滨江好吃街、嘉陵夕照。

洪崖洞坐拥城市旅游景观、商务休闲景观和人文景观于一体，是重庆历史文化的见证和重庆城市精神的象征。洪崖洞旅客到访量成为解放碑商业客流的首要支撑。2007 年 11 月，重庆洪崖洞民俗风貌区被评定为国家 AAAA 级旅游景区。2020 年 11 月 18 日，洪崖洞被列入“成渝十大文旅新地标”。2021 年 12 月，洪崖洞被列入“重庆市第二批历史地名保护名录”。

（三）现代城市风貌旅游资源美学特质

1. 繁华美

城市的喧嚣是繁华的美。现代城市往往高楼林立，白天街道上车水马龙，人声鼎沸，夜晚华灯初上，万盏灯火大放光明，高楼大厦顿时披上了宝石镶嵌的衣衫，街道也都变成了皓光闪耀的银河，各种各样的灯点亮城市的夜空。喧嚣是城市的代名词，而这种喧嚣是城市的烟火气，是城市繁华的美，城市繁华的美往往与商业紧密结合。商店的类别与组合，店铺的装潢与商品的陈设，街头的大幅广告、招贴、夜间霓虹灯、大屏幕……这许许多多的商业景观成为重要的现代城市风貌旅游资源，具有代表性的有上海的南京路、北京的王府井等。此外，不少旅游城市中还保存着一些传统的商业街道，如北京的琉璃厂大街是一条销售书画、文房四宝、古籍、古董的传统文化商业街，商店的建筑、装潢与陈设都散发着浓郁的传统文化气息。

2. 市井美

城市是人生活的家园，生活是平凡而普通的，柴米油盐酱醋茶虽不是现代人生活的全部，却是不可或缺的重要部分，也是城市旅游美感的重要来源。旅游活动是大众体验活动，城市人生活的环境成为现代城市风貌旅游资源，这种资源必然需要体现出大众能够接受的通俗性的、市井化的美感。“人间烟火气最抚凡人心”，这种通俗的、市井的美是城市生命力的体现，那种松弛、随性的旅行安排似乎更加贴近旅游的本质，最能放松身心、消除疲惫，体现了人们对生活本身状态的追求和当代生活化审美的特点。

3. 人性美

城市是人的群体性需求的物化形式，人性化需求的正当性即是城市存在的正当性，人从中获得的满足则是城市可给予人的基本审美满足。在现实生活中，人的心理需求的多元性，总需要系统化的物质配置给予支持。比如，衣食住行的需要，使商场、餐馆、住宅、交通工具的出现成为必然；人际交往的需要，使街道、广场以及咖啡馆的重要性得到凸显；休闲的需要则衍生出公园等日益繁多的公共娱乐设施。可以认为，人性需求所在，便是城市物态化的配置所在。当这种配置无微不至地触及人的每一种需要，并给予人从肉体到精神的全方位满足时，城市的美的特性也就得到了最大限度的彰显。在现代社会，城市的每一项生产都以满足人的需要为目的，并包含了人类最卓越的巧思和创造能力，所以这些人工制品，从巨型的摩天大楼到置于桌边的一把汤匙，无一不体现着人性化，为人的幸福生活而产生，也无一不是人的创造力的伟大证明。

4. 艺术美

马克思在《1844 年经济学哲学手稿》中提出了“人也按照美的规律来创造”的命题，而城市则是人按照美的规律建造的“作品”。在我国，现代城市不仅是生活的场所，也是文化的容器，是政治、哲学和艺术观念的物态表现形式。现代城市从规划设计到建设管理均具有艺术性的考虑，城市的整体规划要顾及诸多功能的有机统一及景观呈现，现代城市的公共空间、道路、桥梁，无一不是实用性和艺术性的结合，使其整体上体现出艺术化的自由精神和形式之美。

二、现代乡村风貌审美主要类型与美学特征

田园游憩——乡村旅游审美

党的二十大报告指出：“全面建设社会主义现代化国家，最艰巨最繁重的任务仍然在农村”。因此要“全面推进乡村振兴”，“发展乡村特色产业，拓宽农民增收致富渠道。巩固拓展脱贫攻坚成果，增强脱贫地区和脱贫群众内生发展动力”，乡村振兴战略是新时代我国“三农”工作的总抓手和实现农业农村现代化的重大决策部署，乡村旅游的发展是乡村振兴战略实施的助推器，而现代乡村风貌则是现代乡村旅游吸引力的重要组成部分。

（一）现代乡村田园景观审美

田园，是充满诗意的栖居之所，是很多人向往的地方。现代乡村田园景观指在乡村振兴背景下以田园为载体，通过农作物与田块、田埂、沟渠、林带、道路和机井、棚架、电网、房屋等合理排列、美学组合，形成的现代乡村田园风光。

1. 贵州特色乡村

西江千户苗寨，开阳十里画廊，安顺天龙屯堡，贵定音寨，湄潭、凤冈茶海旅游……这些独具特色的乡村旅游点以“特”取胜，逐渐成为贵州旅游的知名品牌，每年有成千上万的游客慕名而来。在乡村振兴战略实施背景下，民族村寨的乡村旅游发展既是促进乡村振兴的有力抓手，也能够起到促进“民族团结”的作用。

贵州省是全国最早开展乡村旅游的省份之一，近年来，乡村旅游在当地旅游产品体系中逐渐成为主流。乡村旅游作为贵州旅游业的重要组成部分和新兴业态，在促进一方经济、造福一方百姓、保护一方山水、传承一方文化等方面的作用进一步增强。

贵州省以自然生态、特色农业、民族村寨、文化遗产等资源为依托，以多种类型的客源市场需求为导向，把乡村旅游与观光旅游、休闲旅游、度假旅游有机结合，形成了一批有代表性的复合型乡村旅游产品，包括以生态景观、乡村风光为依托的城郊休闲型旅游产品；以特色农作物观光、采摘为依托的农业观光休闲型旅游产品；以自然气候为载体的避暑度假型旅游产品；以特色资源为吸引物的乡村体验型旅游产品；以民族村寨和古镇为特色的文化体验型旅游产品。一批民族节庆、民风民俗体验型旅游项目，受到各方游客的青睐。乡村旅游的内涵和外延不断充实和扩展，逐步朝着精品化、品牌化方向发展。

2. 金陵水乡“钱家渡”

南京江宁钱家渡村是江苏省首批特色田园乡村和乡村旅游重点村，村内河网纵横、塘田交错，是典型的江南水乡，湖熟文化、古渡口文化底蕴深厚，是华东地区知名的乡村旅游目的地，被誉为“金陵水乡”。

“钱家渡”处于秦淮河、溧水河、句容河三河交界处，村内原始生态保存完好，具有典型的水乡特色，在景观设计的各环节，重点考虑了“水”的物象凸显，疏浚河道，整修堤岸，设计亲水平台等，让游客亲近水、体验水，引导游客感知水乡特点。景观设计中通过艺术化的渔火型灯罩、船桨型景区导览牌、竹编鱼篓造型的休憩区等，来体现农业劳动的特质。

金陵水乡·钱家渡

钱家渡引景空间位于村口，占地不大，作为乡村旅游景观的序曲，起到了引人入胜的效果。一方池塘，波光粼粼，体现了生态的优越性和水乡特色。岸边芳草萋萋，几艘渔船安置其间，农村生活中常见的井栏、瓦罐看似随意地放置在周边，实际上不仅注重空间布置的疏密关系，也体现了生产与生活的特点，实现了多重意象的融合，最能体现田园特色。

（二）现代乡村休闲空间审美

现代乡村休闲空间是为居民建设的进行集体活动、休闲娱乐、交流互动的生活空间，它不仅满足人们的生活需求，也为人民追求文化精神生活提供了保障。传统农业社会重要的休闲空间，如水井旁、大树下、晒谷场等，随着新型城镇化、农村现代化而呈现出了新的面貌。同时，一些具备城镇特点的、功能复合化的、类型丰富多样的乡村休闲空间应运而生，如村民广场、公园、健身广场、图书馆、村民活动中心、休闲步道等。随着休闲农业、乡村旅游的兴起，这些休闲空间也成了重要的审美对象。

1. 南通如皋平园池村

平园池村位于如皋北郊，村里有荷花池、画隐园、牡丹园、水竹园、采摘园、菌菇园、菊花园、农耕博物馆等旅游元素。近年来，以“荷藕文化”为核心，平园池村打造最美荷塘、建设美丽乡村，借助“赏花经济”激活了乡村振兴的一池春水。

平园池农耕民俗文化馆

平园池花香民俗园以“荷塘月色”和农耕博物馆为主。“荷塘月色”占地约0.8平方千米，种植荷花100余种、莲花40余种，配有荷塘月色广场、荷塘木栈道、观光八仙亭、荷塘风光带、荷塘灯光秀等景观设施。农耕博物馆挖掘平园池村历史文化资源，展出石磨、水车、织布机、石夯等1 000余件生产、生活工具老物件，通过仿真人物重现古代农业耕作场景，全方位、多角度展示平园池村历史文化和发展变迁，让游客追寻乡村历史记忆、品味传统文化。此外，还利用荷文化打造廉政文化教育基地；借助旅游循环路线延伸至万顷良田，布置运动主题路线，举行各类体育赛事及健身运动类活动；发展生态农业，兴建休闲采摘、亲子垂钓等农事体验园，打造农家乐生态主题餐厅，兴建具有浓厚乡土气息的乡村特色民宿，让游客“吃农家饭、住农家屋、看农家景”，为游客提供回归生态、自然的田园生活体验。

2. 新疆阿勒泰地区富蕴县可可托海镇塔拉特村

哈萨克族是具有独特魅力的少数民族，他们自古就在广袤的草原上生存，形成了独特的文化传统和习俗。他们善于歌舞和音乐，能演奏各种乐器。他们精于马术，是响当当的马背上的民族，赛马、叼羊、姑娘追是最具民族特色的马上运动。新疆阿勒泰地区富蕴县可可托海镇塔拉特村把冰雪、民俗与旅游结合，全面推进乡村振兴，拓宽农民增收致富渠道。

塔拉特村位于富蕴县可可托海镇东侧5千米处，额尔齐斯大峡谷的入口处，是额尔齐斯河流域源头上的第一个村落，享有“额河第一村”的美誉。塔拉特村曾是传统的牧羊和零工村落，近年来不断采取完善和丰富旅游服务等措施，建立哈萨克特色民俗文化村落，不仅带动了当地农牧民增收致富，还使独特、优良的哈萨克民俗文化得到保护和传承，村中一百余户哈萨克族居民用最真实的生活演绎着最美的世外风情。

冰封山川美景、动听的传统音乐、优美的舞姿、炽烈的火焰、地域特色美食、美丽的霓虹灯光……进入冰雪季，塔拉特村焕发出新的生机，以多种方式热情似火地迎接着各地游客，为八方宾朋提供更加丰富的旅游体验。这一系列的变革改变了塔拉特村民的生活方式，塔拉特村已经成为国家森林乡村、全国乡村旅游重点村、全国文明村镇、全国生态文化村、全国“村晚”示范展示点、中国美丽休闲乡村。

塔拉特村全景

（三）现代乡村风貌旅游资源审美特征

由于农业经济建立在自然生态基础之上，在经历了漫长的岁月和社会变迁后，无论是平原、丘陵还是深山，许多乡村依然保持着与周围自然生态环境的紧密联系，具有良好的生态性。在自然经济形态下，乡村社会生活保持着它的淳朴，人与周围环境建立了最和谐的情感联系。当代人们对“还乡故土”的寻求，正是近年来乡村旅游迅速发展的根源，有着良好生态环境、优美风光和浓郁风情的乡村景观成为旅游的热点。住农家屋、吃农家饭、干农家活、享农家乐已成为旅游者乡村旅游活动的追求。

1. 良好的自然生态性

在乡村旅游审美活动中，旅游者首先感受到的是乡村田园景观。乡村景观是建立在乡村原有的地质、地貌和生态环境基础之上的产物。人工自然的乡村环境包含着三个层次：其一，虽然没有改变自然物的天然状态，却施加了某种控制，使之不同于纯粹的天然物的人控自然层，如乡村中未经改变的河流、沙滩、群山、草原等。其二，使自然物发生了某种形态或量上的改变，但尚未使之发生内在变化的人改自然层，如人工种植的林木、果园、田里的庄稼，改良的牧草地，养殖的家畜、家禽等。其三，人类创造的人造自然层，如村舍、窑洞、路、桥、田垄等。在乡村景观中，体量较大的是前两个层次，人造自然虽然有较丰富的内容，在体量上却小于前者。由于并未使天然自然物发生内在本质上的变化，所以乡村田园保留着良好的自然生态性。这就是为什么乡村田园虽然已是“人化”了的，但仍使人感觉为“自然”的原因。

2. 与人的生活、情感交融性

乡村景观不同于大多数的自然景观，与人的生活、情感有着更密切的关系。乡村田园在从原始自然向乡村景观的转换过程中，在多方面改变和丰富了原有的自然地表、地貌的形象与形式。平原和洼地、丘陵与峻岭变成了良田，或开凿成鱼塘、梯田，或成为果林；小河上的圆形水车、半圆的石拱桥、草原上的风车，各具特色的乡村民居建筑等，丰富了乡村环境的形式构成。更重要的是，原始自然在向乡村田园环境的转换过程中，与人的生活和情感形成了种种关系。作为漫长历史中人类栖居生息的家园，乡村环境中的一切景物都与人的生活、人的情感交融在一起，在本质上完全不同于那些与人没有任何关系的天然自然之物。

3. 人与自然的和谐性

不同民族在不同时期、不同自然条件下，为满足物质生活，创造了各不相同的乡村田园环境，这一环境景观又成为满足人的精神生活需要的审美对象。不同地域与民族的乡村景观呈现出各自的文化特色和审美特色。但是作为旅游审美对象的乡村景观，无论是江南的水乡，还是塞北的山寨；无论是云南哀牢山、广西桂林龙胜的梯田，还是天山下的绿洲、优美的乡村田园景观，都有着一个共同的特点，即生产与生活顺应了自然生态发展的规律，人们的活动与生产力的发展未构成对自然秩序和生态平衡的破坏。出于生活需要的人工构筑物朴实无华，与环境相协调，在景观中展现出人与自然生态的和谐美。

4. 现实参与性

在人类的审美活动完全独立发展之后，人的审美能力的获得与发展仍然离不开最基本的社会实践——生产活动。乡村景观旅游中的生产劳动参与是“自由”的劳动活动。整个生产活动处于充满田园诗意的自然环境之中，作为主要劳动对象的大地、农作物、家禽和家畜等都是农业生态的组成部分，劳动行为的本质则是对农业生态规律的应用。在参与农业生产活动的过程中，旅游者一方面通过劳动认识自然，认识人与自然之间的和谐关系；另一方面，在具体的劳动实践过程中去掌握自然规律，发挥自己的才智和创造力，同时体验和感受自由劳动所带来的审美愉快，使心灵得到陶冶。

资料链接

1. 城市景观

城市景观是指在人类聚居的城市环境中固有的和人类创造的自然与人文景观，它可使城市具有景观艺术性，使人们在城市生活中具有舒适感和愉悦感。城市景观要素主要包括自然景观要素和人工景观要素。自然景观要素主要是指自然风景，如大小山丘、古树名木、石头、河流、湖泊等。人工景观要素主要有文物古迹、文化遗址、园林绿化、艺术小品、商贸集市、建筑物、广场等。这些景观要素为创造高质量的城市空间环境提供了大量的素材，但是要形成独具特色的城市景观，必须对各种景观要素进行系统组织，并且结合当地情况，因地制宜，使其形成有序的空间形态和完整和谐的景观体系。

2. 乡村景观

乡村景观是在城市景观和纯自然景观之间，体现农村生产生活方式的田园风光。乡村景观，是一种独特的旅游资源，具有自然与人文并蓄的特色。乡村景观的设计要以原有的乡土景观为基础构建，通过保护、挖掘和修复等手法，打造乡村特色鲜明的生态景观、乡土人文、创意艺术，实现产业发展、农民增收、传承村庄文化、推进生态和文化的共同发展。

3. 田园综合体

田园综合体是农村发展的一种新模式，是在具有一定资源条件的城郊，通过农民合作社等形式，将第一、二、三产业中分散的资源整合，集循环农业、创意农业、农事体验于一体，让农民充分参与并从中受益。田园综合体是休闲农业和旅游业的延伸，带有一定的商业模式，通过让企业参与的方式，将农村的自然生态环境与城市元素有机结合，形成一种既有自然生态环境特性，又有高效便捷体系的综合性公共空间，满足都市人的田园梦，同时推动新农村的发展，加快美丽乡村的建设。

案例分析

乡村旅游景观的物象、意象和境界审美

乡村旅游构景的“物象”通常包括三种类型：自然类、农业类、民俗类。“自然类物象”的设计需要根据乡村旅游目的地自然环境的基本特征，选择合理的山水植被符号。比如“金陵水乡钱家渡”处于河网密布的里下河平原地区，在景观设计的各环节，就重点考虑了“水”的物象凸显，疏浚河道，整修堤岸，设计亲水平台等，让游客亲近水、体验水，引导游客感知水乡特点。“农业类物象”的设计一方面要以田地、河塘等体现农业的耕作、养殖、捕捞等特点；另一方面还要以农具的合理陈设或艺术化设计，体现出人在农业生产中的价值。钱家渡在这一类景观设计上，除了在主要通道两侧以改良后的五色油菜花田和“水八仙”种植区增强目的地景观的农业特征外，还通过艺术化的渔火型灯罩、船桨型景区导览牌、竹编鱼篓造型的休憩区等景观小品设计来体现出农业劳动的特质。“民俗类物象”的设计，则需要关注乡村的文脉传承和原住民生活的状态，可将非物质文化遗产、民间习俗典故等以景观物象的形式加以体现，引导旅游者了解地域文化特点。

船桨型乡村旅游导览牌

竹编鱼篓造型休憩区

乡村旅游景观的“意象”，通常包括三大类型：生态意象，生产意象，生活意象。生态意象是乡村自然环境空间营造的体现，利用各类自然类物象的有机结合，构建环境无污染、生态无破坏的场景，以体现出乡村留住“青山绿水”的理念和尊重自然、亲近自然的情感特质。生产意象是乡村劳动空间营造的体现，兼顾四时变化的季节规律和原住民生产行为的活动规律，将各类农业类物象加以聚合，以渲染乡村的“乡土”氛围，体现“扎根农业、服务农业”的乡村旅游理念。生活意象是乡村原住民生活空间的营造，通过民居、祠堂、私塾等各类建筑物象的布局和乡土文化类物象的点缀，表现出乡村聚居、集市等不同的场景，体现浓郁的生活氛围。

“境界”层面的乡村景观审美，需要激发起受众“美感”的最高层次“审美理解”。司空图在《二十四诗品》中提出的“思与境偕”的美学概念，从受众审美的角度而言，就是指需要通过美学思维的“理解”，去品味“境界”之美，无“思”即无“境”；从设计者的角度而言，则是要将美学的“情思”，创作的“灵感”和对设计对象的“领悟”体现在“境”的营造上。“审美理解”不是逻辑理性的分析，而是审美感知、想象、情感遵循着乡村旅游景观审美对象的指引，自由和谐地活动，在最终获得的审美愉悦中，蕴涵对于对象

所具有的社会理性内容的理解和把握。旅游者审美愉悦的程度，与游前的心理预期，及游中的实际体验相关，一般而言，实际体验优于心理预期，则审美愉悦感较高，反之，便难以激发审美愉悦。因此，对于乡村旅游景观境界层的分析，还需要了解游客对乡村旅游目的地的心理预期。

乡村建筑群落意境打造

资料来源：张骏．审美意境视角下乡村旅游景观设计探析．美术大观，2020（11）：144－146.

拓展练习

城市新模式——慢城

新的城市哲学悄悄在欧洲一些小城里诞生，这套哲学叫作“慢”。继多年在意大利发起的“慢食运动”后，“慢城运动”也逐渐兴起。慢城运动是慢食运动的发展，发源地仍然在意大利，欧洲境内已有波兰、奥地利、西班牙、葡萄牙、挪威、德国、法国、英国、瑞士等国家的城市加入。南京市高淳区桠溪、梅州市梅县区雁洋镇、济宁市曲阜市等均加入了国际慢城组织。

自蒸汽机发明以来，这个世界的发展就一直在加速，直到在工业革命200多年后，人们开始逐渐反思并开始减速。慢并不是慢本身，而是可持续的发展、更有效率的工作，以及更有诗意的生活。城市化越来越快的今天，人们留给自己的休闲时间太少，根本无法尽情享受生活的美好。为此，在意大利，只有1.5万人的小城市布拉提出建立一种新的城市模式：将现代化技术与传统生活方式相结合，使人们不仅可以享受现代化生活带来的诸多便利，更能享受一种规律而且健康的幸福生活，这就是“慢城”模式的起源。

“慢城”有以下标准：（1）慢城的人口总数应该不超过5万人。（2）慢城必须在所有的公共设施和尽可能多的私人设施上张贴“蜗牛”标识，以直观形式倡导“慢生活”理念。（3）慢城必须限制汽车的使用，汽车在城市街道行驶时速不得超过20千米。（4）慢城必须有噪声管理系统，广告牌和霓虹灯尽可能少。（5）慢城必须有环保的城市污水生态处理系统。（6）慢城在全球化的背景下，必须保证城市的个性，特别是保护具有地区象征性意义的产品。（7）慢城必须定期接受检查，以保证上述指标被严格执行。

问题：

慢城对城市建设与发展有何美学上的启示？

任务三　开展新业态类旅游资源审美体验

案例导入

行走河南·读懂中国

2023年4月3日由河南省文化和旅游厅、洛阳市人民政府、世界研学旅游组织联合主办的世界研学旅游大会在洛阳市启幕。大会以“行走河南·读懂中国”为主题，通过线下活动、线上直播的形式，全面展示河南省近年来研学旅游发展的成果。会上发布了“华夏溯源——最早中国研学之旅”“文明寻脉——四大古都研学之旅”等河南省十大研学旅行精品线路。

其中，“华夏溯源——最早中国研学之旅”依托河南作为华夏文明的重要发祥地、遗址遗迹众多的优势，通过创意驱动，美学引领，科技赋能，艺术点亮，聚焦仰韶文化、二里头文化、殷商文化，把郑州的河南博物院、大河村考古遗址公园，三门峡的仰韶村国家考古遗址公园、庙底沟博物馆，洛阳的二里头夏都遗址博物馆，安阳的殷墟博物苑有机串联起来，让沉睡千年的历史图景在中原大地生动再现，使参加者体悟河南在中华文明总进程中的成就荣耀与历史地位。

问题与思考

1.“华夏溯源——最早中国研学之旅”有哪些审美特征？

2.请为你熟悉的研学旅行精品线路撰写推荐词。

知识探究

一、康养旅游资源审美与美学特质

随着社会发展和人们生活水平的提高，在健康中国的发展背景下，康养旅游已经成为旅游市场的一个重要组成部分。康养旅游也可称为康体旅游，是以运动、休闲、娱乐为主要方式，借助一定的运动装备、健身设施、锻炼场所，引入健康管理方式，以强身健体、放松身心为主要目的的新型旅游方式。康养旅游不仅有利于人们身心健康，还能让人们在放松身心的同时获得更好的生活质量。康养旅游可以为不同年龄段的人群提供各种不同的

服务，满足不同的需求。例如，老年人康养旅游为老年人提供专门的养生服务，如温泉浴、登山，以及针对老年人的健身活动等；中年人康养旅游提供放松身心、缓解压力的服务，如瑜伽、冥想活动等；青少年康养旅游则可提供探索性旅游服务，如亲子旅游、探险旅游等。随着康养旅游在我国的快速发展，我国也涌现了一批优质康养旅游资源，带给旅游者独特的审美体验。

（一）运动活力之美——亚布力滑雪旅游度假区

修身养性——康体旅游审美

亚布力滑雪旅游度假区是国家 AAAA 级景区，中国南极考察训练基地，拥有国内最大的滑雪场，也是中国最大的综合性雪上训练中心，位于黑龙江省哈尔滨市尚志市亚布力镇西南 20 千米，距哈尔滨市 193 千米，距雪乡 88 千米，距牡丹江市 120 千米。亚布力滑雪场地处长白山系支脉张广财岭的余脉，是大锅盔山、二锅盔山和三锅盔山所环绕的广阔腹地。这里森林覆盖率高达 96%，放眼皆是绿色，每立方厘米负氧离子高达 50 000 个，至今仍完整地保留着原始森林景观，在这些原始森林中，植被保存完好，高达三四十米的古树随处可见。

亚布力旅游滑雪场为我国第一座符合国际标准的大型旅游滑雪场，拥有高、中、初级滑雪道十五条，越野滑雪道一条，总长度三十千米，旅游滑雪缆车三条，拥有由德国引进的世界最长的二六八十米夏季滑道（旱地雪橇），为游客提供高山滑雪、越野滑雪、雪橇滑雪、雪地摩托、狗拉雪橇、马拉雪橇、湖上滑冰、堆雪人、雪地烟花篝火晚会等游艺项目，还辟有儿童滑雪娱乐区和风车传统滑雪区。同时，设有雪具出租店和滑雪学校，山顶、山腰、山下设有多处酒吧、快餐店、购物中心、红十字救护站，以及国际国内长途电话及卫星电视等服务配套设施。

亚布力滑雪旅游度假区

（二）休闲养身之美——汤山温泉旅游度假区

南京江宁汤山温泉旅游度假区生态环境优美，自然资源丰富，共坐拥 100 平方千米山林，植被覆盖率达 80%以上。汤山的地质构造奇特，山、水、泉、林、湖星罗棋布，团子尖、汤山头群峰依偎，松竹茫茫，安基湖、汤泉湖、龙尚湖碧波万顷，美不胜收。汤山历史悠久，文化源远流长。远古文化、六朝文化、明朝文化、民国文化，在这里交相辉映。

汤山，因温泉而得名，已有 1 600 多年历史，南朝萧梁时期曾被封为御用温泉。1918

年，被孙中山先生赞誉为“美善之地”。汤山泉水来自地下2千米处，水温常年保持50℃～60℃，且冬夏温度相差不大。据化验，汤山温泉水中富含钙、镁等30多种微量元素，对关节炎、风湿症、高血压等多种顽疾疗效显著。汤山现有颐尚温泉度假村、锦尚河国际温泉会所、圣泉浴馆等大大小小十多处洗浴场所，设芬兰浴、土耳其浴、中药材浴、花香浴等数十种浴法，东西方沐浴种类皆汇聚于此。汤山温泉旅游度假区已成为华东地区最大的集度假游乐、养生保健、会议会展于一体的温泉康养型旅游度假区。

（三）康养旅游资源的美学特质

1. 放松心情

康养旅游是一种有益于身心健康的旅行方式，可以帮助人们实现身心平衡、减轻压力、并探索世界各地的美景和文化。选择适合的目的地、融入健康生活方式及享受旅行过程中的各种健康体验，将会使旅行更具意义和价值。旅游本身就是一种减压方式，康养旅游的心理减压效果更为显著。结合健康元素，在美丽的环境中或瑜伽、冥想，或按摩、温泉浴，或运动健身，可以很好地帮助旅游者减轻紧张和焦虑，促进心理健康，享受美好人生。

2. 强身健体

康养旅游通常会开展各种户外活动，如徒步、爬山、水上运动等，这些活动可以与大自然亲密接触并享受户外空气的清新和阳光的温暖，可以增强体力、促进血液循环，并提高身体的心肺和肌肉耐力、肌肉力量、柔韧性、灵活性和优化体脂，塑造体型，塑造更加健康、美好的体魄。

3. 超越自我

更快、更高、更强、更团结是奥林匹克的精神，也是参加康养旅游的游客所追求的目标，旅游者总是希望不断地超越自我，提升自己的成绩，获得成功的喜乐。例如目前比较热门的城市马拉松项目，也和康养旅游开始结合。马拉松是一项长跑项目，需要运动员在长时间内保持耐力和体力，同时还需要克服身体上的疲劳和心理上的因素。完成马拉松比赛需要具有坚韧不拔的毅力和意志力，需要参赛者克服身体和心理极限，超越自己，不断挑战和突破。

二、研学旅游资源审美与美学特质

“研学”全称“研学旅行”，就是研究性学习和旅行体验相结合的校外教育方式。2016年12月教育部等11部门发布的《关于推进中小学生研学旅行的意见》明确指出：中小学研学旅行是通过集体旅行、集中食宿方式开展的研究性学习和旅行体验相结合的校外教育活动，是学校教育和校外教育衔接的创新形式，是教育教学的重要内容，是综合实践育人的有效途径。可见，研学旅行是指面向中小学生，由学校有计划组织的校外教育活动。它结合了集体旅行和集中食宿的方式，旨在通过旅游活动促进学生的学习和成长。

研学旅行不仅包括知识的积累，还强调与自然的接触和文化体验，旨在拓宽学生的视野，丰富知识和经验。此外，研学旅游也是一种新型的旅游模式，鼓励学生在享受旅游审美体验的过程中，参与到有组织的教育活动中，通过实践来验证所学的理论知识。旅游不仅是一种休闲方式，也是一种学习和成长的方式，其知行结合的创新型教育方式，会带给参与者不同于常规意义旅游的独特审美体验。

（一）克拉玛依打造“研学之城”

克拉玛依是以石油命名的城市，地处准噶尔盆地西北缘，“克拉玛依”系维吾尔语“黑油”的译音，得名于市区东北角一群天然沥青丘——黑油山。克拉玛依是中华人民共和国成立后勘探开发的第一个大油田，于1958年建市，是新疆维吾尔自治区下辖的地级市，是国家重要的石油石化基地、新疆重点建设的新型工业化城市，是欧亚大陆的中心区域——泛中亚地区的中心区，是世界石油石化产业的聚集区。

克拉玛依依托底蕴深厚的石油文化、特色鲜明的民俗文化和丰富多元的旅游资源，为中小学生提供了得天独厚的研学保障。市教育局联合文旅部门建立“市区校”三级研学网络，挖掘克拉玛依市特色资源，结合小学、初中、高中学段特点、课程目标，开发了全方位、多层次、立体化的研学实践课程体系，研发“一城一魂·品格力量”“石榴花开·籽籽同心”“大地艺术·戈壁花开”“国宝探秘·奇妙之城”“定向运动·户外体育”等系列品牌课程。本地企业以石油精神为魂、石油科技为体，研发了以“油葫芦”原油灌装、抽油机模型组装为特色的“解密黑油山·石油科普”等品牌课程。针对不同学段，设计开发了红色油城，以及自然观鸟、荒野博物、地质科考、定向运动、农业采摘等6大类14条研学线路产品。

克拉玛依开展石油主题研学活动

（二）扬州中国大运河博物馆研学之旅

扬州中国大运河博物馆位于江苏省扬州市三湾湿地公园西北侧，占地200亩，总建筑面积约8万平方米，馆藏有自春秋至当代反映运河主题的古籍文献、书画、碑刻、陶瓷器、金属器、杂项等各类文物展品1万多件（套），是集文物保护、科研展陈、休闲体验为一体的地方现代化综合性博物馆，是大运河国家文化公园建设标志性项目。

扬州中国大运河博物馆由中国工程院院士、中国建筑西北设计研究院总建筑师张锦秋领衔设计，整体基调为唐代建筑风格，主体由博物馆和大运塔两部分组成。整体馆型采用了巨型船只造型，同时融入风帆元素，就像运河边一艘即将扬帆起航的巨船。大运塔则以唐塔的风格设计，塔高百米，可通过馆顶建设的长虹卧波式长廊进入高塔，与文峰塔、天中塔在运河边形成了“三塔映三湾”的景观。

博物馆由展馆、内庭院、馆前广场、大运塔和今月桥五部分组成，全流域、全时段、全方位展示了大运河的前世今生。博物馆展览以“运河带来的美好生活”为总体定位，设有“大运河——中国的世界文化遗产”“因运而生——大运河街肆印象”两个基本陈列，以及“运河上的舟楫”“运河湿地寻趣”“大明都水监之运河迷踪”等九个专题展览，打造了一个有历史场景和真实业态、让观众身临其境、可以互动体验的展厅。

扬州中国大运河博物馆

（三）研学旅游资源的美学特质

1. 认知之美

与一般旅游资源相比，研学旅游资源应更有利于引导学生走入自然和社会环境中，了解社会、亲近自然和参与体验，有利于走出课堂和校园，丰富知识、拓宽视野，从而在另一个维度促进认知的新发展。认知提升的过程，也是不断探索和发现的过程，掌握新知，开启心智，启迪思考，通过旅行实践获得的认知相较于单纯的书本学习，更能够激发学生的学习动机，体验到自我探索而得到知识的成就感，从而激发体验的乐趣，获得更多的旅游审美享受。

2. 实践之美

研学旅行不是游山玩水，而是课堂的延伸，“读万卷书，行万里路”，研学旅行引领学生走出学校和教室，走向更为广阔的天地，在真实的情境之中体验、合作、探究，真正形成适应未来社会发展的必备品格和关键能力。因此，景区、研学基地等研学旅游资源作为学生实践的主阵地，其课程和实施必须满足学生动手实践、亲身体验的需要，尤其课程设计与实施应尊重学生的主体地位，以主题实践教育活动为主，以培养创新精神和实践能力为目标，变知识性的课堂教学为实践性的体验教学，在动手实践过程中，在理论向实践的转化中，得到审美愉悦。

3. 成长之美

研学旅行不是单纯的游玩，而是研究性学习和旅行体验相结合的校外教育活动，是学校教育和校外教育衔接的创新形式，是教育教学的重要内容，是综合实践育人的有效途径。因此“研学旅行”要结合学生身心特点、接受能力和实际需要，注重系统性和知识性、科学性和趣味性，通过鲜明的教育性，为学生德智体美劳全方位成长提供良好的契机，在“人的全面发展”过程中，感知到成长的快乐。对于研学旅行者而言，研学旅行的审美感受，最终要归结于自身的成长带来的愉悦的身心体验。

三、红色旅游资源审美与美学特质

诠释信仰——红色讲解服务

红色旅游，主要是指以中国共产党领导人民在革命和战争时期建树丰功伟绩所形成的纪念地、标志物为载体，以其所承载的革命历史、革命事迹和革命精神为内涵，组织接待旅游者开展缅怀学习、参观游览的主题性旅游活动。发展红色旅游，对于加强革命传统教育，增强全国人民特别是青少年的爱国情感，弘扬和培育民族精神，带动革命老区经济社会协调发展，具有重要的现实意义和深远的历史意义。

通过红色旅游线路和经典景区，既可以观光赏景，也可以了解革命历史，增长革命斗争知识，学习革命斗争精神，培育新的时代精神，得到独特的旅游审美体验。波澜壮阔的革命斗争在中国大地上留下了许多红色旅游资源。

（一）嘉兴南湖

浙江省嘉兴市南湖旅游区，位于浙江省嘉兴市南湖区，2011 年被评为国家 5A 级旅游景区。南湖旅游区是一个集旅游观光、南湖风光休闲娱乐、历史教育为一体的综合性历史文化景区，景区占地面积约 5.7 平方千米，包含南湖景区、月河历史街区、七一广场。

嘉兴南湖

南湖不仅以秀丽的风光享有盛誉，而且还因中国共产党第一次全国代表大会在这里胜利召开而备受世人瞩目，成为我国近代史上重要的革命圣地。1921 年 7 月 23 日，中国共产党第一次全国代表大会在上海秘密召开。会议临近结束时，遭法租界巡捕的袭扰而被迫停会。根据上海代表李达的夫人王会悟的建议，8 月 1 日会议转移到嘉兴南湖的一条游船上继续举行，中国革命的航船从此扬帆起航。独一无二的红色资源吸引了人们从祖国各地前来听党课，学党章，瞻仰红船，重温入党誓词，学习伟大建党精神。坚持真理、坚守理想，践行初心、担当使命，不怕牺牲、英勇斗争，对党忠诚、不负人民的建党精神将不断激励着我们前行。

（二）井冈山

革命圣地井冈山

井冈山是国家 5A 级旅游景区、全国文明风景旅游区，地处湘赣两省交界的罗霄山脉中段，古有“郴衡湘赣之交，千里罗霄之腹”之称，以其辉煌灿烂的革命历史，铸就了蜚声中外的“红色摇篮”。20 世纪 20 年代末，毛泽东、朱德等老一辈无产阶级革命家在这里创建了中国第一个农村革命根据地，开辟了“农村包围城市，武装夺取政权”具有中国特色的革命道路，点燃了中国革命的星星之火，中国革命从这里走向胜利，井冈山被誉为“中国革命的摇篮”和“中华人民共和国的奠基石”。

井冈山以其深邃厚重的文化底蕴，成为人们心中的“精神家园”，一百多处革命旧址遗迹散落其间，已经成为一座没有围墙的革命历史博物馆。井冈山斗争创造了“坚定信念、艰苦奋斗、实事求是、敢闯新路、依靠群众、勇于胜利”这一井冈山精神，如今的井冈山已经成为人们心目中永恒的信念高地和永远的精神家园。

（三）红色旅游资源的美学特质

红色旅游资源既有伟岸美、悲壮美、壮阔美、胜利美、正义美等特征，又有道德美、拼搏美、奋斗美、坚韧美、智慧美、质朴美等特点。与其他资源相比，还具有以下三点特质。

1. 鲜明的政治性

红色旅游资源之美带有明显的政治色彩，红色旅游资源的内容和主题集中在中华民族奋起反抗外敌入侵、争取民族独立，实现国家富强和中华民族伟大复兴的主线上，是围绕着中国革命、建设和改革开放，实现中华民族伟大复兴的历史主线而展开的。红色旅游资源的纪念、教育和旅游开发价值都是建立在鲜明的政治内涵的基础之上的。

2. 伟大的精神性

中国共产党带领人民在长期的革命、建设过程中，孕育了许多带有不同时代特征的伟大精神。2021 年 9 月 29 日，党中央批准了中央宣传部梳理的第一批纳入中国共产党人精神谱系的伟大精神，在中华人民共和国成立 72 周年之际予以发布。红色资源跨越了时空，是许多伟大精神的物质载体。伟大的精神性也成了红色旅游资源重要的美学特质，激励着人民奋进前行。

3. 深植的文化性

中国传统文化中包括的“刚健有为、自强不息”的民族精神，“先天下之忧而忧，后天下乐而乐”“天下兴亡、匹夫有责”的民族品质，“富贵不能淫、贫贱不能移、威武不能屈”的民族气概以及舍生取义的理想人格和“仁者爱人”的博爱情怀等都在红色旅游资源所承载的文化内涵中得到传承和升华。这种传承至今的中华优秀传统文化是中华民族的精神命脉，是中华民族共同体意识，也是人们进行红色旅游资源审美的基础。例如在革命年代，革命者为了祖国的解放、百姓的幸福生活，奋起反抗、抵御外辱、英勇斗争，这种刚健、激荡、雄伟的特征，是崇高美的集中表现，并给人以强烈的审美感受，人们在参观时往往自觉或不自觉地会把他们与历史上英雄人物丹心报国、坚贞不屈、情系桑梓、清正廉洁的家国情怀联系起来。深植于民族文化血脉深处的家国同构、家国一体、襟怀天下的家国情怀是中华民族得以建构和稳固的重要根基和精神密码，也是红色旅游资源的美学特质。

资料链接

智慧旅游是基于新一代信息技术而发展起来的一种新型旅游概念，旨在满足游客的个性化需求，为游客提供高水平、高满意度的服务，实现了旅游资源和社会资源的共享与有效利用的系统化和集约化。从内涵来看，智慧旅游的本质是指包括信息通信技术在内的智能技术在旅游业中的应用，有利于提升旅游服务质量，优化旅游体验，创新旅游管理，进而增强旅游企业的综合竞争力，提高旅游业管理水平。从用户的角度来看，智慧旅游主要包括导航、导游、导住、导购四个基本功能。

智慧旅游的发展也为现代旅游生活带来了新的审美体验。例如运用 AR、VR、MR、裸眼 3D、4D/5D、全息投影等技术，结合环绕式音响、多通道同步视频、高清立体显示等设备，通过交互式空间营造，创新内容表达形式，打造虚拟场景、多维展陈等新型消费业态，丰富数字旅游产品的优质供给，增强代入感和互动性，提升游客的感官体验和认知体验，已经成为许多新开展馆、游乐园的标配。

案例分析

5G＋智慧旅游助力乡村振兴

贵州省黔东南苗族侗族自治州雷山县西江千户苗寨景区内，游客戴上混合现实眼镜，在苗寨内“解谜”“寻宝”，探索“5G＋智慧苗寨”带来的全新体验。景区智慧旅游信息化建设项目依托 5G 网络实现信息服务集成，人们能方便地观看景区实时地图和路线导览，查询智慧停车信息、相关景点介绍和游玩线路推荐。

获评联合国世界旅游组织“最佳旅游乡村”的浙江余村景色宜人，如今也开始借助 5G 网络展现给五湖四海的游客。村民们通过直播平台，展示丰富的农产品和别致的民宿，拓展销售渠道实现增收。有些村民白天在企业上班，下班后就帮家里卖茶叶和笋干。浙江安吉县报福镇石岭村在抖音平台开设了“石岭共富旅游”账号，邀请主播入驻推荐村里的文旅产业。

上海首批市级乡村旅游重点村中，青浦区赵巷镇方夏村引入 5G 技术，打造智慧农场数字化系统，形成线上线下融合的文旅品牌，满足游客在方夏村的一站式出行需求；宝山区罗店镇远景村则通过智慧自治平台“远景村智慧乡村管理系统”实现“一图看全景、一屏管全村”，为村内各项工作的统筹规划与科学推进提供依据。

资料来源：陈爱平，吴思，段菁菁．5G＋智慧旅游助力乡村振兴．(2023－05－25) [2024－05－01]. https：//new. qq. com/rain/a/20230525A01UOZ00. html.

简析

随着 5G 等通信基础设施覆盖范围不断扩大，5G 与人工智能、虚拟现实、增强现实、大数据、边缘计算等技术和应用深度融合，让乡村插上了智慧转型的“翅膀”。智慧旅游便是典型应用场景之一。工信部、文旅部发布的《关于加强 5G＋智慧旅游协同创新发展的通知》提出，重点加强全国乡村旅游重点村镇和乡村旅游资源丰富地区的 5G 网络覆盖；推进 5G 乡村旅游资源和产品数字化建设，探索 5G＋乡村文化、5G＋民俗风情等新型表现形式，打造 5G 乡村旅游精品项目，建设一批 5G＋智慧旅游样板村镇，助力乡村振兴。

拓展练习

周恩来故里旅游景区

周恩来故里旅游景区是全国爱国主义教育示范基地、国家 5A 级旅游景区，位于江苏省淮安市。景区包括周恩来纪念馆、周恩来故居、驸马巷、河下古镇，总占地 3.15 平方千米。区域内拥有水域风光、生物景观、遗址遗迹等 6 大主类、18 亚类、83 种基本类型资源，旅游资源单体总数 100 多处。除了拥有丰富的旅游资源，周恩来故里的历史、人文内涵厚重。

周恩来纪念馆位于古城淮安北门外夹城内的桃花垠，馆区由纪念岛、宽阔的水面和湖四周环形绿地组成，总面积有四十万平方米，其中百分之七十为水面，总建筑面积 21 166 平方米，陈列布展总面积 7 880 平方米。岛上建有主馆和陈列馆，周恩来生平业绩陈列馆藏品丰富，文物价值弥足珍贵。周恩来故居由东西相连的两个宅院组成，占地 1 987.4 平方米，共有大小房屋 32 间，为青砖、灰瓦、木结构。驸马巷是古城淮安镇淮楼西北隅约三百多米处的一条古巷，明惠帝朱允炆在此巷内为驸马都尉黄琛建造了一座驸马祠，饮誉海内外的周恩来同志故居就坐落在这条巷内。河下古镇有 2 500 年以上的历史，这里曾诞生巾帼英雄梁红玉、大文学家吴承恩等历史名人。明清两代这里曾出过 67 名进士，有“进士之乡”之称，文化底蕴十分深厚。河下还为淮安历史上重要的商埠。

周恩来同志故居

周恩来同志的人格魅力及为国奉献、为世界和平做出的努力，给淮安这座城市、给周恩来故里景区增添了伟人风采和浓浓的城市个性魅力。

问题：

1. 从红色旅游角度分析周恩来故里旅游景区会给旅游者带来怎样的审美体验。

2. 搜索资料后分析周恩来纪念馆、周恩来故居、驸马巷、河下古镇在审美体验方面会有哪些异同。

课程思政重点

建设中华民族现代文明

文化是旅游的灵魂。自旅游活动产生以来，它就与文化就结下了不解之缘。作为旅游活动客体的旅游资源必然具有文化属性，社会生活旅游资源是现代社会生活文化的体现，我国的社会生活旅游资源也必然体现了中华民族现代文明的特点。

中华民族现代文明是具有中华优秀传统文化基因、彰显中国式现代化亮丽成就、突出社会主义核心价值观、显现信息时代传播特征、增强中华民族的民族自信和文化自信、展现中华民族光明前景、产生广泛国际影响的文明。

2023 年 6 月 7 日，习近平在首届文化强国建设高峰论坛的贺信中强调：我们要全面贯彻新时代中国特色社会主义思想和党的二十大精神，更好担负起新的文化使命，坚定文化自信，秉持开放包容，坚持守正创新，激发全民族文化创新创造活力，在新的历史起点上继续推动文化繁荣、建设文化强国、建设中华民族现代文明，不断促进人类文明交流互鉴，为强国建设、民族复兴注入强大精神力量。

只有全面深入了解中华文明的历史，才能更有效地推动中华优秀传统文化创造性转化、创新性发展，才能更有力地推进中国特色社会主义文化建设，建设中华民族现代文明。建设中华民族现代文明是推进中国式现代化的必然要求和文化目标。加快建设中华民族现代文明，促进人民精神生活富裕富强，才能实现物质文明与精神文明相协调的现代化。

中华民族在历史上创造了源远流长、博大精深、世代延续、影响世界的文明，在当代和未来，中华民族也一定能够在传承优秀传统文化的基础上创造自成一体、造福人类、永续发展的中华民族现代文明。而对于社会生活旅游资源的审美本质上也是对中华民族现代文明的体验与审美，是旅游者了解、欣赏中华民族现代文明的过程，是参与中华民族现代文明建设的过程。

巩固提升

答疑解惑

1. 社会生活旅游资源的审美特征和审美方法是什么？

答：社会生活旅游资源具有时代性、地域性、文化性、参与性、共享性等审美特征。在社会生活旅游资源审美中要做好社会生活审美准备，即审美背景知识和审美心态调整的准备，同时注重社会生活审美的参与，即参与审美体验、领悟审美价值。

2. 现代城市风貌审美主要类型有哪些？

答：现代城市风貌审美是一个系统结构，是由现代城市建筑审美、现代城市休闲空间审美有机组合而成的。

3. 现代乡村风貌旅游资源审美主要特征是什么？

答：现代乡村风貌旅游资源具有如下审美特征：良好的自然生态性，与人的生活、情感交融性，人与自然的和谐性，现实参与性等。

4. 康养旅游资源的美学特质主要是什么？

答：放松心情，强身健体，超越自我。

5. 研学旅行资源的美学特质主要是什么？

答：认知之美，实践之美，成长之美。

6. 红色旅游资源的美学特质主要是什么？

答：鲜明的政治性，伟大的精神性，深植的文化性。

项目小结

社会生活旅游资源审美是旅游审美活动中的一项重要内容。不同的民族、地域有不同的历史传承和文化渊源，因而也就表现出多种多样的社会生活形态。绚丽的城市旅游目的地，乡村振兴战略实施背景下的乡村旅游目的地，构成了社会生活旅游资源审美活动中一个个新的亮点。本项目以作为旅游资源的社会生活为对象，集中探讨了社会生活旅游资源的审美特征与审美方法，对其中的城市、乡村风貌和康养旅游、研学旅行、红色旅游等新业态社会生活旅游资源进行梳理，并进行实例赏析。学习本项目，通过对城市、乡村巨大发展及旅游新业态蓬勃发展的认知，坚定“四个自信”，做到“两个维护”，并树立起通过旅游业发展促进“乡村振兴战略”“建设中华民族现代文明”的责任担当。

综合练习

头脑风暴

1. 我国社会生活旅游资源主要包括哪些内容？其主要审美特征是什么？

2. 城市旅游目的地和乡村旅游目的地各自具有怎样的美学特征？

实践运用

1. 以你所在的城市（乡村）为例，归纳其审美特点，并与相邻城市（乡村）的审美特点进行比较。

2. 选择一种你熟悉的新业态旅游资源（如康养旅游、研学旅行、红色旅游等）进行审美分析。

信息化资源

课程动画　拓展学习　双语园地　关键词点击　互动练习

项目七 塑造旅游行业形象美

问题引入

旅游行业是一个有机系统，组成这个系统的要素主要有旅游目的地、旅游企业，以及为旅游者直接提供服务的旅游行业服务人员，其与旅游者的旅游审美有着密切的关系。因此，有必要从旅游目的地、旅游企业及旅游服务人员三个维度对旅游行业的形象美进行探讨。那么，什么是旅游目的地形象？如何科学塑造旅游目的地形象美？按什么步骤进行？如何塑造饭店及旅行社的形象美？如何塑造旅游服务人员的形象美？只有解决好这些问题，才能更好地塑造旅游行业的形象美，也才能更好地满足旅游者的审美需求。

学习目标

1. 能科学地塑造旅游目的地的形象美。
2. 能科学地塑造饭店及旅行社的形象美。
3. 能科学地塑造旅游服务人员的形象美。
4. 贯彻落实党的二十大精神，以成长为德才兼备的高素质人才为目标，为成为德智体美劳全面发展的社会主义建设者和接班人而奋斗。

任务导读

通过本项目的学习，完成以下任务：

任务一　塑造旅游目的地的形象美

任务二　塑造旅游企业的形象美

任务三　塑造旅游服务人员的形象美

任务一 塑造旅游目的地的形象美

案例导入

江西南昌万元征集旅游形象口号

豫章古郡，依山傍水，因天地之灵气而毓秀；洪都新府，人杰地灵，得赣水润泽而昌盛。有着2 200多年历史的南昌，因“南方昌盛之地”而得名，虽有丰富的人文积淀和自然景观，却始终缺少一个可以传承、彰显南昌个性的城市形象口号。南昌市旅游主管部门曾推出“万元全球征集南昌旅游形象口号”大型活动，聚民间智慧，为南昌旅游发展助力，要求不超过12个字，具有地域文化内涵，能凸显南昌城市个性，且具传播力。经专家评审，下列作品入围：

1. 南昌——总是一鸣惊人的地方
2. 绿·韵中华　红·动天下
3. 寻梦红色摇篮　相约绿色南昌
4. 物华天宝豫章　人杰地灵南昌
5. 世界的滕王阁　永远的英雄城

问题与思考

1. 你认为哪个口号最好？为什么？
2. 请你为南昌设计一个旅游形象口号，并说明理由。

知识探究

塑造旅游目的地形象美

一、旅游目的地形象美的基本内涵

形象在西方旅游学研究中被定义为“一种抽象的概念，它包含着过去存留的印象、声誉以及同事间的评价。形象蕴含着使用者的期望”。1991年，王克坚在其主编的《旅游辞典》中将旅游形象定义为：旅游者对某一旅游接待国或地区总体旅游服务的看法。1996年，陈传康等对旅游形象策划进行了探讨。其后，陆续出现了一批有关旅游形象研究的论文和著作，这些论述虽表达方式各不相同，但含义基本相近。归纳起来，可将旅游目的地形象定义为：旅游目的地形象是指在一定时期和一定环境下，人们对旅游目的地的各种感知、印象、看法、感情和认识的综合体现。简言之，旅游目的地形象是人们对旅游目的地的综合认识和总体评价。

旅游目的地通常是指能够激起旅游者的旅游动机，由旅游吸引物与旅游接待设施组成的各类地域空间要素的组合，是旅游者停留与活动的复合型的地域空间，它可以是一个景区、一个城市、一个地区或一个国家。本项目所涉及的旅游目的地形象美的打造既指涉目的地国家、城市等广域角度的目的地形象塑造，也指涉具体景区的形象建构。

旅游目的地形象问题是吸引旅游者最为关键的因素之一，是旅游审美的直接对象。由于旅游目的地形象对现实和潜在的旅游者决策行为产生影响，故其已经被作为目的地整体营销理念中的关键概念得到广泛应用。人们比较接受从旅游者的审美角度来定义旅游目的地形象。旅游目的地形象的构成是比较复杂的，它的形成必然受到社会、经济、文化、生活、旅游设施、旅游业发展水平等因素的影响。因此，可以将旅游目的地形象的构成元素归纳为政治经济状况、旅游资源状况、基础设施状况、旅游服务与旅游设施状况、个体心理感受等。

旅游目的地形象在形成过程中往往具有三大特点：(1) 偏差性和片面性。对于从未去过旅游目的地的旅游者来讲，实地审美活动并未发生，该旅游目的地形象产生于人们的感知和预想，可能和实际情况有一定的差距。(2) 持久性。这是说旅游者通过旅游审美活动得到独特的审美体验，由这种体验形成的旅游目的地的形象一旦在旅游者心中形成，便会持续相当长的时间。(3) 稳定性。旅游目的地形象具有一定的长期定势，因此一般而言，改变旅游目的地形象的难度很大。

山水景观

旅游目的地形象美的研究一般被称为旅游形象设计。旅游目的地形象设计就是在旅游市场和旅游资源分析的基础上，结合对目的地和受众特征的调查分析，对旅游目的地形象的规划。旅游目的地形象设计的作用体现在三个方面：(1) 能够诱发旅游者的出游动机，增强旅游者的购买信心，缩短旅游者的出游决策时间。(2) 能够改善、提高旅游目的地的社会文化环境和景观环境质量，突出其特色并增强吸引力，提升其在旅游市场中的竞争力，引起社会公众的关注与好感，吸引外来资金、技术、经验等的支持，促进旅游目的地的经济、社会和环境的全面协调发展，为旅游企业提供产品组织和销售方面的支持。(3) 使旅游目的地政府和公众对本地旅游的资源核心、产品定位和发展目标有更清楚的认识，使旅游目的地在众多的同类产品中以鲜明的姿态出现在旅游者面前。总之，在现代旅游业的发展中，旅游目的地形象设计正在发挥着越来越重要的作用，如何提升旅游目的地的形象美已经越来越受到人们的重视。总体而言，旅游目的地的形象设计也要注重“内外兼修”，既要从口号、标识等角度吸引旅游者，做好外在设计，又要提升目的地的旅游吸引力，练好内功，以优秀的产品和服务彰显目的地的美。

党的二十大报告中指出：“坚守中华文化立场，提炼展示中华文明的精神标识和文化精髓，加快构建中国话语和中国叙事体系，讲好中国故事、传播好中国声音，展现可信、可爱、可敬的中国形象。”。因此，在旅游目的地形象美设计的过程中，尤其要重视凸显中华文明特点，塑造中国美好形象，为“深化文明交流互鉴，推动中华文化更好走向世界”做出贡献。

主题凸显——主题乐园审美

二、旅游目的地形象美的设计

（一）旅游目的地形象设计的要素构成

首先，旅游目的地形象设计应体现美学价值。旅游目的地的各个方面都要体现美，不仅在感官上，而且要在心理上给旅游者带来愉悦。美体现在方方面面，如旅游目的地的风景美、建筑美、心灵美等。旅游者外出旅游是为了得到放松和娱乐，他们离开喧嚣的城市，投入大自然的怀抱，找一个清静的、最接近自然的地方缓解工作的疲劳，得到心灵上的净化和精神上的享受。因此，在设计旅游目的地形象时就必须考虑景观的整体效果，在建筑设计等方面应该力争做到和整个景观协调一致，力争避免旅游目的地过分商业化。旅游接待服务人员亲切的笑容、热情的服务、真诚的帮助、充分的尊重会使旅游者如沐春风，每位服务人员都要有全心全意为旅游者服务的精神。美学价值对于旅游目的地形象的设计起着关键的作用，是旅游目的地形象设计时必须考虑的。

其次，旅游目的地形象设计要考虑地方历史文化传统和文化特色。旅游目的地的独特魅力是建立在地方历史文化传统和文化特色的基础上的，正是因为存在区域历史文化传统和文化特色，才使得各个旅游目的地蕴含着深厚的地方特色，具有区别于其他旅游目的地的独特之美。只有立足于对地方文化的挖掘和提炼，才能使旅游目的地彰显个性，令旅游审美活动回味无穷。旅游目的地形象设计中的地方文化是一种综合性的、地域性的包含自然地理基础、历史文化传统和社会心理积淀的时空组合，既包括当地的历史、社会、经济、文化等人文地理特征，也包括旅游目的地所在地域的地理背景，如地质、地貌、气候、土壤、水文等自然环境特征。

最后，旅游目的地形象设计要体现“以人民为中心”的理念。一方面，旅游目的地形象设计工作应该围绕旅游者的需要展开，如形象创意是否吸引旅游者、设计是否方便旅游者等。只有有了客源市场，旅游目的地形象设计才有现实意义。在某种程度上说，旅游者的需求就是旅游目的地形象设计的方向。另一方面，“以人民为中心”也必须考虑旅游业从业人员，包括根据员工的不同需要，实施激励机制、旅游业人力资源开发和管理等。“以人民为中心”需要尊重人民的创造性，旅游目的地形象设计的整个过程都需要旅游从业人员的积极参与，需要他们出谋划策和身体力行，任何一位员工的失误都有可能使旅游目的地形象受到破坏，这就是“旅游目的地形象的全员状态”。

（二）旅游目的地形象设计的原则

1. 地域性原则

从旅游产生的机制来看，旅游客源地和旅游目的地的自然风光、风土人情等的差异是产生旅游流的基础。因而，旅游目的地形象的设计贵在个性，独特的东西更具有美的生命力和传播价值。独特的形象设计能使旅游目的地在公众心中留下深刻而持久的美好印象。旅游者强烈的旅游动力来自旅游目的地的特色，只有旅游者认可了旅游目的地的特色，才能实现其心理上的满足，并向目标市场传递有利于该旅游目的地的信息。从另一个角度讲，如果旅游产品具有替代性，在一定的地域范围内，旅游资源没有强烈的特色，就失去了生命力，在旅游市场就会丧失竞争力。因此，旅游目的地形象设计必须突出其天赋的资源特色，要创造出自己的比较优势，彰显自己独特的个性美。

2. 文化性原则

文化性是旅游目的地形象的“美”的灵魂。旅游目的地形象是旅游目的地文化脉络的内在体现和当地经济、社会发展的外在表现的有机结合。地域文化是开发旅游资源、建设旅游基础设施、提高旅游服务质量的指导，它贯穿于吃、住、行、游、购、娱六大要素的每一个环节中，旅游消费本质上就是高层次的文化活动。旅游业在内涵上的挖掘和外延上的扩展，都需要旅游文化的指导。地域文化也是

兵马俑

旅游目的地旅游业发展的灵魂，要设计出美好的旅游目的地形象就必须加强地域文化的研究，既要加强对旅游目的地本身的文化内涵的研究，开发出文化含量高的产品，也要加强对旅游者文化心理的研究，开发出能满足旅游者精神文化需要的旅游产品。

3. 市场性原则

市场性原则主要包括分析主要客源市场的方位、客源市场的构成、旅游者的需求等，根据分析结果来满足目标客源市场的需要。在市场经济背景下，不管对于哪一种在市场上流通的产品，市场性原则都是十分重要的，更何况是对市场敏感性极强的旅游业了。

4. 主题性原则

鲜明的主题形象是激发旅游者的旅游动机、吸引旅游者前来游览的重要因素。主题性原则要求在旅游目的地形象塑造中以旅游目的地旅游资源特征为基础，突出旅游目的地特色，塑造出能代表旅游目的地旅游特征，容易为旅游者所接受的旅游目的地形象。旅游目的地形象的主题不能太多，且要注意主题的持续性和更换时的连续性，只有这样，才能争取到广泛的客源市场。

5. 一贯性原则

所谓一贯性原则，是指一个良好的旅游目的地形象一经形成并且被公众接受后，应注意在一定的时期内保持形象的稳定。因为从心理学和传播学的角度来说，社会心理容易产生定势，社会公众对既成旅游目的地形象的认识往往很难改变。只有坚持一贯性原则，同时注重科学的创新，才能使旅游目的地的美好形象长久保持。

6. 全域性原则

在全域旅游发展背景下，旅游目的地的形象设计还要重视“全域性原则”。“全域旅游”是空间全景化的系统旅游，是跳出传统旅游谋划现代旅游、跳出小旅游谋划大旅游。全域旅游目的地形象设计强调把整个区域作为旅游区进行打造，把全域作为旅游发展的载体和平台，使旅游成为常态化生活方式；从全要素、全行业、全过程、全方位、全时空等角度推进旅游产业发展，实现旅游景观全域优化、旅游服务全域配套、旅游治理全域覆盖、旅游产业全域联动和旅游成果全民共享，提升人民幸福感、获得感。

三、塑造旅游目的地形象美的步骤

（一）调查历史形象，评价现实形象

任何一个旅游目的地形象的设计都必须建立在对历史形象的调查和对现实形象的评价基础之上，不然很难设计出切实可行的旅游目的地形象。调查旅游目的地的历史形象、评价现实形象的主要目的有：继承传统优势，挖掘和弘扬地域文化；找出和改进影响美好形象之处；寻找形象优化的新增长点。

比如，只要提起“江南”，就会感受到春风拂面的温暖，桃红柳绿的明媚。江南是被高度诗化了的，被升华到了一种蕴藏于青山碧水间的文化意味和精神意识。据统计，《全唐诗》中有 244 首诗题中直接出现“江南”一词，431 首诗内容中直接出现“江南”。《全宋词》中共有词牌名 833 个，其中就包括直接以江南为名的江南柳、江南曲、梦江南、望江南等。白居易笔下的《忆江南》“江南好，风景旧曾谙，日出江花红胜火，春来江水绿如蓝。能不忆江南”是对江南碧水红花的眷恋；李煜的《望江南》“还似旧时游上苑，车

如流水马如龙。花月正春风”是对江南往日繁华的追忆；唐寅的《江南四季歌》“江南人住神仙地，雪月风花分四季。满城旗队看迎春，又见鳌山烧火树”是对江南四季美景的赞叹；李绅的《过吴门二十四韵》“烟水吴都郭，阊门架碧流。绿杨深浅巷，青翰往来舟。朱户千家室，丹楹百处楼。水光摇极浦，草色辨长洲”是难以割舍的小桥流水的江南水乡情节。人们心目中的江南是一种虚化的审美形象，它与青山碧水的具体地理区域相关，更与如诗如画的优美意境相连。因此，在“长三角一体化发展”国家战略推进过程中，当代江南的腹地“长三角”地区旅游目的地形象塑造，要高度重视江南的美学文化传统和历史形象，让旅游者能够在旅游目的地中寻访到“江南美学意象”。

（二）设计旅游目的地未来形象

旅游目的地形象设计是一项复杂的系统工程。从知识应用的角度来看，需要地理学、管理学、经济学、美学、公共关系学等多学科的参与。设计旅游目的地未来形象的大体步骤如下：

（1）对地域文化进行分析。

（2）对相关旅游目的地进行资源相似性对比分析。

（3）客源市场定位。

（4）创意旅游目的地的理念基础。

（5）提炼、浓缩主题性宣传口号。

（6）创立旅游目的地理念，开发符合美学设计视角的标识。

党的二十大报告中提出要“促进区域协调发展”。以南昌为例，首先要准确定位南昌的城市形象。城市形象是一个具有丰富内涵的大概念。城市形象也并不是当代文化特有的现象，历史上每一个伟大的城市可以说都有自己鲜明的形象：“云里帝城双凤阙，雨中春树万人家”是盛唐时期的长安形象；“三秋桂子，十里荷花”是北宋盛期的杭州形象；而“江南佳丽地，金陵帝王州”则是曾为六朝古都的南京形象。城市形象显示着城市的个性，也成为凝聚市民精神的力量。旅游目的地形象定位并不是一成不变的，时代在变，旅游竞争环境在变，旅游者的消费心理和需求在变，旅游目的地自身也处在变化发展当中。因此，旅游目的地也必须在考察各种发展情况后，对自身的形象定位做出相应的变化。如何准确地对南昌的旅游形象进行定位，这是南昌旅游目的地形象设计首先要做的。南昌城市形象的“英雄城”定位非常鲜明。作为“英雄城”的南昌，需要有深刻的品牌内涵，所谓的英雄城，游客看到的不能仅仅是一座八一南昌起义纪念塔、一所八一南昌起义纪念馆和几个八一南昌起义旧址。“军旗升起的地方”的题字、中国红色旅游的发展、中国红博会的举办、中国红歌会的创举，这些都为南昌树立以“红”为主题的城市形象创造了良好的条件，南昌的红色旅游发展正当其时。

南昌红色旅游

旅游目的地形象与旅游者的“畅爽”体验密切相关。契克森米哈赖提出了“畅”的概念，即具有适当的挑战性而能让一个人深深沉浸其中，以致忘记了时间的流逝，意识不到自己的存在。这种“忘我”的境界，实际上就是旅游者在心理上的一种最大满足，使旅游者在旅游休闲中真正地获得了快乐，以至于在旅游过程中不自觉地发出“爽”“酷”等这样的感叹。怎样给旅游者以“畅”的体验，旅游目的地的建设者需要深思。

（三）旅游目的地形象设计时应注意的问题

在进行旅游目的地形象设计时，应当高度重视旅游目的地形象可感知因素和不可感知因素的合理挖掘和规划，制订旅游产品的最优组合方案，塑造旅游目的地优良的整体形象。同时，要考虑旅游资源的可持续发展特点，深度开发有浓郁地域特色的人文旅游产品，采取积极有效的措施，逐步开发和保护自然旅游产品；要以旅游吸引物为重点，推出特色突出、主题鲜明、内涵丰富、形式多样的区域性产品组合；要根据旅游地区的条件和特点，逐步提升旅游目的地形象的知名度和美誉度，创立一个积极、健康、向上的旅游消费环境，努力消除既往的和潜在的旅游目的地形象的负面影响因素，避免危机和风险的产生，以树立和保持持久连贯的正面形象，确保稳定的客源。

资料链接

1. 全域旅游

全域旅游，是指在一定区域内，以旅游业为优势产业，通过对区域内经济社会资源尤其是旅游资源、相关产业、生态环境、公共服务、体制机制、政策法规、文明素质等进行全方位、系统化的优化提升，实现区域资源有机整合、产业融合发展、社会共建共享，以旅游业带动和促进经济社会协调发展的一种新的区域协调发展理念和模式。

2. 知名度

知名度指一个组织被公众知晓、了解的程度，是评价组织名气大小的客观尺度，侧重于“量”的评价，即组织对社会公众影响的广度和深度。

3. 品牌知名度

品牌知名度是指潜在购买者认识到或记起某一品牌是某类产品的能力。品牌知名度是关键的品牌资产，但是仅凭知名度却无法增加销售额，对新产品而言更是如此。在竞争激烈的细分市场中，提升品牌知名度并使其产生实际的销售收益对企业至关重要。

4. 美誉度

美誉度指一个组织获得公众信任、好感、接纳和欢迎的程度，是评价组织声誉好坏的社会指标，侧重于“质”的评价，即公众对组织的信任和赞美程度。

5. 品牌美誉度

品牌美誉度是品牌力的组成部分之一，它是市场中人们对某一品牌的好感和信任程度，是现代企业形象塑造的重要组成部分。通过事件营销、软文，以及各种营销载体建立的企业知名度及品牌知名度，只是品牌美誉度的一个组成部分。

6. 美誉度与知名度的关系

打品牌有两层含义：一是知名度；二是美誉度。一个品牌需要给消费者产生丰富的联想。品牌战略专家李光斗表示：“品牌要知名也要美誉，若通过广告单单在知名度上做文章，则会显得比较单薄。通过公益营销等一系列活动，体现企业社会责任，从而全方位塑造企业公益形象对现代企业来说非常重要。”

案例分析

成功的乡村旅游目的地形象塑造

无锡阳羡生态旅游度假区地处苏、浙、皖三省交界之处，旅游资源类型丰富，素有“竹的海洋”“茶的绿洲”“洞天世界”“紫砂源地”之称。

阳羡生态旅游度假区打造了“深氧界”旅游目的地的形象，紧抓负氧离子含量远超世界卫生组织清新空气标准的优势，以优越的生态资源为主体，结合当地历史人文特色，倡导“回归健康、回归心灵、回归家园”的旅游新概念。如今，深氧度假的理念已经愈加深入人心，这里成了知名的乡村旅游目的地。阳羡生态旅游度假区的乡村旅游发展，有效地带动了乡村生态、经济、文化和乡村治理的共同进步，在乡村振兴的道路上一路向前。

简析

阳羡生态旅游区旅游形象的打造以优良的生态环境为基础，以山、水、洞、竹、茶、农、情为特色，以休闲度假为主要功能，抓住了地方特色和旅游者的诉求，是乡村旅游促进乡村振兴发展的成功案例。通过打造乡村旅游的美丽风景、美丽产业来助力乡村振兴发展，是旅游从业者应该担负的责任。

拓展练习

发展全域旅游是贯彻以人民为中心的发展思想、满足人们高品质生活追求的重要载体，是挑起“绿水青山”和“金山银山”的“金扁担”，是打开“乡村振兴”大门的“金钥匙”，这一理念已形成共识。

以江苏省为例，南京江宁区推出“城乡共建、产品共创、市场共治、主客共享、内外共赢”的“双面绣”工作法；南京秦淮区走出了一条文化引领、文旅融合、城景一体、主客共享的城市型全域旅游发展之路；徐州贾汪区探索出资源枯竭城市发展全域旅游的“贾汪模式”。串联“城市＋乡村＋景区”，常州溧阳市也有成功探索，一条全长 365 公里的“1 号公路”串起城乡文化旅游生态资源，被游客誉为“眼睛和心灵同享盛宴的彩虹路”，被市民称为“生态 1 号”“富民 1 号”“文化 1 号”的“幸福路”。

当前，江苏正把水韵江苏建设作为一项重要战略课题加强研究谋划。而旅游发展全域化、供给品质化、治理规范化、效益最大化，打造宜居宜业宜游目的地这一全域旅游发展愿景，正与水韵江苏建设目标同向、内容关联、要求契合。

问题：

1. 全域旅游目的地审美形象打造过程中应该注意什么？

2. 通过资料查询，对江宁、秦淮、贾汪、溧阳的全域旅游目的地审美形象进行分析和介绍。

任务二 塑造旅游企业的形象美

案例导入

最初的选址是春秋“航母”成功的第一步

春秋旅行社是以上海春秋旅行社有限公司、上海春秋国际旅行社有限公司、上海春秋包机旅行社有限公司和春秋航空有限公司（筹）为主体，由上海本部的会议展览、因私出境咨询服务、导游服务、教育培训中心等专业公司和境内31家、境外7家全资子公司共同构成的春秋联合体。春秋旅行社已经初步形成了旅游主业网络化、规模化的经营特色。

如此辉煌的事业，是怎么开始的呢？从1981年创立开始，上海春秋旅行社一直着眼于学习国际大旅行社的运行模式，紧贴市场，依靠创新超越自我。其中，最重要的经验之一就是：不眷恋团体市场而定位散客。20世纪80年代，上海春秋旅行社创社后组成的第一个旅游团就是由散客构成的。

为什么散客愿意到春秋旅行社报名？春秋旅行社工作人员很明白：散客成团会有顾虑、要承担风险，因此春秋旅行社一开始就选择紧靠南京路步行街的新世界，设立了第一个门市——西藏路门市，旨在通过在旺市地段建立自己的门市，以打消或者减少消费者的顾虑。春秋旅行社工作人员的发展成就，无疑证明了这是一个正确的战略选择。迄今为止，西藏路营业部是春秋旅行社众多门市中接待人数最多、营业收入最高的。

问题与思考

1. 你认为春秋旅行社成功的原因主要有哪些？
2. 选址对旅行社等旅游企业重要吗？为什么？

塑造旅游企业形象美

一、饭店环境美

（一）利用自然环境美

自然环境主要是指自然形态的客观世界。人类从大自然中走来，又有回归自然的愿望。陶渊明说：“久在樊笼里，复得返自然。”大自然集中了一切神奇美妙的东西。正是由于自然美的吸引，才产生了以观光游览为主要内容的现代旅游。

中国传统建筑艺术十分重视选择和利用周围的自然环境，以美化建筑的形象。古今中外，选择在优越的自然环境中建设旅馆、饭店的例子颇多。南宋平江府（苏州）馆驿区的布局，堪为环境艺术的典范。据记载，大量旅馆集中在城市西端盘门到阊门的水道要冲上。此地风景最佳，西山、太湖在望。旅客可以登姑苏台，远眺吴山景色，俯览运河风光。而现代的广州白天鹅宾馆凭临白鹅潭，面向三江交汇口，旅客临流览胜，可最大限度地享受江上风光。杭州“楼外楼”酒家，地处西湖风景区精华孤山，是观赏西湖风景最好的一个俯瞰点。台湾日月潭饭店选择在秀丽的日月潭湖滨，从客房的阳台上便可欣赏到碧波荡漾的湖光山色，游客不出饭店即可感受到日月潭自然风光之美。此类例子，不胜枚举。

广州白天鹅宾馆

在优美秀丽的自然环境中建设旅游饭店，其最大的优点是，游客可以就近畅游山水，而无深入山沟荒野的不便和危险；既得丘壑林泉之乐，又能享受现代化的生活条件，从而为游客创造了可居可游的最佳旅游环境。

（二）体现人文环境美

山水的自然美与旅游饭店建筑物的人工美是存在矛盾的。两者处理得好，可以相得益彰、锦上添花。反之，则会损害风景，破坏自然美。所以应该十分审慎地注意旅游饭店建筑与周围自然景观美学特征的“默契”，做到和谐交融，“宾主相生”。

旅游饭店应该尽量为游客享受自然美创造条件。美国建筑学家沃尔特·阿·范厄在他的《饭店谋划与设计》一书中提出这样一条原则：“饭店必须能够丰富顾客参观访问的内容。”这是保证饭店实现经济指标和美学效益的信条。

如果说周围自然环境是优越的，旅游饭店建筑应尽量渗透、融入自然环境，使建筑的人工美与自然环境的自然美交织在一起，以便旅客直接从自然景色中获得更多的信息，使人与自然达到物我相契、情景交融的更高境界，使旅客在物质和精神两方面都得到满足。

建筑与自然的交织、人工美与自然美融为一体，既美化了旅游饭店的建筑形象，又能为自然环境增光添彩，更能为旅客领略自然美创造良好的条件，这是旅游饭店建设必须遵循的美学规律。

旅游饭店建筑总是存在于一定的人文环境中，有必要通过建筑形式让旅客感知形成它们的文化背景、历史传统和人文风貌。文化的特征在于延续性和创造性，它不能脱离前人和原有的文化基础环境。人们的审美心理也有一定的延续性，保留旧时代痕迹的、有特色的老环境，更会使人留恋和产生归属感与认同感。

（三）注重地方特色

旅游饭店建筑除了密切联系自然环境、人文环境以外，还应充分表现当地风土环境的特征。风土环境是指与风土建筑群（具有民族特色及鲜明的地方色彩的民间建筑或其他建筑）紧密相连的，反映历史文化传统、民族风物、地方特色、自然景观的综合体。它受一定民族和地域的历史文化传统、社会民俗、生产生活、感情气质和审美观念的制约。各地的具体条件不同，构成了各具特色、风格迥异的风土环境。

旅游饭店建筑不能忽视当地的风土环境，要把建筑融入当地的风土环境中，使得旅游饭店沉浸在浓郁的乡情中。旅游饭店建筑的地域性，能使其拥有神秘、天真、质朴、浪漫的情调，充满无限的魅力。旅游饭店建筑的地域美，对于追求情调、希望变换生活环境的旅游者更有吸引力。

比如，乡村旅游目的地的旅游饭店往往植根于风土环境、体现民居风格，其美学价值在于自然质朴、不雕不琢，创造出一种清新简拙的美。李白说："清水出芙蓉，天然去雕饰。"这样的饭店往往经济适用，且能符合乡村旅游者的心理需求，使得旅游饭店富于个性，保持独特的风采。

二、饭店建筑美

（一）真、善、美的统一

真，也就是客观事物本身所具有的规律性。旅游饭店的建筑，首先要正视现实的需要，认真研究某一地区客观存在的具体条件。善，也就是人的主观目的。人的生产劳动总是具有一定目的的，旅游饭店就是为了适应旅游业发展需要，为游客提供休憩场所而建造的。饭店的功能性，也就是旅游饭店建设的善。美并不是孤立的，真与善也是美的基础。只求真与善而不顾及美丑，导致旅游饭店内外环境缺乏审美情趣，反过来也必然损害了真与善，这样的旅游饭店并不能满足游客物质与精神的需求。反之，离开了真与善而侈谈美，盲目追求豪华富丽，结果是劳民伤财。只有在客观现实需求的基础上来探讨旅游饭店建设中的建筑造型美，才能做出正确的判断。

真、善、美的统一，即合规律性与合目的性的统一。旅游饭店为了实现合目的性的需求，应该在建筑造型上力求选择合理、优美的环境，创造美好的建筑形式和艺术形象，既要重视经济效益，又不能忽视人的审美需要。

（二）实用与审美的一致

实用与审美的关系，也就是经济效益与美学价值的关系。旅游饭店建筑既然是旅游业发展的物质基础，就首先应该考虑实用与经济效益等问题，同时也要考虑审美问题。

为实现实用与审美的统一，对旅游饭店的选址要十分慎重。在大城市的市中心选址，一般而言是比较理想的。因为那里交通发达，高级零售商集中，游客可以利用零星时间上街购物。观光与购物是城市旅游的特点，在市中心选址，可以吸引大量游客，提高旅游饭店的经济效益。旅游饭店要充分利用有利的地理位置，选择与环境一致的建筑造型，这样也可为城市增添新景观。不过由于大城市中心区用地紧张、租金昂贵、交通拥挤、噪声干扰和大气污染等，近年来在偏离市中心的郊区建造旅游饭店颇为盛行。相对来说，那里具备空地较多、空气清新、环境僻静的优点。因为离市中心不远，信息、交通、经济活动不受影响，而环境的美学价值较高，对游客也有很大的吸引力。

（三）保护环境视觉形象

在中小城市和历史文化名城中，旅游饭店的建筑选址、造型特别要注意保护环境的视觉形象，必须严格根据城市性质规定建设规划、总体布局、功能区域的要求，审慎选址及造型，力求旅游饭店建筑与城市文化风貌一致。

中小城市旅游饭店选址，需要从实际情况出发。如果市中心区缺少现代旅游饭店，可以建在市中心区，但要注意建筑的高度与造型，尽可能与周围环境和谐。

在郊区修建旅游饭店，环境条件比较优越，可以利用当地丘陵、湖泊、江河、公园、绿地等自然条件，美化旅游饭店建筑环境。如无锡太湖饭店位于太湖之滨，风光旖旎，有很高的观赏价值。

新建的旅游饭店要尽量远离古塔、古寺等古建筑，要尽量保护历史文化名城的文化氛围。

（四）人工美与自然美的结合

风景区的大型饭店，一般应建在风景点外，如果有必要建在景区内，也不宜选在景色最好的地段，应适当偏离为好，尽量避免挡风景、抢风景。因此，在风景区的边缘地带选址是比较合适的。

风景区建设美学思想的核心是保护自然美、开发自然美，旅游饭店建筑的人工美必须与风景区的自然风景之美和谐地结合起来，才能显示其本身的美学价值。

（五）创造“有意味的形式”

旅游饭店建筑造型总是受到物质方面（材料和结构技术）和精神方面（心理活动和审美趣味等）因素的影响。旅游饭店建筑造型除了应该遵循形式美的基本原则（均衡、对称、比例、节奏、多样统一等）以外，还应创造一种“有意味的形式”，以吸引具有审美心理的广大旅游者。英国美学家克莱夫·贝尔在《为艺术而艺术》中说：“在这里，用某种特殊方式所组合的线和色彩、某些形与形之间的关系，激发着我们的审美情感。这些关系和线与色彩的组合，这些优美而感人的形，我们叫作‘有意味的形式’，这种‘有意味的形式’是唯一的所有视觉艺术共有的本质。”克莱夫·贝尔把这种“有意味的形式”说成唯一的所有视觉艺术共有的本质，未免有偏颇之处，但是对旨在引人注目的、以视觉审美为主要特征的旅游饭店建筑造型来说，是有可取之处的，比如南京的蜂巢酒店，模拟蜂巢的外形设计，与老山的自然环境有机融合，体现出了别样的饭店美。

南京蜂巢酒店

（六）时代感与民族化、共性与个性的统一

所谓时代感，从某种意义上说，也就是这个时代所表现的普遍性格，即共性。旅游饭店要利用一切可以利用的现代化物质技术手段，创造各类旅游者都能接受、都感到舒适优

美的休憩环境。此外，旅游饭店建筑也不能忽视民族化与地方性，不能忽视个性，这也是现实生活和时代提出的要求。

三、饭店装饰美

（一）饭店装饰的意境美

意境是中国特有的美学范畴。意是艺术家情感、理想的主观创造；境是生活现象的客观反映。意境是主观和客观结合的产物。对于意境的追求，历来是中国民族艺术的灵魂。正如作画等艺术创作贵在立意，饭店的室内装饰也需要“意在笔先”，这样方能给人以情趣无穷的审美感受。为此，关键在于构思立意。意是设计者学识、修养的集中表现，也是审美素质的反映。

中式客房

现代山水画家李可染有一句名言：“可贵者胆，所要者魂！”这个魂，就是一切艺术作品的意境。旅游饭店的室内装饰不可不在创意造境上下苦功夫。设计者若不讲艺术构思，虽然调动一切物质手段，采用名贵材料，也只是物质的炫耀，缺乏情趣，很难产生耐人寻味的美感，“繁采寡情，味之必厌”。旅游饭店也是旅游者的审美空间，需要强调精神功能和审美价值，在室内装饰上精心构思，在有限的空间中，力求创造出有情调、有氛围的场域。

（二）饭店装饰的整体美

美存在于整体和谐之中。旅游饭店装饰设计，为了取得整体美的效果，必须先进行整体艺术构思。构思是整个装饰设计的基础，要结合室内环境的物质功能和精神功能需要，对整个饭店及其各个部位的格调、气氛和特色，进行全面的统一考虑。

在装饰时要把室内环境看作一个整体。不论采用哪种装饰风格，都要符合形式美的规律，讲究相地布局、依境置物，置阵布势、体量合度，层次穿插、烘托有序，虚实掩映、变化有致，高低错落、彼此呼应，华素相宜、繁简有度；务求基调清晰、主从分明、重点突出、点缀贴切。切不可各行其是，孤立地对待局部设计。要把各部分之间的配合协调视作决定饭店装饰整体美成功的关键。

（三）饭店装饰的空间造型美

旅游饭店室内空间是多功能、综合性、有强烈个性的特殊空间。它的美学要求非常高，既有对各种不同情趣的精神享受的探索，也有对高度舒适性的现代物质生活的追求。对室内空间美的探索，最重要的是处理好虚与实的关系。所有技术的、艺术的“实”的手段，其目的是追求理想的“虚”——美的室内空间。

比如，饭店建筑设计大师波特曼创造的“共享空间”的新概念，就是以空间形态来满足“精神功能”，以超常尺度的共享大厅来满足现代旅游者追求新奇刺激的心理需求，获得了很好的审美效果。常州的恐龙园主题酒店着重打造具有恐龙文化特色的共享空间，为旅游者创造了更好的审美体验。

（四）饭店装饰的色彩美

色彩是构成环境美的最基本的因素之一。色彩具有感情象征：红色表示兴奋、热烈、温暖、热情、喜庆、欢乐和吉祥；黄色给人以明朗、欢乐、崇高、神秘、华贵的感觉；蓝色是抑郁而悲哀的；绿色是平静而稳定的；等等。色彩的表情性还表现为寒冷与温暖、沉静与激动、前进与后退、活泼与抑郁、华丽与朴素、轻与重、膨胀与收缩等不同的意味。将色彩的这些特质应用于旅游饭店室内的设计，就可以产生各种赏心悦目、意味无穷的室内环境氛围和情调。

恐龙园主题酒店

（五）饭店装饰的材质美

室内空间形象给人的视觉和触觉，在很大程度上取决于装修材料的选择与运用。应全面地综合考虑不同材料的特性，巧妙地运用材质的特征。真正了解室内环境的审美价值。有时，高级材料的堆砌，装饰手法的着意渲染，反而适得其反，会损害室内环境审美。

材质的选用不在于繁多，而在于精巧。运用得当，即使是传统的建筑材料（如砖墙、混凝土）也可以取得良好的艺术效果。充分利用材料的自然特性（如质感、纹路、色泽等），结合地方条件和民族习惯，是最易体现民族形式和地方风格的。

（六）饭店装饰的绿化美

我国传统建筑，历来都非常重视融合绿化美改善室内环境。正如《园冶》中所谓“堂虚绿野犹开，花隐重门若掩”“杂树参天，楼阁碍云霞而出没；繁花覆地，亭台突池沼而参差”“远峰偏宜借景，秀色堪餐”。把大自然的风采浓缩在室内小小的空间，以构成“无声的诗、立体的画”来寄托人们的高尚情操，有很高的审美价值。

花卉、树木、山石、流水，这些自然物无须修饰雕琢就会给人以亲切爽适的美感。室内绿化还有调节气温与湿度、减少噪声、净化空气的作用，可以消除人们在室内长时间活动的疲劳。

（七）饭店装饰的人文美

环境美是自然环境与人工艺术创造的有机结合。中国古代的环境艺术特别重视把文化融入其中。在现代旅游饭店的室内摆放书画，可起到画龙点睛、突出主题、加深意境、丰富情趣的作用。文化艺术应该被纳入环境艺术的综合体中，与其他构成因素一起，通过人们的感知化为美感，使得室内环境与当地人文环境相呼应，产生独特的魅力。

四、旅行社环境美

（一）旅行社的硬环境

旅行社的硬环境是指和物有关的因素。硬环境取决于旅行社的选址、门市设计等方面，这是打造旅行社环境美首先要考虑的因素。

旅行社选址作为旅行社可以自我控制的因素之一，主要包括两个方面：一是指旅行社是否拥有法律规定的营业场所；二是指旅行社能否以理想的租金租到理想的营业场所。

旅行社选址不但要符合美学的理念，还必须符合四个原则：一是旅行社的经营战略；二是旅行社的市场定位；三是旅行社的业务经营要求；四是旅行社的经济性原则。

旅行社门市的选址要求总体可以归结为：面向目标市场、交通方便、人流量大、成本相对合适。

（二）旅行社的软环境

软环境指的是和人有关的因素，比如员工的仪容仪表、态度等。如果说旅行社的硬环境就如同电脑的硬件一样，是“基础”，那么软环境则如同电脑软件一样，是“升华”。如何创造旅行社软环境的美呢？

首先，要用微笑建立沟通的桥梁。要做到“顾客至上”，可以从一项最基础的工作开始，那就是微笑。有人把微笑比喻为国际通用语言。微笑是人与人之间沟通的桥梁，可以使旅行社的旅游产品增值。旅行社的工作人员一定要主动微笑、善于微笑、惯于微笑。

其次，要通过赞美赢得信任。赞美别人是一种素质、一种品质。赞美使得旅行社的门市人员容易接近旅游者。旅行社的员工要习惯赞美他人。旅游业作为一个开放的行业、一个涉外的行业，在跨文化沟通中尤其要有开放的心态，从业人员要习惯赞美他人。要使赞美成为一件非常简单易行的事情，就要善于发现别人身上的优点。在赞美旅游者时，要有切入点，要讲策略，以达到双向交流的目的。

五、旅行社装饰美

（一）旅行社门市装潢

旅行社门市装潢的一个重要环节就是色彩应用。不同的色彩给人不同的感觉。比如，高级感——金、银、白；低级感——红、绿、紫；华丽感——橙、黄；寂寞感——灰、绿灰。

色彩组合的效果也不一样。比如，重量感——明亮度低的色彩组合；摩登感——灰色和最鲜艳的颜色；积极感——红与黄、黄与黑的配色；稳重感——茶色与橘色搭配；年轻感——白与艳红搭配；华丽感——色彩度高、色环距离较远的色彩组合；朴素感——色彩度低、色环距离较近的色彩组合；清凉感——冷色；轻量感——明亮度高的色彩组合；庸俗感——以肤色为主题的组合；理智感——白与青绿的配色；开朗感——黄与亮绿的组合；平凡感——绿与橙的组合。

此外，有些色彩有突出感，仿佛很接近人，比如红色、橙色、黄色；有些颜色有后退感，仿佛离人很远，比如青色、紫色。

（二）旅行社门市物品陈列

合理地陈列物品，可以起到展示产品、刺激销售、方便选择、节约空间、美化环境、增进信任等作用。

以下是一些很实用的物品陈列的基本方法：

（1）分类明确。分类陈列的方式有多种，如按价格体系陈列、按产品形态陈列、以长短线分开陈列等。这样陈列既方便旅游咨询者选择，又便于管理，同时给人很专业的感觉。

（2）伸手可取。充分考虑陈列的高度，让旅游咨询者随手可取。

（3）陈列架要放满。陈列架上放满旅游产品，可以给旅游咨询者产品丰富的好印象，也可以提高门市空间的利用率。因为门市所在的地段大多是寸土寸金，门市产品丰富，才能产生更大的经济效益。

（4）相关性产品要陈列在一处。把相关性产品陈列在一起，既能方便旅游咨询者选择，又能激发旅游咨询者的购买欲望。

（三）旅行社门市宣传张贴

门市宣传张贴是“不说话的广告”，鲜明的主题、精美的图片、亮丽的色彩等，能吸引潜在旅游者进门欣赏，激发潜在旅游者的旅游需求。

门市宣传张贴应该注意以下几个方面：

（1）符合所在城市或地区潜在旅游者的偏好；

（2）主题突出、鲜明；

（3）符合市场营销学原理；

（4）符合美学原则；

（5）符合广告学原理；

（6）强调时令性；

（7）与门市装潢设计风格协调；

（8）更新及时。

资料链接

旅游企业形象是社会公众对旅游企业的认识和评价，反映了社会公众对企业的认可程度，体现了企业的知名度和美誉度。它是公众对旅游企业的发展史、创始人、主管人员、员工、氛围、行为准则、物质条件、产品、服务、旅游企业名称等的总体认知，反映了公众对旅游企业的整体特点、总的精神的了解和情感倾向。

旅游企业形象的内涵至少包括两层意思：首先，旅游企业的形象是指在内外公众中树立的形象，旅游企业不仅要重视外部形象，也要重视内部形象；其次，旅游企业形象实际上是一种综合形象，包括软件方面和硬件方面在公众心目中留下的综合印象，软件方面如企业文化、人员素质、价值观念、服务状况等，硬件方面如企业的标识（企业徽记、商标，员工的服装等）、建筑（企业建筑物外形、内部装修与布局等）、环境等。

案例分析

上海深坑酒店

上海佘山世茂洲际酒店，位于上海市松江佘山国家旅游度假区的天马山深坑内，是在海拔负 88 米的采石坑内建成的自然生态酒店。酒店遵循自然环境，一反向天空发展的传统建筑理念，下探地表 88 米开拓建筑空间，依附深坑崖壁而建，是世界首个建造在废弃石坑内的自然生态酒店。

深坑酒店项目因为其在特殊地质上选址，在建造过程中无经验可借鉴，面临施工挑战，论证方案耗时 7 年，其间经历了数千次的调整与优化设计。建设团队经过 8 年的开发，克服了 64 项技术难题，其中完成专利 41 项，已授权 30 项，终于建成了这个“挂在”坑壁上的建筑。

酒店总建筑面积为 61 087 平方米，酒店建筑格局为地上 2 层、地平面下 15 层（其中水面以下两层），共拥有 336 间客房和套房。酒店利用所在深坑的环境特点，所有客房均设有观景露台，可欣赏峭壁瀑布。酒店设有攀岩、景观餐厅和 850 平方米宴会厅，在地平面以下设置酒吧、SPA、室内游泳池和步行景观栈道等设施及水下情景套房与水下餐厅。酒店旁配有上海世茂精灵之城主题乐园。

深坑酒店

水下情景客房位于酒店的 B15 层，采用先进的水族馆设计技术，包括人造岩石和珊瑚礁设计施工、水族馆环境设计等，让客人有处于海洋中的新奇感。而空中花园设计，不仅是绿色自然建筑设计理念在室内的体现，也是提升酒店室内硬件品质的主要手法之一。融合特有的崖壁的自然资源，结合瀑布的概念，在室内形成两个天然花园。其中

“云雾水景花园”位于主体建筑南翼负 16 层，创造了一种薄雾及水流流过岩石的景观，窄小的水面上配备自然的水生植物，为整个中庭创造一个较为私密的空间，同时为热带植物在此间的生长提供了一个独立的环境。“隐水花园”则充满热带花园的风格，结合水面景观，设置在负 17 层，创造了一个坐落在自然山谷里的酒店花园。在每层的阳台上种植悬挂式的特色热带植物，形成了一个立面的植物瀑布。

简析

深坑酒店利用废弃的石矿坑设计建设而成，注重自然生态的理念，为旅游者留下了深刻印象，给其带来视觉奇观的体验。

拓展练习

上海安徒生文化酒店以安徒生文化精神和安徒生文化品牌为主导，融合了《安徒生童话》168 个故事元素，共设有 168 间中高档客房，是一家独具文化风格，集住宿、美食、商务、会议、文化休闲于一体的综合性酒店。

上海安徒生文化酒店借鉴国外酒店集团多年的投资和管理经验，综合了国内外顶级建筑设计师对酒店工程、设计、建设、成本控制等理念，创立了全新的连锁酒店管理模式和企业文化，打造出全新的以文化为主题的综合性连锁酒店。

上海安徒生文化酒店坐落于著名的乍浦路美食一条街，与南京路步行街、外滩、四川北路商业街相偎相依，得天独厚的地理优势使得酒店周边文化、餐饮、商业、交通设施一应俱全。

问题：

你觉得这家酒店美在何处？

任务三　塑造旅游服务人员的形象美

案例导入

餐厅服务员的素质

地点：某宾馆餐厅。

导引小姐引导几位客人从门口走过来，他们簇拥着一位老夫人。

服务员为老夫人斟上红茶，老夫人却生硬地说：“你怎么知道我要红茶？告诉你，我喜欢喝绿茶。”

服务员不易为人察觉地一愣，客气而又礼貌地说：“这是餐厅特意为您准备的，餐前喝红茶消食开胃，尤其适合老年人，如果您喜欢绿茶，我马上为您送来。”

老夫人点点头，顺手接过菜单，开始点菜。

“水晶虾仁怎么这么贵？”老夫人斜着眼看着服务员，“有什么特点吗？”

服务员面带微笑地解释道：“我们的水晶虾仁有四个特点：亮度高，透明度强，脆度大，弹性足，其实我们这道菜利润并不高，主要是为了吸引顾客。”

“有什么蔬菜啊？”老夫人又说：“现在蔬菜太老了，我不要。”

“我们餐厅今天有炸得很软的油焖茄子，菜单上没有，是今天的时新菜，您运气真好，要不尝一尝吧？”服务员和颜悦色地说。

“你很会讲话啊。”老夫人动心了。

“请问喝什么饮料？”服务员问道。

老夫人犹豫不决。

“我们这里有椰汁、粒粒橙、芒果汁、可口可乐……”

老夫人打断服务员的话：“来几瓶粒粒橙吧。”

问题与思考

1. 你觉得该服务员对水晶虾仁的介绍有哪些可取之处？
2. “请问喝什么饮料？”这句话有什么作用？

塑造旅游服务人员形象美

一、旅游服务人员仪表美

仪表即人的外表。人的仪表往往与其生活情调、思想修养、道德品质和文明程度密切相关。在人际交往中，仪容仪表是一个不容忽视的重要因素，良好的仪容仪表往往会给人留下美好的第一印象。

旅游从业人员作为旅游者较早直接接触的对象，应自觉地重视自己的仪表，设法给旅游者留下一个美好的第一印象。一般来说，人的仪表美是其形体美、服饰美和发型美的有机组合。

（一）旅游服务人员形体美

综合古今中外美学家、艺术学家的研究结果，大体上可以将形体美的基本条件归结为：

（1）骨骼发育正常，关节不显得粗大凸出；

（2）肌肉发达匀称，皮下脂肪适当；

（3）五官端正，与头部配合协调；

（4）双肩对称，男性要求宽阔，女性要求圆润；

（5）脊柱正视垂直，侧视曲度正常；

（6）胸部隆起，男性正面与反面看去略成“V”形，女性侧视有明显曲线；

（7）腰细而结实，略呈圆柱形，腹部扁平，男性有腹肌垒块隐显；

（8）臀部圆满适度，富有弹性；

（9）腿部要长，大腿线条柔和，小腿腓部突出，足弓要高；

（10）男性的手以宽厚有力见长，女性的手以纤细修长为宜。

人的形体美通常能表现出人的健康状况和身体素质。从劳动美学的观点来看，人们更倾向于欣赏和追求健康的美、富有活力的美，而不是病态的美、无力或者“弱不禁风”的美。旅游者对旅游从业人员的形体美要求突出地表现在健康美上。

（二）旅游服务人员服饰美

仪表美的另一构成要素是服饰美。服饰不仅能在一定程度上反映出人的品格和审美趣味，而且对人体具有“扬美”与“抑丑”的功能。恰到好处的衣着装扮不仅可以美化自身，也可以取悦别人，给别人带来好心情。

服饰美有四个方面的内容，即色彩美、款式美、文明美和个性美。色彩美要求简洁雅致、清新自然。任何的色彩组合和搭配都应该符合这一要求。由于色彩往往是服饰的灵魂，所以旅游服务人员在服饰的色彩选择上要认真谨慎。款式美要求服饰款式体现的是特定民族、特定个体的文化底蕴。文明美则是对服装穿着得体的要求，过于暴露的服装显然是不合时宜的。个性美则要求旅游服务人员能够通过艺术的穿着，体现出自身或活泼开朗或恬静知性的个性特征。尤其需要说明的是，服饰往往和旅游从业者从事的岗位相关，旅游企业应科学地为不同岗位的旅游服务人员选择合适的统一服饰。

（三）旅游服务人员发型美

塑造旅游服务人员发型美应注意下述三个方面。

1. 净发

头发是人们脸面之中的脸面，所以旅游服务人员应当自觉地做好头发的日常护理。不论有无交际活动，平日都要勤于梳洗头发，这既有助于保养头发，又有助于消除异味。

2. 理发

虽说一个人头发的长短应随个人喜好，但从社交礼仪和审美的角度看，它仍受到若干因素的制约，不可以一味地只讲自由与个性，而不讲规范。

3. 美发

美发是指发型不仅要美观大方，而且要自然，不宜雕琢痕迹过重或不合时宜。

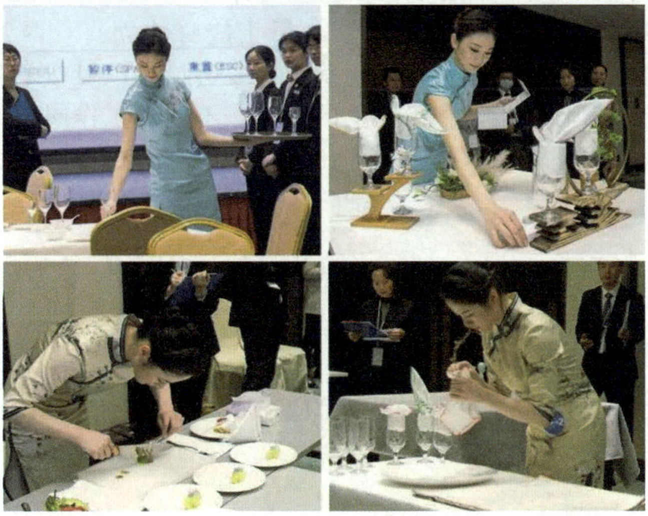

江苏省职业院校餐厅服务大赛现场参赛选手仪表得体

总体而言，旅游服务人员要使自己的形体、服饰与发型构成一种多样统一、相互映衬、符合大众审美习惯的整体美。一般来讲，奇装异服和怪诞的发型尽管有可能突出个人，但与周围的社会环境和文化氛围格格不入，容易给人一种自我炫耀、滑稽可笑的感觉，尤其不适合旅游服务的场合。

二、旅游服务人员仪态美

仪态美是个体审美化的较高层次。潇洒自如、优雅多姿的翩翩风度会强化人们对仪表的审美感知。仪态美的形成离不开环境的熏陶和人为的训练。对于旅游服务人员来说，要在社会生活实践中自觉地观察和体味其他社会成员（特别是同事）的优雅姿态（坐态、站态、行态等），从中找出与己相宜的参照模式，随后加以综合，并在反复的模仿演练中使其个性化、自然化。古人以“站如松，坐如钟，行如风”作为对君子仪态美的要求。同样，旅游服务人员的仪态美也可以从站、坐、行这三个最基本的方面展开。

（一）旅游服务人员站姿美

站立是人们生活交往中的一种最基本的举止。男士要求“站如松”，刚毅洒脱；女士则应秀雅优美，亭亭玉立。训练符合礼仪规范的站姿，是培养仪态美的起点。

标准的站姿是：

（1）头正，双目平视，嘴角微闭，下颌微收，面容平和自然。

（2）双肩放松，稍向下沉，脊柱有向上的感觉。

（3）躯干挺直，挺胸，收腹，立腰。

（4）双臂自然下垂于身体两侧，中指贴拢裤缝，两手自然放松。

（5）双腿立直、并拢，脚跟相靠，两脚尖打开约60°，身体重心落于两脚正中。

女士与男士的直立站姿有所区别。女士应身体立直，右手搭在左手上自然贴在腹部，右脚略向前靠在左脚上成“丁”字步。男士应身体立直，两手背后相搭贴在臀部，两腿分开比肩宽略窄，两脚平行。正确的站姿会给人以挺拔笔直、舒展俊美、庄重大方、精力充沛、信心十足、积极向上的印象。不同的工作岗位对站姿的规定不尽相同，但站姿应遵循的基本要求是一致的。按这些要求经过反复训练后，能形成一种优雅挺拔的体态。

（二）旅游服务人员坐姿美

旅游服务人员可采用的坐姿有以下几种。

1. 正襟危坐

上身与大腿、大腿与小腿、小腿与地面都应当成直角，双膝双脚完全并拢。这种坐姿是最基本的坐姿，适用于最正规的场合。

2. 前伸后屈

大腿并紧之后，向前伸出一条腿，并将另一条腿后屈，两脚脚掌着地，双脚前后要保持在同一条直线上。这种坐姿适用于女性，形态优美。

3. 垂腿开膝

上身与大腿、大腿与小腿都成直角，小腿垂直于地面，双膝分开，但不能超过肩宽。这种坐姿较为正规，多为男士所使用。

4. 大腿叠放

两条腿的大腿部分叠放在一起；叠放之后位于下方的一条腿垂直于地面，脚掌着地；位于上方的另一条腿的小腿则向内收，同时脚尖向下。这种坐姿多适于男士在非正式场合采用。

5. 双腿叠放

将双腿一上一下交叠在一起后斜放于左侧或右侧，斜放后的腿部与地面呈45°。这种坐姿适合穿短裙的女士采用。

6. 双脚交叉

双膝先并拢，然后双脚在踝部交叉。交叉后的双脚可以内收，也可以斜放，但不宜向前方直伸出去。这种坐姿适用于各种场合，男女都可选用。

（三）旅游服务人员走姿美

正确的走姿，能走出风度、走出优雅，显示出一个人的活力与魅力。怎样的走姿才是正确的走姿？正确走姿的三个要点——从容、平稳、走直线。

正确的走姿应当身体直立、收腹直腰、两眼平视前方，双臂放松并在身体两侧自然摆动，脚尖微向外或向正前方伸出，跨步均匀，两脚之间相距约一只脚，步伐稳健，要有节奏感。

起步时，身体微向前倾，身体重心落于前脚掌；行走中，身体重心要随着移动的脚步不断向前过渡，而不要让重心停留在后脚，并注意在前脚着地和后脚离地时伸直膝部。

步幅的大小应根据身高、着装与场合的不同而有所调整。女性在穿裙装、旗袍或高跟鞋时，步幅应小一些；而穿休闲长裤时步伐就可以大一些。

男女步态风格有别。男士的步伐应矫健、有力、潇洒、豪迈，展示阳刚之美；女士的步伐应轻快、娴雅、飘逸，体现阴柔之美。

旅游服务人员在工作时应当避免下列不正确的走姿：

（1）走路时身体前俯、后仰，两个脚尖同时向里侧或外侧，步子太大或太小，这都给人一种不雅观的感觉。

（2）走路时双手反背于背后，这会给人以傲慢、呆板之感。

（3）走路时身体乱晃乱摆，这会让人觉得轻佻、缺少教养。

三、旅游服务人员语言美

无论是旅行社、饭店工作人员还是景区讲解服务人员，与游客的主要交流工具就是语言。因此，语言美直接关系着旅游服务质量的优劣，也必然影响旅游者的审美体验。

（一）旅游服务人员言辞的礼貌性

旅游服务人员言辞的礼貌性，主要表现在旅游服务人员使用的敬语上。敬语包含尊敬语、谦让语和郑重语。说话者直接表示自己对听话者敬意的语言叫尊敬语；说话者利用自谦，间接地表示自己对听话者敬意的语言叫谦让语；说话者使用客气、礼貌的语言向听话者间接地表示敬意则叫作郑重语。

敬语的最大特点是彬彬有礼、热情庄重。使用敬语时，一定要注意时间、地点和场合，语调也要甜美、柔和。

（二）旅游服务人员语言的修饰性

语言的修饰性主要表现在经常使用的谦谨语和委婉语两方面。谦谨语是谦虚、友善的语言，它能充分表现说话者对听话者的尊重。谦谨语常常是以征询式、商量式的语气表达的，如“这张椅子有人坐了，请坐另外那张好吗?”委婉语是用含蓄的、使人少受刺激的词语来替代对方有可能忌讳的词语，以委婉的表达方式来提示双方都明白但又不必点明的事情。

在旅游服务中，广泛使用谦谨语和委婉语是沟通与旅游者的思想感情、使旅游服务工作顺利进行的有效手段。它既能使双方传达信息，同时又因为没有点破要表达的内容，所以一旦交往不顺利容易“下台阶”。例如，旅游者提了意见，旅游服务人员一时又难以给予准确的评价，便可以说：“您提的意见是值得考虑的。”“值得考虑”就是委婉语，它带有赞同的倾向，但没有明确表示赞同的含义，在赞同中还有少许的保留。又如，旅游者提出的一些要求一时难以满足，旅游服务人员不妨说：“您提出这个要求是可以理解的，让我来想想办法，一定尽力而为。”“可以理解”也是一种委婉语，它能使提出要求的旅游者感到十分体面，即使无法得到满足，旅游者也会表示谅解。可见，谦谨语和委婉语是人们最容易和乐意接受的表达形式，旅游服务人员应该掌握并很好地使用。

（三）旅游服务人员语言的生动性

旅游服务人员在接待旅游者时，语言不能呆板，不要机械地回答问题，这样容易使旅游者感到旅游服务人员不热情、对业务不熟悉、责任心不强，甚至引起投诉。在日常生活中，生动幽默的语言往往能活跃气氛、融洽感情。幽默是一种艺术，幽默中含有哲理，幽默产生的诙谐情趣能使人感到轻松愉快。对旅游服务人员来说，要做到语言生动，就要不断提高语言水平、勤学苦练、多听多练，而不要一知半解地运用，也不要牵强附会或任意发挥，尤其不要在旅游者面前，不合时宜地故作幽默，否则会适得其反。

（四）旅游服务人员语言的针对性

要使旅游者感到满意和高兴，旅游服务人员在使用礼貌服务用语时，必须察言观色，随时注意旅游者的反应。针对不同的对象、不同的性别和年龄、不同的场合，灵活地使用不同的用语，这样才有利于沟通和理解，避免或缓解矛盾。

一般来说，旅游服务人员可以通过旅游者的服饰、语言、肤色、气质等去辨别其身份，通过旅游者的面部表情、语气的轻重、走路的姿态、手势等行为举止来体察其心境。遇到语言激动、动作急躁、举止不安的旅游者，要特别注意使用温柔的语调和委婉的措辞。对待旅游者的投诉，说话时更要谦虚、谨慎、耐心、有礼，要设身处地地为旅游者着想，要善于揣摩旅游者的心理，以灵活的语言来应对各种旅游者。

四、旅游服务人员心灵美

乡村服务——从业人员提升

无论是仪容、仪表、仪态还是语言，都是旅游服务人员思想意识和服务态度的外显。要打造旅游服务人员的形象美，归根到底，离不开旅游服务人员心灵美的塑造。

外在美固然重要，但内在美更为可贵。在旅游审美关系中，旅游主体的审美经验和审美感受常常表现为一种不断深化的“由表及里”的认识过程。国内外许多旅游者对旅游服务人员的赞美，最终总是表现为对其心灵美的欣赏与尊敬。

实践证明，旅游服务人员对自身心灵美的培养，关键要看其是否具有职业首先，并具有人道主义精神或助人为乐的情操。在工作过程中，旅游服务人员的心灵美一般是通过具体的行为（服务周到、接待文明、及时为游客排忧解难）和有声的语言（利用富有节奏美和声调美的语言传递富有价值的旅游审美信息）表现出来的。旅游服务人员的心灵美是仪表美、服务美的基础，是内在道德修养和内涵的体现，热心待客、诚信为本，塑造美好心灵，开展中国式服务，是我们不懈的追求。

（一）旅游服务人员心灵美的内涵

旅游服务人员作为旅游者的直观审美对象，其心灵美也是被关注体察的要点。通常，我们从社会美角度来判别他人的美时，总习惯于把仪表美和仪态美归于“表层”的美，而把心灵美称为“深层”的美，这二者的和谐统一方造就一种“完整的美”。心灵美是人的思想、情感、意志、行为之美的综合体现。

（二）旅游服务人员心灵美的核心

心灵美的核心是善。在中西美学史上，美即善的说法颇为常见。古希腊美学家亚里士多德认为，美是一种善。在我国美学史上，最先将美善并举的是孔子，他主张既尽善又尽美。就善而言，它应符合社会生活中人与人、人与社会的行为的道德规范。一个人的思想行为如果符合这种道德规范，就是善而美；否则，就是恶而丑。

（三）旅游服务人员心灵美的体现

旅游服务人员的心灵美主要体现在其提供的优质服务上。国旅就提出过“五要五不要”：要和颜悦色、热情服务；要主动翻译、导游，积极介绍情况；要耐心解答客人的问题，保守国家机密；要满足客人的购物和其他合理要求；要关心客人的安全与健康。不收小费和索要物品；不倒换外币；不收取回扣；不利用工作之便与客人拉关系，谋求私利；不做任何有损国格人格的事情。从表面上看，这是对旅游服务的规范要求，而实质上是对旅游服务人员如何塑造心灵美进行了高度而集中的概括。特别是对人格方面的要求，可以说是旅游服务人员塑造心灵美的起点。

还要指出的是，心灵美尽管与伦理道德有着最直接、最密切的关系，但也不能把二者完全等同起来。因为心灵美作为美的一种特殊形态，具有一切美的共同特征——直观性。

也就是说，“深层”或内在的心灵美往往是通过“表层”或外在的其他美显示出来的。因此，每个旅游服务人员在追求个体美的过程中，要避免重外轻内的现象。

资料链接

1. 微笑

微笑是含义深广的体态语，是世上最美的语言。人们这样解释微笑的内涵：微笑是世界上通用的语言；微笑是自信的象征；微笑是礼貌的表示；微笑是一种交际手段。

2. 聆听与倾听

聆听指集中精力认真地听，带有尊敬的色彩，因此一般用于服务人员听取被服务对象的意见、诉求等。

倾听指细心地听取，就是凭借听觉器官接收语言信息，进而通过思维活动达到认知、理解、通感的全过程，往往具有感情色彩。对于有倾诉情绪的旅游者要善于倾听。

案例分析

生命的化妆

林清玄曾问一名化妆师：“你研究化妆这么多年，究竟什么样的人才算会化妆？化妆的最高境界到底是什么？”

这位化妆师微笑着说：“化妆的最高境界可以用两个字形容，就是‘自然’。最高明的化妆术，是经过非常考究的化妆，让人看起来好像没有化过妆一样，并且化出来的妆与主人的身份匹配，能自然表现那个人的个性与气质。次级的化妆是把人凸显出来，让她醒目，引起众人的注意。拙劣的化妆是一站出来别人就发现她化了很浓的妆，而这层妆是为了掩盖自己的缺点或年龄的。最坏的一种化妆，是化过妆以后扭曲了自己的个性，又失去了五官的协调，例如，小眼睛的人竟化了浓眉，大脸蛋的人竟化了白脸……”

没想到，化妆的最高境界竟是无妆、竟是自然，这让林清玄对化妆刮目相看了。同时感慨：“到底做化妆的人只是在表皮上做功夫！”

“不对，”化妆师说，“化妆只是最末的一个枝节，它能改变的其实很少。深一层的化妆是改变体质，让一个人改变生活方式。睡眠充足、注意运动与营养，这样她的皮肤改善、精神充足，比化妆有效得多。再深一层的化妆是改变气质，多读书、多欣赏艺术、多思考，对生活乐观、对生命有信心，心地善良、关怀别人、自爱而有尊严，这样的人就是不化妆也丑不到哪里去。我用三句简单的话来说明：三流的化妆是脸上的化妆，二流的化妆是精神的化妆，一流的化妆是生命的化妆。”

简析

对旅游服务人员来说，服饰美、修饰美等都很重要，但是关键还是要舍得花时间、花精力做“生命的化妆”。从内而外散发着智慧的芬芳、有良好的礼仪素养与优秀服务技能的旅游服务人员是最美丽的。你今天读书了吗？思考了吗？微笑了吗？帮助别人了吗？如果没有，那么就从今天开始，为我们的生命化妆吧！

拓展练习

餐桌旁的出色实习生

小汪即将从某旅游学校毕业，目前在上海一家餐厅当实习服务员。有一次，她看到邻桌服务员将一大碟冷盆递给两位客人时，其中像是主人的一位皱了皱眉头，拿起筷子却没有吃，并不时地看着身旁一张餐桌上的另一种什锦冷盆。她马上走过去问客人："先生，您喜欢这个菜还是那个菜?"客人忙答："那一个。"小汪一看，原来客人想要的什锦冷盆不是有熏鱼的那种，而是有大明虾的那种，但已点了菜，既不愿吃自己点的这种，又不好意思向服务员提出换。小汪看出了他的矛盾心理，觉得客人的要求应尽量满足，况且服务员在介绍菜肴时不够周详，两道菜又价格一致，便主动为客人换了菜。当她给客人端上一盘有大明虾的什锦冷盆时，客人立即竖起大拇指说："谢谢你，你的服务太出色了!"

问题：

你认为小汪出色在哪里?

课程思政重点

实现内外兼修

党的二十大报告指出："培养造就大批德才兼备的高素质人才，是国家和民族长远发展大计。""内外兼修"是德才兼备的高素质人才的成长之路。"内外兼修"是指人的修养从内外两个层面所进行的全面提升。"内"指内在道德修养、内涵，其需要长年累月的沉淀，不断锤炼，修为心境，驾驭自身；"外"指人表现出的形象特征、行为举止、言语表情，其由内在映射在外才会形神兼备，不至空洞或者虚有其表。"内外兼修"是重视外在表现、合乎礼仪的同时，重视内在道德修养的提升，最终达到"表里如一"的状态，完成自身修养的全面提升。

党的二十大报告指出："繁荣发展文化事业和文化产业。""坚持以文塑旅、以旅彰文，推进文化和旅游深度融合发展。"对于旅游审美而言，无论是旅游目的地、旅游企业还是旅游工作者，在形象美的塑造中都要达到"内外兼修"的要求。

从旅游目的地的角度而言，"内外兼修"是指一方面要做好景观、交通、配套设施等硬件的打造和完善；另一方面要做好各项旅游服务工作，提升软实力，同时更要善于挖掘和打造地域文化，将内在的文化禀赋转变为游客可以感知体验的旅游产品。

从旅游企业的角度而言，"内外兼修"是指企业一方面要练好"内功"，增强产品开发能力、组织运营能力、管理协调能力等，尤其是在旅游人才资源的培养和使用中，要下苦功，留住人才，善用人才。另一方面，在旅游企业外在形象的宣传和推广方面，要具有营销意识，通过多途径，展现企业形象，以更好地获得旅游者青睐。

从旅游服务人员的角度而言，“内外兼修”是提升和成长的过程。从内在，增长知识，提升技能，养成服务意识，培养服务习惯；从外在，优化形象，美化语言，规范行为，让旅游者感受到服务人员良好的精神风貌和娴熟的服务技巧。

巩固提升

答疑解惑

1. 什么是旅游目的地形象？

答：是指在一定时期和一定环境下，人们对旅游目的地的各种感知、印象、看法、感情和认识的综合体现。简言之，旅游目的地形象是人们对旅游目的地的综合认识和总体评价。

2. 如何科学塑造旅游目的地形象美？

答：首先，旅游目的地形象设计应体现美学价值，要考虑地方历史文化传统和文化特色，要体现“以人民为中心”的理念。其次，要遵循地域性原则、文化性原则、市场性原则、主题性原则、一贯性原则。最后，要按照先调查历史形象、评价现实形象再设计旅游目的地未来形象的步骤进行。

3. 如何塑造旅游饭店的形象美？

答：首先，通过利用自然环境美、体现人文环境美、注重地方特色三个方面塑造旅游饭店环境美。其次，通过真、善、美的统一，实用与审美的一致，保护环境视觉形象，人工美与自然美的结合，创造“有意味的形式”，时代感与民族化、共性与个性的统一等方面塑造旅游饭店建筑美。最后，通过饭店装饰的意境美、整体美、空间造型美、色彩美、材质美、绿化美、人文美等方面塑造旅游饭店装饰美。

4. 如何塑造旅行社的形象美？

答：首先，塑造旅行社硬环境美。硬环境取决于旅行社的选址、门市设计等。旅行社选址不但要符合美学的理念，还必须符合四个原则：一是旅行社的经营战略；二是旅行社的市场定位；三是旅行社的业务经营要求；四是旅行社的经济性原则。其次，塑造旅行社软环境美。要用微笑建立沟通的桥梁，要通过赞美赢得信任。最后，塑造旅行社装饰美。应注重旅行社门市装潢、旅行社门市物品陈列、旅行社门市宣传张贴等。

5. 如何塑造旅游服务人员的形象美？

答：首先，从形体美、服饰美、发型美三方面塑造旅游服务人员仪表美。其次，从站姿美、坐姿美、走姿美三方面塑造旅游服务人员仪态美。最后，从言辞的礼貌性、语言的修饰性、语言的生动性、语言的针对性四方面塑造旅游服务人员语言美。但是必须要注意的是，打造旅游服务人员的形象美，归根到底，离不开旅游服务人员心灵美的塑造。

项目小结

旅游行业是一个有机系统，组成这个系统的要素主要有旅游目的地、旅游企业以及为旅游者直接提供服务的旅游服务人员，其与旅游者的旅游审美有着密切的关系。本项目对塑造旅游目的地形象美的原理和步骤进行讲解，从环境美和装饰美等方面探讨如何塑造旅游饭店及旅行社形象美，并从仪表美、仪态美等方面介绍并解析如何塑造旅游服务人员的形象美。通过本项目的学习，提升内在素养，以“内外兼修”为目标，成长为合格的社会主义建设者和接班人。

综合练习

头脑风暴

1. 如果按照旅游目的地的生命周期理论将旅游目的地划分为不同阶段，那么各个阶段该如何打造旅游目的地形象美？

2. 设置在闹市区和居民住宅区的旅行社门市，在装饰装潢的美学标准上有何不同和侧重？

3. 从审美角度，分析以下饭店大堂装饰的特色和优缺点。

饭店大堂装饰（一）

饭店大堂装饰（二）

饭店大堂装饰（三）

饭店大堂装饰（四）

实践运用

1. 按照旅游目的地形象设计的步骤，对你感兴趣的旅游目的地进行整体形象美的设计。

2. 以一家旅行社或者市内的一家星级酒店为调研对象，分析其环境及装饰等方面的美学价值。

3. 根据仪表仪态的美学标准，对自己进行站姿、坐姿、走姿的训练。

信息化资源

课程动画　拓展学习　双语园地　关键词点击　互动练习

项目八 塑造旅游行业服务美

问题引入

旅游审美实践是旅游者作为审美主体在旅游过程中达成审美体验的综合性活动。在食、住、行、游、购、娱等一系列物质与精神的交叉性活动中，旅游者必然和餐饮业、酒店业服务人员及旅行社的导游等为代表的一线旅游业工作人员建立多维度的审美关系。服务是一门艺术，高层次的服务既是一种社会生活美，也会给旅游者带来类似艺术美感的享受，旅游行业服务人员的服务艺术美是影响旅游审美体验的重要方面。鉴赏、塑造各种类型的旅游服务美是本项目将要学习的内容。

学习目标

1. 能实施具有美感的餐饮服务。
2. 掌握酒店服务美的内涵及呈现方式。
3. 能提供具有美感的导游服务。
4. 贯彻落实党的二十大精神，“明大德、守公德、严私德”，自觉提高道德水准和文明素养，自觉践行旅游职业道德。

任务导读

通过本项目的学习，完成以下任务：

任务一　塑造餐饮服务美

任务二　塑造酒店服务美

任务三　塑造导游服务美

任务一 塑造餐饮服务美

案例导入

红楼宴味觉“大观园”

广东中山香格里拉酒店在淮扬菜的基础上，结合传统“红学”，大胆创新，推出了

“红楼宴”，让食客们在品尝美味的同时，也经历一次“大观园”的文化洗礼。淮扬菜系的文化渊源极为精深，《红楼梦》中的菜品多为淮扬菜。中山香格里拉酒店的“江南趣”餐厅装修以传统深红色为主调，一旁有乐工演奏《红楼梦》选段，笑脸相迎的服务员穿着浅黄缎花上衣和黑裙，别具江南风格。红楼宴包括：“贾府冷碟”“宁荣大菜”“怡红点心”三个看菜，八个凉菜，一个翅羹，五个热菜，一个汤，四款点心主食，一个甜品。菜单都集合在长长的卷轴里。

精美菜肴

资料来源：新浪网．“大观园”里的顶级奢华美食．(2007-06-19)[2024-05-01]. http://eladies.sina.com.cn/s/p/2007/0619/1023470277.shtml.

问题与思考

1. 你觉得红楼宴美在何处？
2. 食物为什么会引起人的美感？

塑造餐饮服务美

一、中国菜点审美

（一）色的美感

人们在长期的饮食活动实践中，对菜点色彩之美的判断已经形成了一种习惯性程式。最具美的创造能力的厨师善于把色彩学规律美的最高境界和菜点香、味、质美的最高境界统一起来，这无疑是菜点色彩美的最高要求。如果将菜点色彩美的个性和共性规律综合起来，对菜点色彩美的品评大致可以从以下三个方面进行。

1. 发挥本色

菜点色彩美之最重要者是发挥原料本色之美。烹饪艺术，我们按照大的归类，可以将其归入实用性艺术范畴。凡是实用性工艺美学，都有一个极为重要的特点，那就是发挥材料本来的美。红木家具就是要显出木纹美，不可用油漆覆盖了这种木质的本色美；玉雕、牙雕就是要发挥玉色、牙色之美，不可涂上大红大绿覆盖了原有的色泽美。菜点色彩美的最大特点是最大限度地调动食品原料的固有颜色之美。之所以如此，一方面是因为食品原料的颜色本来就很美，无须过多地进行人工装饰色彩的加工；另一方面是因为人工之色皆会给人以不卫生或多加了色素等添加物的感觉，以致降低食欲。

2. 重在组合

按照法国雕像家罗丹的观点，没有不美的色彩，只有不美的组合。菜点色彩尤其如此。厨师对菜点色彩美的创造主要不在于调配色彩，而在于组合色彩；不在于经过调配而产生的新的色彩，而在于对原料本来的色彩进行烹饪加工组合，使之赏心悦目并具有一定的意境和情趣。可以说，世界上任何色彩都是美的，其所以不美，并不是色彩本身不美，而是所安置的场合、位置不对以及与其他色彩相对比组合的关系不当。菜肴点心的固有色也莫不如此，其关键在于厨师的组合。因此，高明的厨师应具有色彩敏感性和色彩组合能力，善于运用食材色彩固有的冷、暖、强、弱、明、暗。

3. 妙在点睛

在烹饪实践中，绝对不用人工色彩似乎很难。当对某种色彩有特殊需要时，可以采用从食物原料中提取的人工色剂。例如，提取菠菜汁的绿色、提取赤豆的酱色等。化学色剂尽可能不用，即便用，也要绝对保证无毒，如民间办喜事蒸馒头用的红色、生孩子染鸡蛋用的红色等。这些人工色，应当用在“点睛”之处。这里所谓的“点睛”，可以从两个方面理解：一是从内容上看，根据社会风俗之需要，用在最关键处，如红鸡蛋；二是从形式上看，尽可能少用。点睛法在菜点的创制中也时时存在。例如，在奶黄色的蛋糕上放几个鲜红的樱桃，会顿生美感并使人食欲大增。

色彩装饰

（二）香的美感

菜点的香气刺激人的嗅觉器官，进而影响饮食行为。因此，香气也是品评菜点的重要标准之一。

古人提到的“五香”，通常指烹调食物所用的茴香、花椒、大料、桂皮、丁香这五种主要香料。它们的功能是把有腥味、臊味、膻味的食品变得无异味，并使食品香气浓郁。菜点香气的类型和程度是非常丰富的。诱人的菜点之香，能调动饮食审美冲动，成为正式品尝菜点的重要前奏。它同“色”一样，在饮食审美过程中，可产生“先入为主”的重要影响。

（三）味的美感

味的美感是菜点审美构成要素中的主要部分。中国菜特别重视味。味与香的联系最为密切，味与香一样，具有丰富多样的特点。多样中求统一，在菜点的品评中叫作“五味调和”。中国的“五味”是指酸、甜、苦、辣、咸。中国的许多名菜很讲究复合味，即以某种味为主，同时还具有其他几种味。如扬州红烧鱼，佐料多达 20 多种，味感十分丰富。色彩之美是外在的，味之美才是内在的、更重要的东西。色彩之美主要作用于人们的视觉，而人们要真正领略烹饪技艺之精华，更主要的是通过味之美去感觉它、享用它。所以我们说“味”才是菜肴之“灵魂”。

（四）形的美感

1. 中国菜点形美的实质

中国菜点形美的实质是以造型艺术为食用服务。自古以来，中国菜点很重视形的美感。在烹饪加工中讲究刀工，讲究造型规范、整一，一方面是为了美感，另一方面是便于加工。中国菜点形美更重要的是讲究食品造型艺术：一是实用性，即“食用性”，菜点造型的目的是刺激食欲。二是技艺性，如厨师对刀工、火候等基本技能的运用使菜点形色俱美。三是美术性，如在菜点造型上运用美术手段。造型艺术是手段，食用是目的，主从关系不能颠倒。

2. 菜点造型艺术的原则

菜点造型艺术的原则是简易、美观、大方和因材制宜。任何菜点都是供食用的，其保存时间较短，因此一般不宜对菜点进行精雕细刻的装饰。同时，过分的装饰、精美的造型会让宾客欲食而不忍，也达不到增加食欲的目的。当然，特别隆重的宴席除外。中国菜点造型的主要形式有随意式、整齐式、图案式、点缀装饰式、象形式。厨师除了应具有设计技能外，还需具有较强的绘画、雕刻技能和主题构思能力。有些用于观赏的食品雕刻，其功用不在食用，而在于渲染宴席气氛。此外，在菜点造型中，还应注意菜点与餐具之间的关系，强调内容（菜点）与形式（餐具）的和谐统一。例如，椭圆盘用来装鱼，盆具用来盛汤。

3. 造型菜的特点

造型菜是形象化的菜肴，除了要求有好的口味外，还要突出一个“形”字。一盘造型菜，虽然存在时间不长，但与其他造型艺术一样，在对原料动刀之前应经过确定主题、选择题材、构思图案三个过程。要烹制一道成功的造型菜，应该在保证口味的前提下，使其具备一定的艺术感染力，为此，必须在上述三个方面下功夫。首先是确定主题。绘画也有主题，中国画讲究“立意”，有“意在笔先之说”。也就是说，在下笔之前先构思好，做到胸有成竹，画出的画才有灵魂。造型菜属造型艺术，是形象的诗、立体的画。每道造型菜都有它的主题，即所要表现的内容。这一主题是由宴席的性质决定的，厨师应根据宴席的性质来确定造型菜的主题。例如：婚宴常用“鸳鸯戏水”“龙凤呈祥”；祝寿宴可用“松鹤延年”；为儿女过生日则可用“雄鹰展翅”“金鲤跃龙门”。无论什么性质的宴席，其造型菜的主题都要立意吉祥、符合风俗习惯。

造型菜

（五）质的美感

古人曰：“饮食之道，所尚在质。”这说明“质”也是菜点审美的标准之一。质既指营养质量、卫生质量、烹调技术等因素，又指质地，即以触感（或口感）为对象的松、软、脆、嫩、酥、滑、爽等质地美感。菜点质的美感丰富多样，大致可分以下三类：一是温觉感。就是菜点由于温度差异而在入口时产生的凉、冷、温、热、烫的感觉。二是触压感。是指舌、口腔的主动触觉和咽喉的被动触觉对刺激的反应。这种反应能对菜

佛跳墙

点的大小、厚薄、长短、粗细产生感觉，并产生清爽、厚实、柔韧、细腻、松脆等触压觉。三是动觉感。对菜点的触感主要来源于动觉感，其中牙齿的主动咀嚼对触感的产生起着决定性的作用。主动咀嚼的触觉有单一感，即嫩、脆、硬、黏、绵等，但更多的是复合感，即脆嫩、滑嫩、爽脆、酥烂、软烂等。这种复合触感是对菜点触觉的最丰富、最全面、最微妙的审美感受。

在日常生活中，人们似乎更热衷于议论菜肴的色、香、味、形、器，对于菜肴的质似乎较少提及。这是因为人们在品尝菜肴时往往容易将菜肴的质感与味感相混淆。菜肴的味感与质感均需在口腔中经过咀嚼才能感受到。咀嚼菜点后，舌头上的味蕾将味感通过味觉神经系统传输给大脑中枢神经；同时，菜点在口腔中咀嚼、滚动、摩擦时被齿龈和软、硬腭感受到的一系列感觉（即质感）通过触觉神经系统传送给大脑。这二者往往相互掺杂、相互影响，且前后传输给大脑的信号间距较短，所以人们对所品尝的菜肴味、质均感到满意时，往往会说“味道好”“好吃”，这其中的“味”实际上便包含了“质”。

（六）意的美感

“意”是审美主体（包括创作主体）的思想情感。对意的追求几乎成为一切艺术家努力的最高目标。

1. 中国菜点中的“意”的内容

中国菜点中的“意”的内容包括以下四方面：

（1）意匠：厨师的思想、情感、智慧在技术中的实现。

（2）意象：体现厨师的思想、情感和审美观念的菜点造型。

（3）意趣：体现厨师思想情感的趣味。

（4）意境：体现厨师创作思想的烹饪境界。

2. 中国菜点审美中的意境的实现

中国菜点审美的最高境界是意境的实现，而这种实现多表现在主题明确的正规宴会之中。例如，国宴的庄严隆重；婚宴的喜庆热闹；寿宴的欢娱典雅。这些意境的实现不仅要求菜点在品种、命名、烹饪方法等方面做相应的呼应，而且环境、家具、餐具、服务方式等也要与之密切配合，围绕主题实现意境。

3. 中国菜点命名方式

为了追求菜点审美中的意趣，除前面分析过的色、香、味、形、技术之美的因素以外，还有一种常见的手段即文学手段。运用这种手段对菜点进行命名，能形成耐人寻味的意趣。常见的命名方式有自然本名、工艺特名、乡土集锦、时令风俗、比附联想等。在宴会中，为了形成统一的意趣和意境，各菜点名称应相互呼应，形成和谐美。

中国菜点审美的内容、形式、范围非常广泛，可以说是一种以品味为媒介的多元性的中国文化艺术的综合欣赏。因此，欣赏中国菜点美感，应具备较全面的文化素养。只有这样，才能深入体察其中的无穷韵味。饮食之美作为一种需要开发的旅游资源，在开发过程中也要尽可能地体现或者侧重于考虑色、香、味、形、质、意等因素，这样才能真正体现“人无我有，人有我佳”的旅游开发宗旨。

二、中国饮品审美

美食魅力——乡村餐饮审美

（一）酒类审美

1. 白酒鉴赏

白酒也称“烧酒”，是一种蒸馏酒，它以酒曲、酵母为糖化发酵剂，利用淀粉质原料，经发酵蒸馏而成。白酒中的名酒是按香型评定的。酱香型主要特征是酱香突出、细腻醇厚。浓香型主要特征是窖香浓郁，绵甜甘冽，香味协调。米香型主要特征是蜜香清雅，入口柔绵，回味悠长。清香型主要特征是清香醇正，诸味协调，甘润爽口。兼香型指具有两种以上主体香型的白酒，具有一酒多香的特点。

2. 黄酒鉴赏

黄酒，也称为米酒，是中国特有的酒类，以稻米、黍米、玉米、小麦等为主要原料经蒸煮，拌以麦曲、米曲或酒药，进行糖化和发酵酿造而成，因酒色黄亮或黄中带红而得名。

3. 果酒鉴赏

果酒是用水果本身的糖分被酵母菌发酵而成的酒，以葡萄酒最为著名。葡萄酒是以新鲜葡萄汁为原料，经酵母发酵酿制而成的各类酒的总称。按酒的色泽，葡萄酒分为红葡萄酒、白葡萄酒、桃红葡萄酒三类。按含糖量，分为干红葡萄酒、半干葡萄酒、半甜葡萄酒和甜红葡萄酒。

4. 酒的美学内涵

酒是一种风味艺术品，香与味的协调平衡是衡量一种酒成功的基点。酒味之“和”就是使多重因素在配合中达到和谐，以取得美的效果。根据调酒的要求，必须把酸、甜、苦、辣、咸等各种不同味道配合起来，做到“甘而不浓、酸而不酷、咸而不减、辛而不烈、淡而不薄、肥而不腻”才能适口。这反映了中国酒品鉴的审美观念，即“恬淡为上，胜而不美”。酒味恬淡，饮用起来让人心平气和，从味觉审美升华到道德审美。强调天然本色，于平淡之中见高雅，形成追求淡雅天真之美的传统，从养生到养性，都符合“和”的原则。

（二）名茶审美

茶叶是我国三大特产（瓷器、丝绸、茶叶）之一，也是与咖啡、可可齐名的世界三大饮料之一。茶属于山茶科，为常绿灌木或小乔木植物，植株高 1～6 米。茶树喜欢湿润的气候，在我国长江流域以南地区被广泛栽培。

1. 茶叶的分类

茶叶有不同的分类方法。有的根据制作方法不同，将茶叶分为绿茶、红茶、乌龙茶（青茶）、白茶、黄茶、黑茶六大类；有的根据我国茶叶加工分为初、精制两个阶段的实际情况，将茶叶分成毛茶和成品茶；按照制作的季节，茶叶又可分为春茶、夏茶和秋茶，其中清明和谷雨前采摘的嫩芽幼叶制成的茶叶最为名贵，分别称为“明前茶”和“雨前茶”。

2. 中国名茶举例

（1）杭州龙井。

龙井茶产于浙江杭州的龙井村，属炒青绿茶，以“色绿、香郁、味醇、形美”著称。好茶还需好水泡。龙井茶、虎跑水被并称为杭州双绝。冲泡龙井茶可选用玻璃杯，茶叶在杯中逐渐伸展，上下沉浮，汤明色绿，仔细观赏，可谓是一种享受。

碧螺春茶

（2）太湖碧螺春。

产于江苏太湖之滨洞庭山的碧螺春茶叶，用春季从茶树采摘下的细嫩芽头炒制而成。高级的碧螺春，0.5 千克干茶需要茶芽 7 万个，足见茶芽之细嫩。炒成后的干茶条索紧结，白毫显露，色泽银绿，翠碧诱人，卷曲成螺形，故名“碧螺春”。

（3）黄山毛峰。

毛峰产于安徽黄山，主要分布在桃花峰的云谷寺、松谷庵、吊桥阉、慈光阁及半寺周围。这里山高林密，日照短，云雾多，自然条件十分优越，茶树得云雾之滋润，无寒暑之侵袭，蕴成良好的品质。黄山毛峰采制十分精细。制成的毛峰茶外形细扁微曲，状如雀舌，香如白兰，味醇回甘。

（4）白毫银针。

白毫银针是一种白茶，产于福建。白毫银针满披白毫，色白如银，细长如针，因而得名。冲泡时，“银针”挺立，上下交错，非常美观。汤色黄亮清澈，滋味清香甜爽。由于制作时未经揉捻，茶汁较难浸出，因此冲泡时间应稍延长。

（5）武夷岩茶。

产于福建崇安县武夷山的岩茶，属半发酵茶，其主要品种有“大红袍”“白鸡冠”“水仙”“乌龙”等。武夷岩茶品质独特，它未经窨花，茶汤却有浓郁的鲜花香，饮时甘馨可口，回味无穷。

（6）安溪铁观音。

产于闽南安溪的铁观音，制作工艺十分复杂，茶叶条索紧结，色泽乌润砂绿。好的铁观音，在制作过程中因咖啡因随水分蒸发还会凝成一层白霜。冲泡后，有天然的兰花香，滋味纯浓。铁观音通常用小巧的工夫茶具品饮，先闻香，后尝味，满口生香，回味无穷。

3. 茶的美学内涵

2022 年 11 月我国申报的“中国传统制茶技艺及其相关习俗”成功通过评审，列入联合国教科文组织人类非物质文化遗产代表作名录，这再次让中国茶文化大放异彩。2020 年 5 月 21 日，习近平总书记致信祝贺首个“国际茶日”时指出“作为茶叶生产和消费大国，中国愿同各方一道，推动全球茶产业持续健康发展，深化茶文化交融互鉴，让更多的人知茶、爱茶，共品茶香茶韵，共享美好生活。”茶和审美密切相关，茶味苦涩甘甜，包罗万象，畅怀适意，韵致超然。茶，可饮、可观、可闻，亦可读、可论、可悟。享齿间之韵，可悦心养性，正如鲁迅所言“有好茶喝，会喝好茶，是一种清福”。茶艺的美更是一种综合美，融汇了诸如音乐、舞蹈、饮食、服饰、建筑、书法、绘画等艺术门类的美学特征，又加以提炼和升华，形成一种宁静、典雅、平和的中国式古典美学范畴，体现了中华民族特有的审美意识和审美追求。

三、中餐服务审美

指尖繁花——口布折花艺术

（一）餐厅布置美

中餐厅的空间布局可分为以下几个部分：流通空间（通道、走廊等）、管理空间（服务台、办公室等）、调理空间（备餐间、陈列展示区）、公共空间（迎宾候餐区、休息间、就餐区、洗手间等）。

中餐厅的装饰布置可选用富有民族风格的灯饰（如宫灯、马灯、大红灯笼）、中式家具、盆景、盆栽、民间挂饰（如剪纸、挂毯），再结合室外中国式的庭园景色，可让客人感受到浓郁的中国风情。中餐厅还可以依据传统手法，在餐厅门上悬挂匾额和楹联，厅内墙面悬挂大型国画，其主题内容、风格需与餐厅的总体格调相符。服务人员则应穿着中国传统服装，如唐装、旗袍等，风格要与餐厅风格一致。

中餐大厅

餐厅的实用功能和美化功能是餐厅设计的着眼点，在色彩上要处理恰当。色彩设计应以明朗轻快的色调为主，最适用的是橙色和黄色，这两种色彩有刺激食欲的功效。另外，人在不同季节对色彩的感受也不同，可以通过餐厅中的桌布、灯具等来调节，以产生不同的情调。餐厅的装饰物包括窗帘、桌布、花卉、地板等，要选择恰当的窗帘和桌布，质地以化纤材料为好，因为棉织布料易吸收食物气味且不易洗涤，尽可能不用。植物和花卉可美化进餐环境。地面装饰则应选用易洗、耐磨、耐腐蚀、抗污的材料。

（二）中餐礼仪美

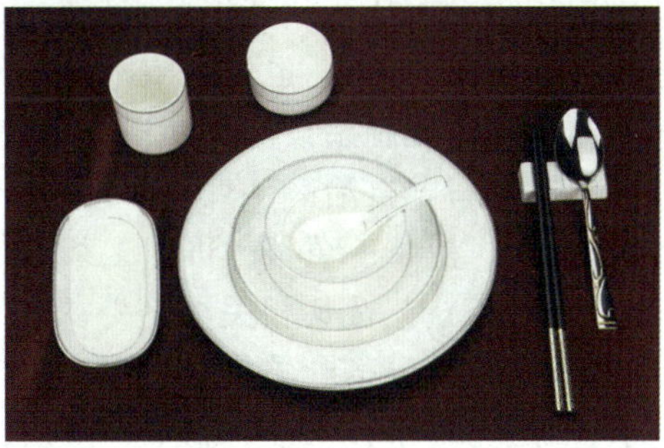
中餐摆台

中华饮食，源远流长。在中国这个自古为礼仪之邦、讲究民以食为天的国度里，饮食礼仪自然成为饮食文化的一个重要组成部分。

中餐上菜的顺序一般是：先上冷盘，后上热菜，最后上甜食和水果。用餐前，服务员为每人送上的第一道湿毛巾是擦手用的，最好不要用它去擦脸。在宴席上，上鸡、龙虾、水果时，有时会送上一小水盂（铜盆、瓷碗或水晶玻璃缸），水上漂有玫瑰花瓣或柠檬片，供洗手用。

古代的食礼按阶层划分为宫廷、官府、行帮、民间等。现代食礼则简化为主人与客人。作为客人，赴宴应讲究仪容，根据关系亲疏决定是否携带小礼品。客人赴宴要守时守约，听从主人安排。

入座是中国食礼中最重要的一项。从古到今，因为桌具的演进，所以座位的排法也相应变化。总的来讲，座次“尚左尊东”“面朝大门为尊”。家宴首席为辈分最高的长者，末席为最低者。首席未落座，其他人都不能落座；首席未动筷，其他人都不能动筷。

党的二十大报告中提出：“推进文化自信自强，铸就社会主义文化新辉煌。”中国的餐饮文化源远流长，博大精深，要深耕餐饮文化，让中国的餐饮文化更好地走出去，推动中华文化走向世界。

资料链接

不同季节的茶

春茶是指当年3月下旬到5月中旬采制的茶叶。春季温度适中，雨量充分，再加上茶树经过了冬季的休养生息，故春季茶芽肥硕、色泽翠绿、叶质柔软且含有丰富的维生素，特别是氨基酸。春茶口感甚佳，香气宜人，且富有保健作用。

夏茶是指5月初至7月初采制的茶叶。夏季天气炎热，茶树新的梢芽叶生长迅速，氨基酸等减少，茶汤口感、香气多不如春茶。

秋茶是8月中旬以后采制的茶叶。秋季气候条件介于春夏之间，茶树经春夏二季生长、新梢芽内含物质相对减少，茶汤的口感和香气显得比较平和。

冬茶大约在10月下旬开始采制。因冬茶新梢芽生长缓慢，内含物质逐渐增加，茶汤口感醇厚、香气浓烈。

案例分析

中国茶申遗的故事

茶起源于中国，盛行于世界。“中国茶”三个字背后，蕴藏着无比丰富的文化内涵。“中国传统制茶技艺及其相关习俗”入选联合国教科文组织人类非物质文化遗产代表作名录，既是实至名归，也是众望所归。

“中国传统制茶技艺及其相关习俗”堪称我国人类非遗申报项目中的“体量之最”，共涉及15个省（自治区、直辖市）的44个国家级非遗代表性项目，涵盖绿茶、红茶、乌龙茶、白茶、黑茶、黄茶、再加工茶等传统制茶技艺和径山茶宴、赶茶场等相关习俗。“中国传统制茶技艺及其相关习俗”具体包含以下内容：一是传统制茶技艺，即有关茶园管理、茶树种植、茶叶采摘、茶的手工制作工艺，以及茶的饮用和分享的知识、技艺和实践；二是与种茶、采茶、制茶、饮茶、品鉴等相关习俗，比如，制茶师根据当地气候、物候，运用杀青、闷黄、渥堆、萎凋、做青、发酵、窨制等核心技艺，发展出绿茶、黄茶、黑茶、白茶、乌龙茶、红茶六大茶类及花茶等再加工茶，供人饮用与分享，并由此形成了不同的习俗，世代传承。还有，与种茶和采茶实践活动相关的各类民间祭拜、祭奠等祈福祈愿仪式，由茶的实践活动而产生的“采茶歌”“敬茶歌”“采茶戏”等文化表现形式，都是茶文化非常重要的内容。

传统制茶技艺主要集中于秦岭淮河以南、青藏高原以东的江南、江北、西南和华南四大茶区，相关习俗在全国各地广泛流布。到了浙江，要喝上一口清爽甘醇的西湖龙井，感受江浙一带如茶澄清淳朴的风土人情。辗转于福建闽北，生长于“秀甲东南”的武夷山一带的武夷岩茶又成了最佳之选，茶汤浓郁，甘馨可口，令人回味无穷。而流连于云贵高原，普洱、毛尖会让人感受到不一样的物候和茶工艺，甘甜醇厚，久久难忘。

申遗成功的背后，是茶之故乡的“底气”。中国是世界上最早发现和利用茶叶的国家，也是茶树资源最为丰富的国家。历史文献中最早关于茶的记载传说，出现在中国第一部药物专著《神农本草经》中：“神农尝百草，日遇七十二毒，得荼（茶）而解之。”普遍认为，至少在魏晋时期，我国就已经有成熟的制茶技艺和全民性的饮茶习俗。茶兴于唐，而盛于宋。唐代陆羽所著的《茶经》，记录了茶叶生产的历史、源流、生产技术、饮茶技艺等，是中国乃至世界现存最早、最完整、最全面介绍茶的专著，标志着中国茶文化的正式形成。

茶文化兴盛直观的表现之一就是大量茶诗的出现。盛唐的李白、中唐的白居易、晚唐的杜牧，都留下了大量茶诗。最著名的茶诗，无疑是唐代卢仝的《走笔谢孟谏议寄新茶》，俗称“七碗茶歌”，“一碗喉吻润，两碗破孤闷……七碗吃不得也，唯觉两腋习习清风生”。到了宋代，茶融入了中国文化的方方面面，全民饮茶让整个中国社会无不重视茶文化，从茶中获取精神慰藉和文化熏陶。

数千年来，中国人通过制茶、泡茶、品茶，培养了平和包容的心态，形成了含蓄内敛的品格。茶的饮用与分享是人们交流、沟通的重要方式，以茶待客、长者为先等与茶相关的礼俗彰显着中国人谦、和、礼、敬的人文精神。

放眼全球，如今，茶叶遍布世界五大洲，全球有 64 个国家和地区种茶，160 多个国家和地区有喝茶习惯。英国茶专家简·佩蒂格鲁指出，全世界的茶文化都可以追溯到中国。

作为民族的古老记忆和“活态基因”，非遗只有存活于日常生活里，才具有生命力。在今天，茶仍是中国人最重要的饮品之一，而且还在不断地变化、适应现代生活，焕发出新的生机与活力。

简析

“中国传统制茶技艺及其相关习俗”是中国文化的重要组成部分，具有独特的美学价值，在旅游活动开展过程中可以因地制宜地结合茶的美学特点，开展茗茶品鉴、茶艺表演、茶文化研学等旅游服务工作，提升旅游者的审美体验。

拓展练习

赵先生和常先生来到北京某星级饭店的中餐厅就餐。餐间，赵先生指着一盘“翡翠虾仁”对常先生说：“这道菜他们做得不对，虾仁上应该用色泽浓绿的菜汁，再浇上热油，方能显出‘翡翠’的效果。这里的厨师为了省事，只在盘中配了一些青菜，并没有用菜汁处理虾仁，所以不是真正的‘翡翠虾仁’。”常先生听后连连点头，对赵先生的餐饮知识表示十分佩服。

当他们要的“清蒸鱼”上桌后，赵先生尝了一口，皱起眉头对常先生说：“这条鱼不是咱们看到的那条活鱼，很可能是一条冻鱼，肉质发紧，那条‘值班鱼’早就放回鱼缸去了。”

常先生被赵先生的幽默语言逗乐了。“咱们找服务员换条鱼吧！”常先生对赵先生说。他们把服务员叫过来，提出了对“翡翠虾仁”和“清蒸鱼”的疑问，并要求退换鱼。

资料来源：餐饮服务．案例：菜肴加工制作不得半点虚假．(2019-09-17) [2024-05-01]. https://www.chushihome.com/article/content-19161.html.

问题：

1. 如果你是餐饮部经理，该如何回答客人的质疑？
2. 如何预防出现类似的问题？

任务二 塑造酒店服务美

案例导入

空调坏了以后的艺术性处理

一天，王女士下榻某四星宾馆 1408 房间。晚上，王女士回到房间，发现空调坏了，于是打电话要求客房部派人维修。客房部派服务员小张来处理此事。小张知道 1408 房间的空调暂时修不好，而且现在宾馆已无空房间，怎么办？他一边走一边想。来到房间，小张认真查看空调后，告知客人空调已坏，并诚恳地向王女士道歉。然后，他当着客人的面跟总台通话，强烈要求给客人调换房间。总台服务员回答说没有空房可供调换，小张一再恳求，未果。接着又打电话到工程部坚决要求立即修理空调。工程维修人员解释说这个空调某部件坏了，一时难以修好。小张的这一番努力，让王女士非常感动。她对小张说：“先生，谢谢你为我操心，你别为难了，今天也不是很热。”小张抱歉地说：“一有空房我们马上给您调房。谢谢您对我们的谅解！”

问题与思考

1. 小张的做法，其艺术性体现在何处？
2. 如果第二天空调仍不能修好，该怎么处理？

塑造酒店服务美

一、前厅服务美的塑造

（一）预订与礼宾服务美

1. 前厅部预订服务艺术

预订服务是前厅部的重要职能之一。在确保每一步都符合标准要求的同时，力求突出美感，令每位客人都感到满意，方能体现前厅部预订服务的艺术美。

接受预订服务的艺术：订房员接受客人预订时，首先要查阅预订控制簿或电脑，如有空房，则立即填写“预订单”。该表通常印有客人姓名、抵离店日期及时间、房间类型、价格、结算方式、餐食标准等项内容。

酒店前台

确认预订服务的艺术：预订员在接到客人的预订要求后，要立即将客人的预订要求与酒店未来时期客房的利用情况进行对照，决定是否能够接受客人的预订，如果可以接受，就要对客人的预订加以确认。确认预订的方式通常有两种，即口头确认（包括电话确认）和书面确认。

拒绝预订服务的艺术：如果酒店无法接受客人的预订，就对预订加以婉拒。婉拒预订时不能因为未能符合客人的最初要求而终止服务，应该主动提供一系列可供客人选择的建议。总之，用建议代替简单的拒绝是很重要的，它不但可以促进酒店客房的销售，而且可以树立酒店的良好形象。

取消预订服务的艺术：由于各种原因，客人可能会取消预订。接受取消订房时，不能在电话里表露出不愉快，而应使客人明白，他今后随时都可光临本酒店并受到欢迎。正确处理取消订房，对于酒店巩固自己的客源市场具有重要意义。在订单取消时，仍然能够礼貌得体地处理，也是遵守职业规范、维护旅游者合法权益的新时代职业道德的体现。

2. 前厅部礼宾服务艺术

礼宾服务是前厅服务的重要组成部分，其服务态度、服务质量、服务效率如何，将给酒店的声誉与效益带来直接影响。酒店前厅是客人进入酒店的第一个接触点，又是客人离开酒店的最后接触点，它直接关系到客人的住宿满意程度和对酒店的印象。

前厅迎送服务，是指对客人进出酒店正门时所进行的一项面对面的服务。前厅应接员是代表酒店在大门口迎送客人的专门人员，是酒店的“门面”，也是酒店形象的具体体现。因此，前厅应接员必须服装整洁，仪容仪表端正、大方，体格健壮，精神饱满，与保安员、行李员相互配合，保证迎客、送客服务工作的正常进行。

迎客服务的艺术：当客人抵店时，前厅应接员要主动相迎，为客人拉开车门，热情欢迎客人；协助客人下车并卸下行李，提醒客人清点行李以防遗留在车上，并招呼前厅行李员将客人引领入店。

送行服务的艺术：当客人离店时，前厅应接员要将客人的用车召唤至大门口，协助行李员将客人的行李装上车，并请客人核对行李，协助客人上车坐好，轻关车门，向客人致意送别，并表示欢迎客人再次光临。

前厅贵宾迎送服务的艺术：前厅贵宾接待，是酒店给下榻的重要客人的一种礼遇。应接员要根据预订处发出的通知做好充分准备，要讲究服务规格并在向贵宾致意时有礼貌地称呼其姓名或头衔。外事接待中，根据接待规格的需要，应接员还要负责升降国旗、店旗等。

（二）接待服务美

1. 接待岗位工作流程及服务艺术

（1）上班前 5 分钟检查、调整自己的仪容仪表，与上一班人员进行工作交接，了解当天有哪些工作要做、哪些问题需要解决。

（2）检查各项工作的完成情况，特别是各类报表是否齐备，然后派服务员复印，或采用信息化手段，分送有关部门。

（3）负责分房的员工根据酒店空房的类型、数量及客人的预订要求给有特殊要求的客人、团队客人及当天的重要客人预分房间，将已分好的房号输入电脑并仔细核对，然后复印团体单，分送给行李组及各相关楼层。团队房检查完毕之后，立即打印空房表，并与楼层进行核对，检查散客房。

（4）利用空隙时间检查订单，取出已到客人的订单，在其上注明人数和房号。

（5）打印一份开房动态表，涵盖当天预计开房数、实际开房数、团体数及当日重要散客人数，在交接班时交给下一班。

（6）当班过程中，若有需要解决的问题或重要通知，要在交接本上记录清楚。

2. 团队接待要求及服务艺术

（1）客人抵达时，要主动上前招呼、问好。

（2）向有关陪同人员询问该团的人数、预订的房间数等，并以最快的速度找出该团的记录。重新检查房号是否正确，并请陪同人员在"团队入住登记表"上签名。

（3）核实各项服务内容是否相符，必须前后一致方能予以开房。如有不一致，则须与领队或陪同人员协商一致。

（4）要严格遵照合同，一般不允许随意增减房间。

3. 散客接待要求及服务艺术

（1）向客人问好，表示欢迎，并表示乐于为其提供服务。

（2）问清客人是否有预订房间。如果客人没有预订，在有空房的情况下，应尽量满足其住宿要求；万一客满，最好帮助客人同其他酒店联系。

（3）填写住宿登记表。住宿登记表一般是一式两联，境外人员的临时住宿登记则是一式三联。住宿登记表中应包括客人的姓名、性别、职业、国籍、身份证号或签证号等内容，必须要求客人认真填写。

（4）与客人确认所住房间的种类、房价及付款方式，如果客人采取信用卡方式付款，接待员必须先确认酒店能否接受客人所持的卡，所持卡是否有效。

（5）填写房卡。在客人填写住宿登记表的同时，接待员应为客人填写房卡交给客人。

（6）与客房部联络。在客人办理好入住手续后，接待员应将客人的入住信息通知客房部，以便其提前做好接待的准备工作。

（7）制作客人账单。在印好的账单上打上客人的姓名、抵离日期、房号、房间类型、应付房费等内容，并将其与住宿登记表等一起送交前台收银员保存。

（三）总机与商务中心服务美

1. 前厅部总机服务艺术

总机服务在酒店对客服务中扮演着重要角色，话务员必须以热情的态度、礼貌的语言、甜美的嗓音、娴熟的技能，高效地为客人提供服务。可以说，电话是对客服务的桥梁，话务员是"只听其悦耳声，不见其微笑容"的幕后服务员。因此，话务员必须具备较好的素质：口齿清楚，声音甜美，耳、喉部无慢性疾病；书写迅速，反应快；工作认真，记忆力强；有较强的外语听说能力，能用三种以上外语为客人提供话务服务；有酒店话务或相似工作经历，熟悉电话业务；熟悉电脑操作及打字；掌握旅游景点及娱乐等方面的知识和信息；有很强的信息沟通能力。每一位话务员的声音都代表着“酒店的形象”，要使客人能够通过电话感觉到话务员的微笑、热情、礼貌和修养，甚至能感觉到酒店的档次和管理水平。

2. 前厅部商务中心服务艺术

为了提供更周到的服务，每一位商务中心员工必须熟悉本部门的工作业务和工作程序，掌握工作技巧和服务技能；性格外向、机智灵活，能与客人进行良好的沟通，工作认真、细致、有耐心；具有大专以上文化程度和较高的外语水平；具有熟练的电脑操作和打字技术；掌握旅游景点及娱乐等方面的知识和信息，如本市旅游景点及娱乐场所的位置、电话、票价、消费水准等。

酒店服务

二、客房服务美的塑造

细节真功——客房维护艺术

（一）客房设计艺术美

1. 客房美感的设计原则

客房是饭店最重要的产品，它的设置与布局直接影响饭店的等级与客人的满意度。为了体现客房的美感，需要遵循如下原则：

（1）安全原则。客房的美感要建立在安全的基础上，主要表现在防火、防盗、保护客人隐私等方面。

（2）舒适性原则。客房的空间决定舒适性，客房的设计增加舒适性。

（3）效率原则。要兼顾空间使用效率和实物使用效率。

（4）适用性原则。就是要从不同的功能需要出发，根据客人住店的活动规律和心理特点来制定设计方案和装饰布置方案，做到客房环境和装饰布置美观、舒适、安全、方便。

（5）反映礼遇规格和管理水平的原则。客房的礼遇规格和等级标准是由客房环境艺术和布局装潢的设计手法、艺术形象来决定的。

2. 客房陈设和装饰美

客房陈设和装饰是反映客房环境艺术的主要内容，是影响客人消费意向和消费满意度的重要因素，也是决定客房价格高低的重要条件之一。客房陈设和装饰艺术处理手法的运用仍然要以功能需要为主，坚持功能与美感形象的统一，做到舒适、美观、方便、亲切，具有家居气氛。

家具陈设的设计原则主要有：对称与自由，分散与集中，高低起伏，对比和衬托，创造美好的一角或适当空间，掌握通道尺度。

客房的装饰织物主要指客房的床上用品、窗帘、帷幔、地毯等。客房内使用织物的品种繁多，它们的色彩、图案、纹样、质地都要服从于室内整体设计。

客房布置一些艺术观赏品或鲜花，可以美化房间，增加客房的高雅气氛，提高客房等级规格，但这些东西不宜太多。在装饰布置上应注意：一是掌握等级规格；二是突出民族风格和地方特色，以宣扬我国的文化艺术为主；三是要尊重客人的风俗习惯和宗教信仰。

客房内的照明也是造就美感的重要一环。室内照明方式一般分为直接照明、间接照明和半间接照明三种。客房的光环境不同于宴会厅、餐厅等公共活动场所，此处的光环境不仅要满足一般的视觉要求，还要显示出环境的整洁、安静和舒适，所以色调最好以暖色为主，用轻松、柔和的光线营造舒适的环境。

（二）客房清洁服务美

1. 客房清洁整理的工作规范及服务艺术

客房清洁整理服务的基本内容主要包括：签领客房钥匙、了解房间状态、确定清扫顺序、实施清洁工作。

对客房清扫顺序的排列，既要满足客人的特殊要求，又要以客房周转率为优先考虑因素。因此，客房的清扫顺序不是一成不变的，应视客情而定。比如在旅游旺季，可先打扫离客房，使其尽快重新出租，缓解房源紧张状况。

VIP 房应在接到通知或客人离开房间后，在第一时间打扫。“请勿打扰”房一般应在客人取消标志后再打扫。长住房则应征求客人的意见，协商后定时打扫。

2. 清扫整理走客房和住客房的服务艺术

清扫整理走客房：按进房规范开门进房。客房服务员进入客房前必须敲门，应用中指或食指在门上敲三下，然后报称“客房服务员”；3～5 秒后若房内无反应，则第二次敲门，通报后静候房内反应；3～5 秒后仍然无动静，可将钥匙插在门锁内轻轻转动，用另一只手按住门锁手柄，再敲门、通报静候，若房内仍无动静，则将门打开。严禁用手拍门或用钥匙敲门，绝不允许只敲一次门就开门进入客房。

进房后，拉开窗帘，挂上“正在清扫”牌，并在“客房清洁工作表”上记录进房时间。

住客房清洁整理基本上与离房客相同，但应注意以下几点：进入住客房必须按进房规程敲门进房，如果客人在房间，要立即礼貌地向客人讲明身份，征询是否可以进房清扫，得到允许后才能清扫。打开房门后，如果发现客人仍在睡觉或在卫生间，应立即道歉，马上退出，并轻轻将门关上。整理房间时，将客人的文件、书报等稍加整理放回原来的位置，不得翻看，不得任意移动。要特别留意，不要随意触摸客人的照相机、计算机、笔记本和钱包之类的物品，以免引起不必要的麻烦。房间整理完毕，客人在房间时，要向客人表示谢意，然后退出房间，轻轻将房门关上。

三、客房迎送客服务美的塑造

（一）客房部迎客服务艺术

迎客服务或称客房迎宾，是指未设台班的客房部在客房的门前设置迎宾服务员。客房迎宾的服务对象主要是商务散客，特别是外地客人。其服务操作规程如下：

（1）总台接待员在确认属客房迎宾服务对象的客人房间的同时通知客房中心做好迎宾准备。

（2）客房中心话务员将新开房间号告知对口服务员。

（3）对口服务员应当在客人走出电梯间进入走廊前，面对客人来的方向站立在客房门前恭候客人到来。

（4）当客人来到跟前时，向客人行礼问候："您好！欢迎光临!"并接过客人的房卡，替客人打开房门、插好取电板。

（5）请客人进房间后向客人介绍房间设施的使用方法（如空调开关、柜内存放的用品等）及酒店服务项目和联系电话，最后与客人告别。

（二）客房部送客服务艺术

具体包括以下几方面的工作：

（1）宾客离店前的准备工作：了解宾客的离店日期，若客人在早上离店，要问清是否需要叫醒服务，主动询问还有何事需帮忙，若本部门不能完成，应与其他部门联系。

（2）宾客离店时的送别工作：热情送到电梯口，客人上电梯后与其礼貌告别，欢迎其再来。

（3）宾客离店后的检查工作：客人走后迅速进入房间仔细检查衣柜、床铺、卫生间等处有无客人遗留物品，如有立即派人追送，若追送不到应交总台登记保管，以备客人查找时归还，同时检查房内物品有无丢失、设备有无损坏，如有立即报告管理人员并做相应处理。

资料链接

1. 前厅部

酒店前厅又称为总服务台、总台、前台等，它通常设在酒店的大堂，是负责推销酒店产品与服务、组织接待工作及业务调度的一个综合性服务部门。前厅在酒店管理中具有全面性、综合性和协调性，是酒店的神经中枢。酒店前厅具体负责的工作主要有客人订房、登记、客房状况控制、客人账务的结算与审核以及前厅综合性业务管理等。

2. 客房

客房是酒店的主体，是酒店存在的基础，在酒店中占有重要地位。酒店是向旅客提供生活需要的综合服务设施，它必须能向旅客提供住宿服务，而要住宿必须有客房。从这个意义上说，有客房便能成为酒店，所以说客房是酒店存在的基础。

在酒店建筑面积中，客房占70%～80%；酒店的固定资产也绝大部分在客房。酒店的等级水平主要是由客房水平决定的。酒店的经济收入主要来源于三部分：客房收入、饮食收入和综合服务设施收入。其中，客房收入是酒店收入的主要来源，而且客房收入较其他收入更稳定。客房是客人在饭店中逗留时间最长的地方，客人对客房更有"家"的感觉。因此，客房的卫生是否清洁，服务人员的服务态度是否热情、周到，服务项目是否周全等，对客人有着直接影响，是客人衡量"价"与"值"是否相符的主要依据。

案例分析

巧妙推销豪华套房

一天，南京某饭店前厅部预订员小夏接到美国客人霍曼从上海打来的电话，他想预订每天收费300美元左右的标准双人客房两间，住店时间6天，3天以后来饭店住。小夏马上翻阅预订记录，回答客人说3天以后饭店要接待一个大型会议的几百名代表，标准间已全部预订完。小夏讲到这里，用商量的口吻继续说道："霍曼先生，您是否可以推迟3天来店？"霍曼先生回答说："我们日程已安排好，南京是我们在中国的最后一站，还请你给想想办法。"小夏想了想说："霍曼先生，感谢您对我的信任，我很乐意为您效劳，我想，您可否先住3天我们饭店的豪华套房，套房是外景房，在房间可眺望紫金山的优美景色，紫金山是南京名胜古迹集中之地，室内有我们中国传统雕刻的红木家具和古玩瓷器摆饰；套房每天收费也不过450美元，我想您和您的朋友住了一定会满意。"小夏讲到这里，等待霍曼先生回答，对方似乎犹豫不决。小夏又说："霍曼先生，我想您不会单纯计较房价的高低，而是在考虑豪华套房是否物有所值吧。请告诉我您和您的朋友乘哪个航班来南京，我们将派车来机场接，到店后，您先参观套房再做决定，好吗？我们还可以免费为您提供美式早餐，我们的服务也是上乘的。"霍曼先生听小夏这样讲，觉得还不错，便同意先预订3天豪华套房。

简析

小夏在接待客人来电预订房间的整个过程中，做得很到位，体现了一名前厅服务员应有的良好的综合素质：（1）接待热情，有礼貌，反应灵活，语言得体规范。（2）在推销豪华套房的过程中，委婉报价，突出了增值服务，避免了高价格对客人心理产生的冲击。

拓展练习

一天早晨9点，上海某饭店大堂黄副经理接到住在806房间的客人的投诉电话："你们饭店怎么搞的，我要求叫醒服务，可到了时间，你们却不叫醒我，误了我乘飞机。"不等黄副经理回答，对方就"啪嗒"一声挂了电话。听得出，客人非常气愤。黄副经理查询当日806房的叫醒记录，记录上确有早晨6点半叫醒服务要求。根据叫醒仪器记录和总机接机员回忆，6点半时确为806房客人提供过叫醒服务，当时客人曾应答。黄副经理了解清楚情况后断定，责任不在酒店，但他仍主动与806房客人联系。"孔先生，您好！我是大堂副经理，首先对您误了乘飞机而造成的麻烦表示理解。"黄副经理接着把了解的情况向客人做了解释。但客人仍怒气冲冲地说："你们酒店总是有责任的，为什么不反复叫几次呢？你们应当赔偿我的损失！"客人的口气很强硬。"孔先生，请先息怒，现在我们暂时不追究是谁的责任，当务之急是想办法把你送到要去的地方。请告诉我，您去哪儿，最迟必须什么时候到达。"黄副经理的真诚使客人冷静下来，他说明天早晨要参加西安的一个商贸洽谈会，所以今天一定要赶到西安。黄副经理得知情况后，马上请饭店代售机票处更改下午去西安的机票。代售处反馈说下午飞西安的机票已售完，黄副经理又打电话托他在机场工作的朋友，务必想办法更改一张下午去西安的机票，后来又派专车去机场更改机票。孔先生接到更改的机票后，才坦陈自己早晨确实是接过叫醒电话，但应答后又睡着了，责任在自己，对黄副经理表示歉意。

问题：

1. 黄副经理对该事件的处理艺术体现在哪里？
2. 你觉得怎样做才能既维护客人利益，又不损害饭店利益？

任务三　塑造导游服务美

案例导入

走上百家讲坛的女导游——赵英健

赵英健是遵化市人。她，导游出身，靠什么走上了收视率较高的央视《百家讲坛》？她，终日囿于清东陵方圆百里之地，为什么让联合国世界遗产委员会专家回国后念念不忘，专门写信对她表示赞赏？这位名不见经传的女子走进中央电视台《百家讲坛》这个成就了数位学术明星、讲坛大腕节目的录制现场，为观众讲述了“慈禧陵寝建造之谜”。从唐山遵化清东陵幽静神秘的皇家陵群，到央视《百家讲坛》灯光炫目的演播大厅，赵英健的“星光大道”直线距离不过200千米，她感觉自己在做梦。直到90分钟的节目一气呵成地录制完毕，赵英健仍觉得自己沉浸在一个真实却又遥远的梦里，虽然她是那样清楚地知道，自己是踏着整整15年所积累的知识与智慧搭建的台阶，才一步一步走向了这个万人瞩目的讲台。

问题与思考

1. 你觉得赵英健为什么能够走上《百家讲坛》？
2. 你觉得导游应该具备哪些素质？

塑造导游服务美

一、研究旅游者的审美需求与动机

（一）明确旅游审美需求与动机的类型

由于审美个性的差异，旅游者的审美需求是多种多样的，其审美动机也相应被划为不同的类型，如自然审美型、社会审美型、艺术审美型、生活审美型等。

要使旅游者得到审美满足，导游一定要根据团队的构成和线路的安排，事先搞清楚旅游者的主要审美倾向，然后有针对性地做好准备工作。只有明确了旅游者的审美需求，并且掌握了旅游审美活动的基本规律，才能有的放矢地做好接待准备工作，从而获得良好的旅游审美效果。

（二）正确选择旅游观赏重点

一般来讲，选择好旅游观赏重点是导游工作成功的关键。比如旅游者在中国游览，总要参观很多古建筑，但即使同为一个类型的建筑，其历史、规模、结构、建筑艺术等也各不相同。因此，在同一地区或同一次旅游活动中参观多处类似景观时，导游更要突出介绍其主要特征，这样旅游者才不会产生雷同的感觉。

导游要参照旅游者的审美个性差异，选择他们可能感兴趣和愿意接受的东西，收集具有代表性的资料，并在实地游览中加以形象生动的讲解，以引起旅游者的共鸣。

在讲解中，如何运用虚实结合的手法"化景物为情思"，是导游所面临的一项重要任务。众所周知，旅游审美活动的一大特征是"借物抒情"。但是，现实中的有些景物是相对静态的。例如，孟姜女庙后的"望夫石"，从表面看去几乎没有什么魅力或形式美感，但若能够化实为虚，用动情的语言将孟姜女哭长城的故事娓娓道来，这块普通的石头就会在旅游者眼前变幻为另一种意象，积淀在其中的历史文化内容和深刻的人类情感价值必然会在旅游者心里激起无限的追忆和遐想。这正如美学家宗白华所言："以虚为实，就是完全的虚无；以实为实，景物就是死的，不能动人；唯有以实为虚，化实为虚，才有无穷的意味，幽远的境界。"

望夫石

二、尊重旅游者的审美习惯

引领审美——沿途导览服务

（一）不同类型的审美习惯制约着审美行为

人的审美习惯是其审美个性与固有审美经验相互融合的产物。而这种审美习惯通常会有意无意地影响人们对客观事物的审美评价，甚至在一定程度上制约着人们的审美行为。对旅游者来讲，由于生活阅历、文化修养、情态意趣、职业、年龄和社会环境的不同，其审美习惯往往具有一定的差异性与多样性。

就职业而言，文学家、艺术家一般习惯于追索文化艺术的本质特征和审美价值，美食家则热衷于欣赏品尝各种美味佳肴；从年龄分析，年轻人习惯追新猎奇，老年人则习惯窥察体验人情美与伦理美。因此，导游有必要在实际导游过程中细心地体察，识别游客固有的审美习惯。例如，南京一位备受旅客称赞的导游，正是由于摸透了老年人的审美心理，在导游过程中常常有意识地把实地见到的情景（如老人带孙子孙女逛公园，中年男女搀扶或背着年迈的父母登紫金山）指给旅游者看，同时介绍一些有关中国人敬老爱幼的传统美德的历史故事，从而收到了意想不到的良好效果。弘扬社会正能量，宣传社会主义核心价值观，是旅游业工作者需要担负的职责和使命，也是社会主义职业道德的体现。

（二）审美习惯具有文化意识区别

旅游者总是习惯从本民族的文化意识出发来评判和审视旅游所在地的人文景观。例如，对参观曲阜孔庙的西方游客讲述儒家思想和孔子的贡献，他们会因为文化的差异而体会不深。但是如果能够联系古希腊思想家亚里士多德做一比较，游客的感受就会大不一样。游览“小桥流水人家”的苏州城时，如果能够根据马可·波罗的历史描述，将其与威尼斯做一比较，也必然会激发欧洲游客的审美联想。事实上，有经验的导游常常采用对比的方式，把中国的长城同埃及的金字塔、中国的象形文字与墨西哥的玛雅文化等联系起来讲解，使国际游人产生强烈的共鸣，进而获得深刻的审美体验。

可见，导游有必要了解和积累各类文化艺术方面的知识，分析和研究不同游客的审美习惯与审美标准，尽力达到学贯中西的程度，以便在实际导游工作中运用，因势利导，有的放矢，尽可能地帮助游客缩短或超越社会文化距离，诱发其审美的主动性，使其从熟悉的事物出发，凭借固有的审美心理结构去认识和度量旅游地景观的审美价值。

三、灵活运用旅游审美的引导方法

（一）根据景观差异开展旅游审美引导

在旅游审美活动中，观赏的审美原理对于调节旅游审美行为具有十分重要的作用，这是因为，形态各异的景观只有借助不同的观赏方法才会显示出其内在的魅力，才会与人的审美心理结构契合，或者说，才会使人在凝神观照中进入物我同一的境界，获得更高水平的审美享受。

譬如，面对江河湖泊和名山大川，导游要善于设计动态观赏与静态审美相宜的节奏；带领游客去石林看“阿诗玛化身石”，要引导游客选择最佳的观赏角度；登泰山览“黄河金带”，可以带领游客抓住最佳的观赏时机；泛舟漓江赏沿岸美景的空间结构，要带领游客保持合适的审美距离等。

（二）遵循并合理运用旅游审美原理

首先，导游应该从审美角度深入了解景观对象的周围环境（天时、地理）、内部结构（布局、形式）、文化内容（史实、神话、传奇）与美的形态（或阴柔婉秀或阳刚壮美）。

其次，根据各类旅游资源的审美类型、特征、意义，选择合理适配的旅游审美方法，引导旅游者了解旅游资源的美学风貌、文化内涵，并在讲解过程中有意识地广泛传播社会主义核心价值观，促进中华优秀传统文化的创造性转化、创新性发展。在对外导游服务中，还要通过审美引导，讲好中国故事、传播好中国声音，展现可信、可爱、可敬的中国形象。

最后，要在实地考察和自身体验的基础上，从美学角度分析景观的审美特质，描述主体的审美心理。这样，在导游过程中，就有可能驾轻就熟、高屋建瓴，在灵活运用观赏方法的同时，凭借自己的真情实感和艺术化的导游语言，调动游客的审美心理因素，引导他们理解和欣赏景观对象的审美意味，丰富和深化他们的审美感受。

值得强调的是，导游在如何把握好观赏节奏方面，还应具备一定的生理学和心理学知识。过于紧张的观赏节奏会使游客疲于奔命，引起生理上的不适，这样会冲淡其审美感受。

四、红色旅游导游讲解的美学要求

（一）导游讲解内容的严肃性和准确性

党的二十大报告中提出："弘扬以伟大建党精神为源头的中国共产党人精神谱系，用好红色资源，深入开展社会主义核心价值观宣传教育，深化爱国主义、集体主义、社会主义教育，着力培养担当民族复兴大任的时代新人。"红色旅游的导游讲解过程也是对游客进行爱国主义和革命传统教育的过程，因此必须保证其正确的政治导向。红色旅游带有"与生俱来"的政治性，其导游讲解不能人为地演绎发挥，哗众取宠，甚至掺杂粗俗、迷信、低级趣味等内容，要以崇敬之心对待革命历史，以严谨的态度对待红色旅游，确保红色旅游"不走调""不串色"。

红色旅游的核心内容决定了红色旅游具有严肃性，决定了红色景点的价值是其背后所蕴含的厚重的红色精神内涵。因此，作为红色旅游景区的导游员、讲解员，应有高度的政治责任感，讲解注意严肃性。红色旅游的讲解内容涉及的数据和资料要有根据、有出处，真实可信，要准确反映中国共产党领导人民的革命史、奋斗史、创业史。

南京雨花台

（二）导游讲解方式的生动性和有效性

高水平的红色旅游导游讲解，既需要丰富、翔实、准确的内容，也需要生动感人的解说和灵活多样的讲解方式。在红色旅游中，导游讲解必须结合旅游者的审美特点，尽量个性化，并不断提高水平。导游要根据情景采用多种讲解方法，如总结概述法、层次讲解法、分段讲解法、突出重点法、有问有答法、触景生情法、故事讲解法、歌曲演唱法、诗歌朗诵法、数字说明法、类比讲解法、知识渗透法、名人效应法、引用名句法等，使红色文化更好地入耳入心。对红色文物、红色人物、红色事件等的讲述，要使游客“身临其境”“睹物思人”，使红色文化“深入人心”，最后诠释红色资源背后的“伟大信仰”的力量，通过讲解，有效地做到讲好红色故事、传承红色文化、弘扬红色精神。

资料链接

导游人员是指依照《导游人员管理条例》的规定取得导游证，接受旅行社委派，为旅游者提供向导、讲解及相关旅游服务的人员。根据当前我国旅游业的发展状况和导游服务对象，导游人员的基本职责可概括为下述五点：

（1）根据旅行社与游客签订的合同或约定，按照接待计划安排和组织游客参观、游览；

（2）负责为游客导游、讲解、介绍文化和旅游资源；

（3）配合和督促有关单位安排游客的交通、食宿等，保护游客的人身和财物安全；

（4）耐心解答游客的问询，协助处理旅途中遇到的问题；

（5）反映游客的意见和要求，协助安排游客会见、会谈活动。

案例分析

具有美感的欢迎词

导游词开场白从结构的角度划分，可以分为完整式和简略式两类：完整式开场白大致包括问候、寒暄、自我介绍、欢迎、良好祝愿、明确游览目的等内容；简略式开场白至少要有问候、明确游览目的两项。从游览过程的角度划分，有预设开场白和现场开场白两种。从表达的角度划分，有叙述式开场白和抒情式开场白两类。请看以下的案例：

【例 1】女士们、先生们：你们好！欢迎大家光临天坛。（自我介绍之后）非常高兴能有机会陪同各位一道欣赏领略这雄伟壮丽、庄严肃穆的古坛神韵。让我们共览这“人间天上”的风采，共度一段美好的时光。（徐志长《天坛导游词》）

【例 2】女士们、先生们：瓷器是我们日常生活的必需品。那么，多姿多彩的瓷器是如何制造出来的呢？到了瓷都景德镇，我们就不能不去探寻一番。所以，今天我就请各位去参观古窑瓷厂。这个瓷厂为什么用“古窑”二字命名呢？等会儿到了我再做解释。现在我利用路上的时间向各位介绍一点陶瓷知识。（余乐鸿《景德镇古窑瓷厂导游词》）

【例 3】各位游客：你们好！欢迎大家到湄洲岛旅游。我们今天游览的景点是湄洲岛妈祖庙，导游的内容有：湄洲岛概况、湄洲岛妈祖庙朝觐活动盛况、妈祖庙山门、仪门、太子殿、寝殿、妈祖石像。预祝我们愉快地度过这美好的一天。（段海平《湄洲岛妈祖庙》）

【例 4】各位朋友：来杭州之前，您一定听说过“上有天堂，下有苏杭”这句话吧？其实把杭州比喻成人间天堂，很大程度上是因为西湖。千百年来，西湖风景展现了经久不衰的魅力，她的风姿倩影令多少人一见钟情。就连唐朝大诗人白居易离开杭州时还念念不忘西湖：“未能抛得杭州去，一半勾留是此湖。”朋友们，下面就随我一起从岳庙码头乘船游览西湖。（钱钧《杭州西湖》）

简析

上述四例，基本上包括了各种开场白。例 1 是比较完整的现场叙述式开场白，包含了问候、欢迎、自我介绍、祝愿、游览目的等内容。例 2 是到达古窑瓷厂前的预设式开场白，简洁明快，以重重悬念引起游客极大的兴趣。例 3 是现场叙述式开场白，除了必要的问候、欢迎、祝愿之外，着重强调了将要游览的主要内容和景点，清晰明了，目的明确，重点突出。例 4 是现场抒情式开场白，导游饱含深情地赞美了西湖，优美抒情，真挚动人。

拓展练习

各位游客大家好，欢迎来到古城扬州，参观全国四大名园之一的个园。感受过了春的绿意，夏的繁茂，秋的收获，不知不觉我们已经走进冬天，个园的冬景占地不大却别具匠心，它通过视觉、嗅觉、听觉为我们打造了一个完美的冬天。

先来看看视觉上的冬天，这四周灰白的墙面犹如一张宣纸，把冬天的画面慢慢地展现在我们眼前。冬天是冰雪的世界，园主人以白色的宣石来堆叠整个冬山。宣石产于安徽宣城，从外形来看宣石不及太湖石剔透玲珑，色彩上灰白、黄褐、莹白三色相间显得有些杂乱，这石头放在哪儿效果都不是太好，但是放在这儿，却像是为冬山定做的。因为它内含石英，阳光下石英闪烁，如同冬日阳光下欲化未化的积雪。背阴处则如残雪之未消，您看，有些地方甚至还结成了厚厚的冰块。整个冬山看上去就是一派积雪消融、残雪犹存的景象，很是契合中国画中“冬山惨淡而如睡”的意境。

嗅觉在冬天是通过植物来体现的，冬山的三株蜡梅都是扬州名品，花期最早的是“冬前素”，在冬至前后就开花了，“扬州黄”开花于隆冬，而“素心蜡梅”立春前后才开花，所以从冬至到立春，整整一季都是暗香浮动、梅雪相映。

在整个冬景的设计里面听觉最难，怎样才能把声音运用到造园之中呢？这是整个园子里最有想象力的设计。您看，主人在冬山后的南墙上开了四排总计二十四个孔洞的漏窗，暗示二十四节气，代表了岁月的变迁。更为绝妙的是，这堵墙和前面住宅后墙之间形成了一条狭长的通道，风从高墙窄巷之间擦墙而过时会形成负压，加快流速，这时墙上的四排孔洞就会呼呼作响，发出类似北风呼啸的声音。

墙外寒风料峭，墙内暗香浮动，眼前残雪浮冰，再加上榆树上枝丫交错的枯枝，一派萧条而寂寥的暮冬景象。最妙的是园主人在冬山上堆叠出一只只可爱的小狮子。您瞧，有站着的、坐着的、互相嬉戏的，虽然每只狮子体表还有白雪，但却顾盼生情，憨态可掬，这一幅“群狮戏雪图”，让这个残冬一下子就生动活泼起来。

冬，是四季的终篇，到这儿，似乎该给全园画上句号了，但是园主人并没有满足，请看西墙之上两个圆形的漏窗，透过这圆形的漏窗，春山的雨后春笋重又映入了眼帘，让人立刻产生“大地回春，周而复始”的联想。

不知大家有没有留意到一个细节，大家回想一下，春景是建在哪儿的？对，建在花台之上，冬山是平地而起，也就是说春山的地势比冬山要高，这也预示着明年的春天会更高更美好，妙就妙在这里。透过两个漏窗，园主人把一年四季串成了一个不停向前、不停向上的大循环。

在这严寒的冬天，园主人不仅给我们传递了一丝春意，而且告诉我们一个人生哲理：没有一番寒彻骨，哪得梅花扑鼻香。人生的冬天里，不要过于悲哀，也不要垂头丧气。挺过了人生的严冬，更美好的春光就在前方！

问题：

1. 你觉得这篇导游词能否给人带来艺术美的享受？为什么？

2. 你能否创作一篇具有美感的导游词？

课程思政重点

增强职业道德

党的二十大报告提出："提高全社会文明程度。实施公民道德建设工程，弘扬中华传统美德""推动明大德、守公德、严私德，提高人民道德水准和文明素养"。2020 年 11 月 24 日，习近平总书记在全国劳动模范和先进工作者表彰大会上的讲话中指出："新形势下，我国工人阶级和广大劳动群众要继续学先进赶先进，自觉践行社会主义核心价值观，用劳动模范和先进工作者的崇高精神和高尚品格鞭策自己，焕发劳动热情，厚植工匠文化，恪守职业道德，将辛勤劳动、诚实劳动、创造性劳动作为自觉行为。"

"旅游行业服务美"塑造的前提是遵守职业道德。职业道德的概念有广义和狭义之分。广义的职业道德是指从业人员在职业活动中应该遵循的行为准则，涵盖了从业人员与服务对象、职业与职工、职业与职业之间的关系。狭义的职业道德是指在一定职业活动中应遵循的、体现一定职业特征的、调整一定职业关系的职业行为准则和规范。

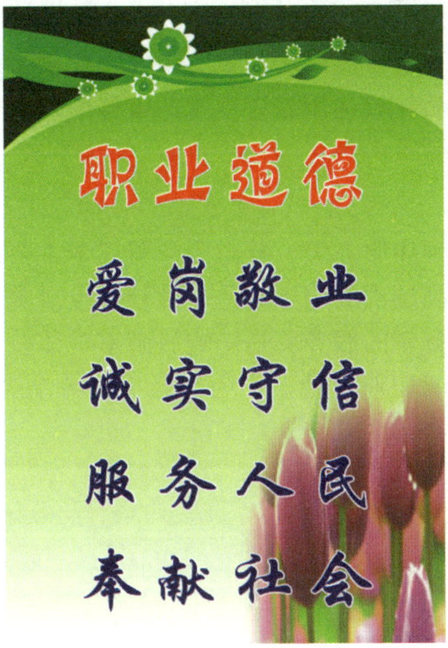

一般而言，职业道德的含义包括以下八个方面：（1）职业道德是一种职业规范，受社会普遍的认可。（2）职业道德是长期以来自然形成的。（3）职业道德没有确定形式，通常体现为观念、习惯、信念等。（4）职业道德依靠文化、内心信念和习惯，通过员工的自律实现。（5）职业道德大多没有实质的约束力和强制力。（6）职业道德的主要内容是对员工义务的要求。（7）职业道德标准多元化，代表了不同企业可能具有不同的价值观。（8）职业道德承载着企业文化和凝聚力，影响深远。

可见，职业道德在不同的行业和岗位具有不同的具体含义。对于旅游行业而言，首先要遵循国家倡导的“爱岗敬业，诚实守信，办事公道，服务群众，奉献社会”的职业道德总体性要求。同时，还需要体现出行业的特点，比如：主动维护旅游者权益，保护旅游目的地资源，倡导文明旅游，培养人文关怀意识等，这些都是旅游业职业道德的题中之义。旅游行业服务人员只有遵守职业道德，积极做好服务工作，才能够塑造服务美，给旅游者带来审美的享受。

巩固提升

答疑解惑

1. 从哪些方面可以鉴赏餐饮服务美？

答：对于中国菜点，可以从色、香、味、形、质、意等角度进行鉴赏；对于中国饮品，可以结合名酒、名茶等进行鉴赏；对于中餐服务，可以从餐厅布置、中餐礼仪等方面进行鉴赏。

2. 从哪些方面可以塑造酒店服务美？

答：可以从预订与礼宾服务、接待服务、总机与商务中心服务、客房设计、客房清洁服务、客房迎送客服务等方面来塑造前厅与客房服务美。

3. 怎样塑造导游服务美？

答：首先，要研究旅游者的审美需求与动机，明确旅游审美需求与动机的类型，正确选择旅游观赏重点。其次，要尊重旅游者的审美习惯，明确不同类型的审美习惯及不同审美习惯的文化意识区别。最后，要运用旅游观赏的审美原理，根据景观差异运用不同的观赏方法，根据景观差异调节观赏节奏。

项目小结

本项目从餐饮服务美、酒店服务美、导游服务美三个主要维度出发，论述了旅游行业服务美的塑造，让学生明白高层次的服务既是一种社会生活美，也会给旅游者带来类似艺术美感的享受，旅游行业服务者的服务美是影响旅游审美体验的重要方面。通过学习，理解、认同、践行我国旅游行业职业道德，作为社会主义劳动者，为行业发展、社会进步，贡献自己的力量。

综合练习

头脑风暴

1. 请从美学角度分别介绍山东菜、淮扬菜、四川菜、广东菜的审美特征。

2. 请介绍一种自己熟悉的茶叶或酒水的审美特征。

实践运用

1. 请调研自己所在城市的著名饭店，从服务美的角度分析其前厅、客房服务的优点与不足。

2. 请为自己感兴趣的旅游景点撰写具有艺术美感的导游词，并进行模拟讲解。

信息化资源

课程动画　拓展学习　双语园地　关键词点击　互动练习

主要参考文献

1. 李泽厚．美的历程．北京：人民文学出版社，2021.
2. 宗白华．美学的散步．北京：人民文学出版社，2022.
3. 朱光潜．西方美学史．南京：译林出版社，2024.
4. 黑格尔．美学：第一卷．朱光潜，译．北京：商务印书馆，2011.
5. 叶朗，彭锋．中国美学通史：现代卷．南京：江苏人民出版社，2021.
6. 陈望衡．中国古典美学史．南京：江苏人民出版社，2019.
7. 费孝通．乡土中国．北京：中国青年出版社，2022.
8. 周宪．美学是什么．北京：北京大学出版社，2015.
9. 曾繁仁．美育十五讲．北京：北京大学出版社，2012.
10. 陈望衡，邓俊，朱洁．美丽中国与环境美学．北京：中国建筑工业出版社，2018.
11. 保继刚，楚义芳．旅游地理学．3 版．北京：高等教育出版社，2012.
12. 吴必虎，黄潇婷．旅游学概论．4 版．北京：中国人民大学出版社，2023.
13. 谢彦君．基础旅游学．4 版．北京：商务印书馆，2015.
14. 沙润，等．旅游景观审美．2 版．南京：南京师范大学出版社，2005.
15. 全国导游人员资格考试教材编写组．全国导游基础知识．8 版．北京：旅游教育出版社，2023.